Thomas Christen · Das Ende im Spielfilm

ZÜRCHER FILMSTUDIEN

HERAUSGEGEBEN VON

CHRISTINE N. BRINCKMANN

THOMAS CHRISTEN

DAS ENDE IM SPIELFILM

VOM KLASSISCHEN HOLLYWOOD
ZU ANTONIONIS OFFENEN FORMEN

SCHÜREN

Die Deutsche Bibliothek – CIP-Einheitsaufnahme

Ein Titeldatensatz für diese Publikation
ist bei Der Deutschen Bibliothek erhältlich

Publiziert mit Unterstützung des Schweizerischen Nationalfonds
zur Förderung der wissenschaftlichen Forschung

Die vorliegende Arbeit wurde von der Philosophischen Fakultät der Universität Zürich im Sommersemester 1999 auf Antrag von Prof. Dr. Christine N. Brinckmann als Dissertation angenommen.

Schüren Verlag
Deutschhausstr. 31 35037 Marburg
www.Schueren-Verlag.de

Gestaltung: Erik Schüßler
Umschlaggestaltung: Bringolf Irion Vögeli, Aarau/Zürich
Druck: WB-Druck, Rieden
Printed in Germany
3-89472-507-9

Inhalt

Dank

Mein besonderer Dank geht an Christine Noll Brinckmann, die dieses Projekt mit großem Engagement und wissenschaftlicher Präzision umsichtig über eine lange Zeit begleitete und mich immer wieder zur Reduktion auf das Wesentliche anhielt.

Für lebhafte Diskussionen, wertvolle Denkanstöße und kritische Lektüre danke ich ganz herzlich Viktor Sidler, Sabina Brändli und Henry Taylor sowie den Teilnehmenden des Dissertationskolloquiums: Suzanne Buchan, Meret Ernst, Barbara Flückiger Konermann, Vinzenz Hediger, Mariann Lewinsky, Jan Sahli, Alexandra Schneider, Catherine Silberschmidt und Margrit Tröhler. Für ihre frühe Begeisterung für Anfänge und Enden im Spielfilm sowie verschiedene Hilfestellungen möchte ich mich bei Benjamin Gabel, Britta Hartmann, Ursula Ganz-Blättler, Hans J. Wulff und Wolfgang Beilenhoff bedanken.

Dieses Buch ist meinen Eltern gewidmet.

Einführung: Beginnen wir mit *Rosebud* ...

Am Ende wird aufgeräumt. Die im Laufe eines Lebens gesammelten, nun scheinbar nutzlos gewordenen Dinge des Medienmoguls Charles Foster Kane werden in der letzten Sequenz von *Citizen Kane* (USA 1941) verbrannt. Darunter befindet sich auch ein Kinderschlitten mit der Aufschrift «Rosebud». Dieses Wort war Kanes letztes, bevor er starb. Es ist das erste, das wir zu hören bekommen, und diese geheimnisvolle Bezeichnung bildet den Ausgangspunkt für die journalistische Recherche, die den Film wie ein roter Faden durchzieht. Am Ende wird dieser unscheinbare Gegenstand, dessen Besitzer tot ist, vernichtet, ohne dass der Journalist das Geheimnis zu lüften vermochte. Wir als Zuschauer, durch eine Kamerafahrt in unserer Aufmerksamkeit geschärft, verstehen nun zumindest die oberflächliche Bedeutung des letzten Wortes von Kane. Wir wissen mehr als die Protagonisten – trotzdem wäre es überheblich zu sagen, dass die Lösung des Rätsels alle wichtigen Fragen um die widersprüchliche Titelfigur beantworten würde. Somit setzt ein Wirkungsmechanismus ein, der weit über den eigentlichen Film hinausgeht, der nach der Visionierung andauert, uns verfolgt, nicht in Ruhe lässt und damit auch einen großen Teil der Faszination dieses Films ausmacht.

Die Behauptung, dass man mit dem Wissen um «Rosebud» – oder allgemeiner: mit dem Wissen vom Ende – um die Spannung, ja um den Reiz der Geschichte selbst gebracht werde, wie dies Charles M. Schultz in einem *Peanuts*-Cartoon karikiert, ist eine eindimensionale, allzu sehr auf Kausalbeziehungen basierende Annahme. Denn wie ließe sich erklären, dass wir uns gerade einen Film wie *Citizen Kane* immer und immer wieder ansehen können, immer neue Aspekte zu entdecken vermögen, auch wenn wir sein Ende kennen?

Beginnen wir noch einmal mit *Rosebud*. Der Name des Schlittens, Symbol für eine unbedrängte Kindheit vor dem Beginn einer sagenhaften Karriere, beantwortet nicht nur die Ausgangsfrage, sondern bildet einen Rahmen, klammert Anfang und Ende zusammen, verstärkt durch den identischen Schauplatz, und demonstriert in der Variation zugleich die beiden Ausdrucksmittel des Films: Ton und Bild.

Die schriftliche Variante in Form des Namenszugs auf dem verbrennenden Schlitten wird zu einem von verschiedenen Signalen, dass sich der Kreis schließt, dass die Geschichte, dass der Film zu Ende geht, auch wenn – wie in diesem Fall – nicht alle wichtigen Fragen geklärt, alle Lücken geschlossen sind, wie dies bei einem klassischen Spielfilm der Fall sein sollte. Dennoch – überrascht werden wir von dieser Wendung nicht, auch nicht vom Umstand, dass es von der Teilnahme an einer Fiktion Abschied zu nehmen gilt. Außerordentlich elegant und mehrheitlich mit formalen Mitteln werden wir in diese Welt hineingeführt; und am Ende entlässt uns der Film mit einem korrespondierenden Verfahren. Wir sind vielleicht nicht restlos befriedigt, vielleicht etwas traurig, fühlen uns aber keinesfalls brutal aus der Fiktion geworfen.

Rätsel – Lösung des Rätsels; Ruhe – Unruhe – Wiederherstellung der Ruhe: mit diesen Begriffen können Anfangs- und Endpunkte von Filmen des klassischen Kinos treffend charakterisiert werden. In der kausalen Struktur nimmt das Ende eine besondere Stellung ein. Es wird in der Narratologie – vor allem in der strukturalistisch orientierten – oft mit einem (unsichtbaren) Magneten verglichen, der alles anzieht, auf den alles zusteuert, ohne dass die genauen Eigenschaften dieses Anziehungspunktes bekannt wären. In der vorliegenden Arbeit wird dieses Konzept im ersten Kapitel, das die Thematik unter einem erzähltheoretischen Gesichtspunkt aufgreift, ausführlich besprochen. Allerdings muss dabei deutlich gemacht werden, dass es einerseits Filme gibt, die nicht die damit verbundene Geschlossenheit aufweisen und demzufolge über ein «loses» Ende verfügen. Andrerseits lässt sich auch innerhalb des klassischen Kinos eine Gruppe finden, die sich nicht nach dem Ursache-Wirkungs-Prinzip organisiert, sondern eher eine Nummernstruktur aufweist, einzelne Attraktionen bietet.

In einem Gegen- oder Komplementärentwurf untersucht das anschließende Kapitel formale Muster der Endsetzung. Filme, die nach dem kausalen Prinzip organisiert sind, bräuchten solche Figuren eigentlich nicht. Sie enden in der Regel, kurz nachdem ihr zentrales Problem gelöst ist. Doch, wie sich zeigen wird, sind diese formalen Verfahren der Endmarkierung weit mehr als bloße Zugabe oder eine Rückversicherung, dass der Zuschauer nicht überrumpelt wird, sollten alle narrativen Stricke reißen. Sie implizieren vielmehr, dass es auch im klassischen Kino, unabhängig vom jeweiligen Thema, mehr als eine einzige «Lesart» gibt.

Diese verschiedenen Lesarten – prinzipiell lassen sich zwei Hauptrichtungen unterscheiden, die sich nicht ausschließen, sondern in einund demselben Film operieren können – wirken sich auf die Vorstellung aus, was ein Ende ist, welches theoretische Konstrukt verwendet wird. Denn das Bild eines alles dominierenden Anziehungspunktes gilt im wesentlichen nur für Kausalketten: Was geschieht als nächstes? Was geschieht überhaupt? Wer hat was getan? Dies sind Fragen, die bis zum Ende aufgeklärt werden. Es gibt viele Filme, die sich mit ihrer Klärung und mit der Kenntnis des Endes gleichsam verbrauchen und uninteressant werden. Sie verlieren nach der Visionierung etwas Essenzielles, wir werden sie kein zweites Mal ansehen.

Aber gerade das Beispiel *Citizen Kane* zeigt, dass der Film auch ohne den oberflächlichen Spannungsbogen immer wieder zu fesseln vermag. Damit wird eine weitere Rezeptionsschicht sichtbar, die nicht von einem magnethaften Ende ausgeht. Nicht das Informationsbedürfnis steht im Vordergrund, sondern beispielsweise das Erleben von Emotionen oder ästhetische Erfahrungen. Wir «baden» oder «schwelgen» im Film, verschweißen das Erlebnis mit Erfahrungen unserer eigenen Welt, können in einer geschützten Atmosphäre heftige Gefühle von Glück oder Angst und Schrecken erleben, ohne dass dies für unser Leben gravierende Konsequenzen hätte.

«Genussvolles Erleben» lautet das gemeinsame Stichwort.[1] Hier stellt das Ende einen Punkt dar, den man nicht unbedingt erreichen, sondern im Gegenteil so lange als möglich hinauszögern möchte. Denn der Schluss bedeutet auch immer das Ende des unmittelbaren Vergnügens, wenn auch nicht das Ende der Erinnerung daran. In diesem Kontext gewinnen vor allem die analysierten und systematisierten formalen Verfahren der Endsetzung an Bedeutung. Sie sind es, die uns aus der Fiktion begleiten. Sie signalisieren nicht nur, dass die Handlung zu Ende ist, sie trösten uns in vielen Fällen auch, dass «es» nicht mehr weiter geht.

Die sekundäre Lesart kann zur primären, zur eigentlichen werden, wenn Filme keine explizite Kausalstruktur aufweisen, also nicht auf das Ende «zustürzen», sondern eine Reihung einzelner «Attraktionen» darstellen oder durch ihre verästelte, episodenhafte oder pikareske Struktur eher zum Verweilen, zum Flanieren einladen. Derselbe Effekt kann sich einstellen, wenn Filme «gegen den Strich» gelesen werden. Dieses Phänomen tritt besonders häufig auf, wenn man einen Film mehr als einmal sieht. Ab dem zweiten Mal interessieren die zentralen Storyelemente kaum mehr, das Ende, zumindest der Ausgang der Handlung, ist noch präsent. Der Film wäre uninteressant, würde nur der narrative Strang unsere Aufmerksamkeit erregen.

1 In diesem Zusammenhang sei auf das psychoanalytisch orientierte Buch von Simon O. Lesser *Fiction and the Unconscious* (New York: Vintage Books, 1962; Erstausgabe: 1957) verwiesen, das solche Prozesse jenseits der reinen Informationsaufnahme und Kognition vor allem anhand von literarischen Texten untersucht und systematisiert.

Gerade ein Film wie *Psycho* (USA 1960) von Alfred Hitchcock, dessen Werbung bei der Erstaufführung die Zuschauer bat, den Ausgang, die Auflösung nicht an andere zu verraten, die den Film noch nicht gesehen hatten, stellt ein Musterbeispiele für die erwähnte Mehrschichtigkeit in der Rezeption dar. *Psycho* ist ein äußerst spannender und effektvoll gemachter Krimi, in dem es auch um die Frage nach dem Mörder geht. Diese Frage wird am Ende gelöst, der Täter gefasst und in Verwahrung gebracht. Doch selbst dieser Film, den fast jeder kennt oder darüber gelesen hat, erlebt eine Wiederaufführung nach der anderen, gehört zu den Evergreens wie kaum ein anderes Werk der Filmgeschichte. Zu erklären ist dieser Umstand vor allem durch die Mehrschichtigkeit von *Psycho*, die ein erneutes Visionieren zulässt, ohne dass das «genussvolle Erleben» darunter leiden würde. Im Gegenteil – anstelle von Spannung tritt wohliger Schauer im Wissen um das zu Erwartende, und das Bekanntsein der Story erlaubt Seitenblicke in ganz andere Gefilde.

«Qu'est-ce-que la fin de film» – so könnte die grundsätzliche Fragestellung dieses Buches in Anlehnung an das berühmte Werk von André Bazin umschrieben werden. Diese Thematik soll – im Bewusstsein ihrer Komplexität – grundsätzlich von drei verschiedenen und unterschiedlichen Seiten angegangen werden; daraus resultiert die Gliederung in drei Hauptkapitel. Das eingangs beschriebene Phänomen der mehrfachen Rezeptionsmodi reduziert sich im wesentlichen auf eine Zweiteilung zwischen inhaltlichen und formalen Aspekten.

Das Kapitel «Elemente einer Theorie des Film-Endes» legt den Schwerpunkt auf die inhaltliche Komponente und wählt einen narratologischen Ansatz. Der Untersuchungsgegenstand erfährt dabei unterschiedliche Annäherungen, die von einer strukturalistischen Theorie ausgehen, dramaturgische und drehbuchtheoretische Konzepte als pragmatische Dimension einbeziehen, um verschiedene erzähltheoretische Aspekte detailliert zu untersuchen. In einem weiteren Schritt werden die zuvor eher ausgeklammerten formalen Gesichtspunkte wieder eingebracht. Schließlich geht es um zwei gegensätzliche Gestaltungsweisen filmischer Schlüsse: zum einen das für Hollywood geradezu zur Konvention gewordene Happy-End; andrerseits das offene Ende als Arbeiten mit und gegen die Konventionen des klassischen Kinos. In diesem Zusammenhang ist vor allem das *Art Cinema* von Bedeutung.

Der Vollständigkeit halber soll in einem Exkurs auch jener Filmtyp Beachtung finden, der zwar innerhalb des klassischen Kinos entsteht, jedoch nicht seine dominanten Narrationsstrukturen (Kausalprinzip, geschlossenes Ende) übernimmt. Damit sind Filme mit einer Nummernstruktur gemeint – Filme, die stark auf das in der Frühzeit dominante

«Kino der Attraktionen» und seine Verwandtschaft zu Zirkus und Varieté verweisen. Sie sprechen vor allem die eingangs erwähnte sekundäre «Lesart» an. Die Konsequenzen für das Ende erläutert dieser Exkurs, während Betrachtungen zu einer kognitiven Perspektive innerhalb unserer Themenstellung das erste, theoretisch ausgerichtete Hauptkapitel abschließen.

Das Kapitel «Typologie/Ikonografie des Endes im Film» widmet sich im Prinzip der gleichen Fragestellung wie das vorangegangene; doch ändern sich Blickwinkel und Methode. Der Schwerpunkt liegt auf der Analyse formaler Elemente. Beispielhafte Verfahren der filmischen Endsetzung werden herausgearbeitet und in eine grundlegende Typologie integriert. Die filmischen Parameter bilden neben Mustern, die ikonografisch den Vorgang des Abschließens, Distanzierens, Leerens oder Wiederholens umsetzen, den Untersuchungs- und Typologisierungsraster für einfachere Verfahren. Dabei kristallisiert sich als Hauptererkenntnis ein beispielhafter Mechanismus heraus, der in Reduktion oder Auflösung der Diegese, der fiktionalen Welt, besteht. Neben den bekannten Mitteln wie Endtitel und Musikeinsatz treten eine Vielzahl weiterer Verfahren auf, die oft in Kombination miteinander zu finden sind.

Die Typologie orientiert sich am Spektrum der Möglichkeiten und weniger an der Häufigkeit des Vorkommens. Diese bewusst gewählte Einseitigkeit wird durch eine anschließende Untersuchung der Stereotypen zur Schlussbildung anhand eines einzelnen Genres und im Rahmen eines repräsentativen Korpus korrigiert. Die Wahl des Western als Untersuchungsgegenstand zur Stereotypenbildung legitimiert sich durch die besondere Verfestigung der Formen, die geringe thematische Varianz und die starken intertextuellen Bezüge, durch die sich Vertreter dieses Genres auszeichnen. Es ist zu erwarten, dass sich innerhalb dieser geringen Bandbreite formale Muster der Endsetzung besonders deutlich zeigen.

Im letzten Kapitel steht das Werk des italienischen Regisseurs Michelangelo Antonioni im Zentrum. Durch Einschränkung auf elf Filme wird es möglich, einerseits detaillierte Analysen der gewählten Lösung der Endsetzung vorzunehmen und sie im Lauf der Zeit, von den frühen fünfziger bis in die achtziger Jahre, miteinander zu vergleichen. Andrerseits lassen das kleine Korpus und die fokussierte Betrachtungsweise es zu, dass das Ende auch in den Kontext des übrigen Films gestellt und vor allem in Bezug auf den anderen «äußersten Punkt» – den Anfang – betrachtet werden kann.

Die Wahl von Antonionis Werk als Objekt dieser Fallstudie lässt vor allem zwei Themenbereiche hervortreten. Einerseits erfährt damit das modernistische *Art Cinema* in seinen erzähltheoretischen und formalen Besonderheiten, denen die Sicherheiten des klassischen Kinos weit gehend fehlen, eine breitangelegte Untersuchung. Sie gibt auch Aufschlüsse über das Bauprinzip der Filme, die nicht nur für den Regisseur und die gewählte Thematik Gültigkeit besitzen. Im Konkreten zeigt sich, wie dieses Kino, das stark mit dem Prinzip der Offenheit und Kontingenz operiert, ebenfalls über ein Set an Regelhaftigkeiten verfügt, die zwar weniger vorhersehbar und zur Konvention verfestigt, aber keineswegs willkürlich sind.

Damit ist auch die Spannweite dieser Untersuchung festgelegt. Sie befasst sich mit dem klassischen Kino und dem *Art Cinema* westlicher Prägung – alles andere lässt sie beiseite, was allerdings nicht bedeutet, dass die Befunde sich nicht auf das übrige Kino anwenden ließen. Eine Überprüfung steht noch aus; bei Filmen außerhalb einer westlichen Erzähltradition sind andere Schwerpunkte oder sogar grundsätzlich andere Prinzipien der Endsetzung nicht auszuschließen.

Andrerseits konkretisiert sich das für modernistische Werke signifikante offene Bauprinzip in der Konstitution des offenen Endes. Antonionis Filme zeigen beispielhaft, dass dem offenen Ende eine zentralere und gewichtigere Bedeutung innerhalb des gesamten Films zukommt, als dies bei Werken mit klassischer Narration der Fall ist. Da die erzählerischen Sicherheiten und Berechenbarkeiten wegfallen, die das klassische Kino in der Regel bietet, mobilisieren die Filme ein ganzes Arsenal an formalen Verfahren, die zwar nicht wieder völlige Sicherheit etablieren, aber das Ende zu einem wahren Höhepunkt werden lassen. In diesem Zusammenhang seien insbesondere *L'eclisse, Blow-Up, Zabriskie Point* und vor allem der atemberaubende Schluss von *Professione: reporter* erwähnt.

Antonionis Sorgfalt und innovativer Gestus bezüglich seiner Schlüsse resultiert auch aus dem artikulierten Willen des Regisseurs, seine Werke nicht mit der Vorführung enden zu lassen, sondern sie bewusst in die Welt des Zuschauers zu verlängern. Ein effizientes Mittel, um dieses ehrgeizige Ziel zu erreichen, liegt in der Mischung aus offensichtlicher Rätselhaftigkeit und spektakulärer formaler Gestaltung, welche die Handlung in den Hintergrund drängt und eine selbstreflexive Komponente zum Höhepunkt führt, die während des gesamten Films präsent ist. Das Verstummen der Narration und der Triumph des Visuellen: diese Formulierung fasst wohl am treffendsten die Strategie zusammen, die das Publikum weniger irritiert, als in eine kreative Unruhe versetzt.

1 Elemente einer Theorie des Film-Endes

> Un récit a *un commencement et une fin*, ce qui tout à la fois le délimite du reste du monde et l'oppose au monde «réel». S'il est vrai que certains types de récit, culturellement très élaborés, ont pour caractère propre de *tricher avec la fin* (conclusions «suspendues» ou évasives, constructions «en abyme» dans lesquelles la fin de l'événement-raconté explicite et établit les conditions d'apparition de l'instance-racontante, dénouements en forme de vis-sans-fin, etc...), ce ne sont là que des élaborations secondaires qui enrichissent le récit sans le détruire, et qui ne sont ni capables ni désireuses de le soustraire à la fondamentale exigence de *clôture*: car ce que ces fins truquées projettent dans l'infini, c'est l'information imaginative du lecteur, non la matérialité de la séquence narrative: dans un récit littéraire qui s'achève sur des points de suspension (réels ou implicites), l'effet de suspension ne s'applique point à l'object-récit, qui pour sa part conserve une fin bien nette, marquée précisément par les points de suspension; le film anglais *Au coeur de la nuit* se termine en vis-sans-fin [...], mais en tant que suite d'images, il a bien une fin, qui est la dernière image du film.
>
> Les enfants ne s'y trompent pas, à qui on raconte des histoires et pour qui la question de savoir si l'histoire est finie est toujours pertinente, lors même qu'ils sont assez mûrs pour entrevoir des prolongements possibles à la *substance sémantique* du récit (mais non au récit): «Alors, nous disent-ils, c'est ici que ça finit? Mais le Prince Charmant, qu'est-ce qu'il va faire, *après...?*»
>
> *(Metz, 1968, S. 26)*

Was Christian Metz in seinen «Remarques pour une phénoménologie du narratif» als erste von fünf Haupteigenschaften jeder Erzählung erörtert, führt uns mitten in unser Thema: Jede Erzählung hat einen Anfang und ein Ende – jeder (erzählende) Film. Diese «Geschlossenheit» unterscheidet die Erzählung von der «realen Welt», weist sie als etwas Künstliches, Gestaltetes aus. Während sich die «reale Welt» in einem endlosen Strom von Ereignissen konstituiert, der – in letzter Konsequenz und in einer Perspektive, die Geburt und Tod des einzelnen Individuums nicht berücksichtigt – ohne Anfang und Ende ist, bilden Erzählungen ein Ganzes, das eine zeitliche Dauer und somit eine Begrenzung besitzt. Metz insistiert vor allem bezüglich des Endes auf diesem Umstand («... la dernière image du film»), wohlwissend, dass es Tricks gibt, eine Erzählung ins Unendliche zu verlängern. Damit macht er auf ein mögliches Problemfeld aufmerksam, das Anlass zur Konfusion sein könnte, entschärft es aber zugleich wieder, indem er einen klar phänomenologisch orientierten Ansatz wählt. Jede Erzählung, jeder Film – auch der nicht erzählende, könnten wir an dieser Stelle ergänzen – besitzt materiell ein Ende (die letzte Seite, der letzte Satz, die letzte Sequenz, die letzte Einstellung), doch es existieren Möglichkeiten, diese fundamentale Abgeschlossenheit scheinbar zu durchbrechen. Scheinbar – denn der Gegenstand «Erzählung» behalte zwar sein klares Ende, doch im Leser oder im Zuschauer vollziehe sich eine Verlängerung, welche die «semantische Substanz» über die Erzählung hinaus weiterzieht.

Diese strukturalistische Herangehensweise an den Gegenstand vermag grundlegende Merkmale auf relativ einfache Art und Weise darzustellen. Dabei wird ein hoher Grad an Abstraktion erreicht. Der Nachteil eines solchen Verfahrens liegt darin, dass gewisse – auch wichtige – Aspekte ausgeklammert bleiben. In unserem Beispiel wäre die Zuschauerdimension zu nennen. Metz' Phänomenologie des Narrativen, auf die Kurzformel «discours clos venant irréaliser une séquence temporelle d'événements» (Metz, 1968, S. 35) gebracht, berücksichtigt die Rezeptionsseite bewusst nicht und geht ganz von textuellen Merkmalen aus. Gerade sie soll aber bei unseren theoretischen Betrachtungen zum Film-Ende nicht außer Acht bleiben; deshalb können Aspekte der Wirkung, des Sinnmachens nicht ignoriert werden.

Jeder Film besitzt ein Ende. Auch hinter dessen Negation steht letztlich ein Ende. Es ist wohl unvermeidlich, zu einem Ende zu kommen, auch wenn es sich vielleicht überraschend, unerwartet einstellt.[1] Im Nachhinein ist aber ein Ende immer ganz klar als solches erkennbar. Das Film-Ende wird, Metz' Definition noch einmal vergegenwärtigt, zwar zu einem der konstituierenden Merkmale, doch ist mit dieser Aussage noch keine Definition, geschweige denn Charakterisierung vorgenommen. Dem Bestreben, dies zu tun, soll dieses Kapitel gewidmet sein.

1 Ich werde allerdings als eine Grundthese die Ansicht vertreten, dass selbst in offenen Erzählstrukturen das Ende nicht überrascht, sondern sich in der Regel ankündigt, sorgfältig und oft mehrfach signalisiert wird; der Fall, dass der Zuschauer verblüfft mit dem Phänomen konfrontiert wird, das Ende eines Films verpasst zu haben, tritt relativ selten auf. Dennis Hoppers *The Last Movie* (USA 1971), Ousmane Sembènes *Emitai* (Senegal 1971) oder Glauber Rochas *A idade da terra* (Brasilien 1980) wären als mögliche Fallbeispiele zu nennen.

1.1 Definitionen, erste Annäherungen

Was ist ein Film-Ende, wie lässt es sich charakterisieren? Wenn wir Film als eine Form von Erzählung betrachten, so können wir daraus ableiten, dass das Ende im realzeitlichen Ablauf das letzte Element, den Schlusspunkt bildet. Diese Formulierung weist darauf hin, dass sich das Film-Ende auf die Ebene des Plots (Syuzhet) bezieht und nicht auf diejenige der Story (Fabula), um diese Unterscheidung im Sinne des Neoformalismus zu verwenden. Das Ende der Story muss sich nicht unbedingt am Ende des Films befinden, wohl aber dasjenige des Plots. Das Ende ist jener Teil, dem in der Regel andere Teile vorangehen, dem aber nichts mehr nachfolgt. Das Film-Ende im engsten Sinne wäre bei Metz «das letzte Bild» eines Films, wobei aus Gründen einer besseren Analysemöglichkeit wohl von der letzten Einstellung gesprochen werden müsste, da der Zuschauer ein einzelnes Kader gar nicht als abgrenzbare Einheit wahrzunehmen vermag. Unter dem Film-Ende im weiteren Sinne wäre dagegen – immer eingeschränkt auf eine strukturalistische Perspektive – die letzte Sequenz eines Films zu verstehen.

Gerald Prince verwendet in seinem Wörterbuch zur Narratologie (1988, S. 26), das nicht auf ein bestimmtes Medium ausgerichtet ist, eine ähnliche Charakterisierung, richtet sie allerdings mehr auf die erzählende Komponente aus, wenn er das Ende als «the final incident in a plot or action» definiert. Aufschlussreich sind die Schlussfolgerungen, die sich aus dieser Positionierung ergeben. Das Ende leite einen Zustand (relativer) Stabilität ein. Das Ende nehme eine ganz «zentrale», bestimmende Position in einer Erzählung ein und könne mit einer magnetischen Kraft verglichen werden, auf die alles ausgerichtet ist. Es sei das Ordnungsprinzip, nach der eine Narration vom Leser oder Zuschauer strukturiert wird, das allerdings erst in seiner Ganzheit erkannt werden kann, wenn diese sich realisiert hat: «Reading (processing) a narrative is, among other things, waiting for the end, and the nature of the waiting is related to the nature of the narrative.»

Betrachten wir diese thesenförmig aufgeführten Charakteristika etwas näher. Das Ende leitet – narratologisch betrachtet – einen Zustand der Stabilität ein. Es kann sich dabei, in einer klassisch angelegten Narration, um eine Art Wiederherstellung des Zustandes handeln, der zu Beginn geherrscht hat und dessen Störung die eigentliche Erzählung in Gang setzte. Aber auch der Umstand, dass nichts mehr folgt, gibt dem, was am Ende steht, ein entsprechendes Gewicht – die letzte Aussage, das letzte Ereignis vermag noch eine Zeitlang nachzuwirken, auch wenn die Erzählung, der Film schon vorbei ist. Princes Einschränkung «relativ» deutet allerdings darauf hin, dass die Stabilität keine dauerhafte sein muss. Mit Ausnahme jenes Falles, in dem die Erzählung auf eine Fortsetzung angelegt ist, werden wir aber in den seltensten Fällen erfahren,[2] was später geschieht – es sei denn, wir «konstruieren», wir spinnen die Geschichte weiter. Grundsätzlich hat dies aber, wie bereits von Metz hervorgehoben, nichts mehr mit der eigentlichen Erzählung zu tun. Deshalb kann mit Recht die Charakterisierung «Zustand der Stabilität» gewählt werden.

Komplexer gestaltet sich die Vorstellung des Endes als zentraler Anziehungspunkt der Narration, in dessen Richtung alle erzählerischen Elemente streben. So gesehen wäre das Ziel jeder Narration, zu einem Ende zu kommen, sich zu beenden. In einer rückblickenden Perspektive entbehrt eine solche Charakterisierung nicht der Logik. Falls man aber die Betrachtungsweise wählt, mit der man bei einer Erzählung in der Regel konfrontiert wird, nämlich nicht vom Ende her, sondern gegen das Ende schauend, so erhält die Konstruktion etwas Paradoxes, auch Schwindelerregendes, was vielleicht einen Teil der Faszination zu erklären vermag, die Enden auslösen können. Die Erzählung strebt letztlich auf einen Punkt zu, den wir als Leser, als Zuschauer nicht kennen, dessen Geheimnis und wahrer Gehalt sich erst dann enthüllen, wenn sie dort angelangt ist. Wir können einwenden, dass ein Ende natürlich nicht in völliger Unabhängigkeit vom Rest der Erzählung gesehen werden kann, dass es vielmehr in ihrem Verlaufe vorgezeichnet wird. Diese Annahme mag bei Erzählungen, die sich innerhalb eines Genres bewegen oder innerhalb der Ideologie eines Happy-End zu situieren sind, ihre Berechtigung haben. Solche verfestigten Formen erscheinen hier als Hilfestellungen für einen Zuschauer, der sich nicht der völligen Willkür einer Endsetzung ausliefern will. Grundsätzlich ändert sich aber nichts am Umstand, dass sich der Gehalt einer Erzählung erst aus ihrem Ende erschließt und dass dieses Ende tatsächlich eine besondere Stellung einnimmt: ein Punkt, an dem die prospektiven Kräfte versiegen, die retrospektiven dagegen ihre stärkste Ausprägung erfahren.

2 Auf den Fall, dass der Film selbst über die Zeit nach dem Ende des Plots, wenn man überhaupt davon sprechen kann, berichtet, wird im zweiten Kapitel (Typologie/Ikonographie des Endes im Film) unter 3.4.8 *Auflösung des Zeit-/Raumkontinuums* eingegangen. Ein Musterbeispiel in diesem Zusammenhang stellt George Lucas' *American Graffiti* (USA 1973) dar.

1.2 Das Film-Ende im Kontext von Realisator und Zuschauer

Um das Film-Ende zu definieren, habe ich einen strukturalistischen Ansatz verwendet und ihn für eine erste Charakterisierung in einen narratologischen Kontext eingebettet. In diesem Unterkapitel soll der Film in einer Art Gegenbewegung in einen Kommunikationszusammenhang gestellt werden, ohne allerdings zu implizieren, das Wesen des Spielfilms sei es, Botschaften zu übertragen. An beiden Polen eines solchen Stranges stehen Realisator und Zuschauer. Was bedeutet für sie das Ende des Films?

Für den Realisator stellt das Film-Ende jenes letzte Segment dar, mit dem er sein Werk abzuschließen hat. Ebenso wie der Anfang, in dem es darum geht, den ersten Kontakt mit dem Zuschauer zu knüpfen, stellt der Schluss eine heikle, eine besondere Stelle dar. Der Filmanfang kann mit dem weißen Blatt des Schriftstellers, mit der leeren Leinwand des Malers in Verbindung gebracht werden, die einen Kreativitätsstau auszulösen vermögen, das Ende dagegen mit dem Zwiespalt, nicht enden zu können (oder zu wollen) und doch ein Ende finden zu müssen.[3] Materiell betrachtet besitzt, wie Metz sagt, jeder Film ein Ende. Wenn wir den Blickwinkel erweitern, kommen auch inhaltliche Merkmale ins Spiel. Das Ende ist der letzte Eindruck des Films, jener, der bei retrospektivem Blickwinkel an erster Stelle steht. Falls es dem Realisator darum geht, eine «Botschaft» in sein Werk zu legen, stellt das Ende die letzte Gelegenheit dar, dies zu tun.

In Filmen, die einem klassischen dramaturgischen Muster folgen und eine geschlossene Form aufweisen, besitzt das Ende oft nicht jene Gewichtigkeit, die man ihr zu geben geneigt wäre; bisweilen entsteht der Eindruck einer gewissen Beliebigkeit. Dieser nur auf den ersten Blick paradoxe Umstand hängt damit zusammen, dass der zentrale Handlungsstrang vor dem eigentlichen Ende abgeschlossen wird. Klimax und Lösung befinden sich nicht ganz am Ende, sondern sind diesem vorgelagert. Der Schluss ist dort angesiedelt, wo wieder ein Zustand der Ruhe herrscht. An dieser Stelle kommen nun die Bedürfnisse des Zuschauers ins Spiel, denn ein Enden auf dem Höhepunkt wäre für ihn mit wesentlich mehr Schwierigkeiten verbunden als ein langsames Hinausgleiten. Kann man den Anfang mit der Bezeichnung «L'entrée du spectateur dans la fiction« (Odin, 1980, S. 198) umschreiben, so würde das Film-

3 Eine solche Betrachtungsweise verkennt keinesfalls den Umstand, dass die Realisation eines Films nicht chronologisch vor sich geht.

Ende bedeuten, dass der Zuschauer die Fiktion wieder verlassen, dass er in «seine» Welt, in die Realität zurückkehren muss.

Wie aus Odins Ausführungen hervorgeht, verfügt der Film über Techniken, um dem Zuschauer diesen Übergang zu erleichtern. Die Annahme ist wohl kaum falsch, dass sich ähnliche Mittel finden lassen, um die Rückkehr in die Realität nicht so schwer zu machen. An erster Stelle sind jene zu nennen, die auch am Filmanfang zum Einsatz kommen: Musik und Titel – beide in der Regel nicht diegetischer Natur. Allein ihre Nichtzugehörigkeit zur Welt der Diegese signalisiert bereits den Status des Übergangs, es entsteht ein Schweben zwischen dem Noch- und dem Nicht-mehr-dazu-Gehören. Je länger dieser Zustand dauert, desto stärker wird die Diegese in den Hintergrund gedrängt, ja sogar völlig ausgeblendet, indem das diegetische Filmbild verschwindet und der Endtitel allein die Leinwand beherrscht. Aber auch Eigenheiten des Aufführungsorts Kino tragen dem Vorgang des «Verlassens der Fiktion» bisweilen Rechnung, wenn am Ende der Projektion eine Prozedur vor sich geht, die das Spiegelbild des Anfangs darstellt. Der Vorhang schließt sich, das Licht im Saal wird langsam angedreht, wir nehmen weitere Signale wahr, die zwingend darauf hinweisen, dass die Vorstellung vorbei ist. Für den Zuschauer ist all dies als Aufforderung zu verstehen, sich zu erheben und in allernächster Zeit aufzubrechen.

Das Verlassen der Fiktion – damit ist eine wichtige Funktion des Endes genannt, die unabhängig vom jeweiligen Inhalt als strukturierendes Element wirkt. Sie gilt es zu berücksichtigen, auch wenn die Analyse des Endes in der Folge vor allem unter erzähltheoretischen und/oder dramaturgischen Blickwinkeln erfolgen soll. Zudem ist nicht zu vergessen, dass ein Film zwar aus analytischen Gründen als autonomer Text betrachtet werden kann, sich aber letztlich erst im Kontakt mit dem Zuschauer realisiert, in ihm bestimmte Vorstellungen und Erwartungen evoziert, die er bis zum Ende zu befriedigen vermag oder auch nicht. Hier zeigt sich, dass das Film-Ende für den Zuschauer «textuell» vielleicht nicht mehr von so grosser Bedeutung sein mag, wie weiter oben bereits angedeutet wurde, dass andrerseits aber das eigentliche Seherlebnis seinen Abschluss findet und damit eine Bilanzierung provoziert.

1.3 Das Ende in dramaturgischen und drehbuchtheoretischen Konzepten

Know your ending before you begin.
(Traditional Hollywood wisdom)[4]

Leitfäden zu Drehbuch und Dramaturgie des Films sind filmwissenschaftlich insofern von Bedeutung, als sie in ihrer Pragmatik implizite Normen und Wertvorstellungen prägnant hervortreten lassen, gerade weil sie diese nicht zur Diskussion stellen. Die fehlende Reflexivität wird durch einen Praxisbezug ersetzt, der auf Erfahrung gründet und Erfolg zum obersten Prinzip macht. Welchen Stellenwert, welche Bedeutung nimmt in einer solchen Binnensicht das Film-Ende ein? Welche Eigenschaften werden ihm zugeschrieben? Gibt es «Rezepte», wie ein Film zu Ende zu bringen ist? Oder stellt der Filmschluss für einen Praktiker gar kein Problem dar?

Wenn man die Literatur betrachtet, die von einer klassischen Konzeption des Spielfilms ausgeht, so könnte die letzte Frage durchaus bejaht werden. Die profiliertesten Vertreter dieser Gattung, etwa Syd Field (1984) oder Eugene Vale (1982; in der ursprünglichen Fassung 1944 erschienen), widmen dieser Fragestellung kaum eine Zeile. Eine kurze Anmerkung von Edward Dmytryk (1985, S. 171) führt uns auf eine Spur; Dmytryk stellt lakonisch fest:

> We have reached the end of the story, and if it looks familiar, don't be surprised. It is. It's where we started. Whatever by-ways are travelled during a story's development, its ending is usually implicit in its beginning.

Das Ende als Erfüllung der im Anfang enthaltenen Dispositionen. Sowohl Field wie auch Vale gehen im wesentlichen von einer Drei-Akt-Struktur aus: Ein Zustand der Ruhe erfährt eine Störung, aus dieser Störung resultiert der Konflikt, das Austragen des Konflikts bewirkt eine Rückkehr zum Zustand der Ruhe. Begriffe wie «Auflösung» oder «Erreichen des Zieles» sind in diesem Zusammenhang wichtig, um den Schlussteil, den dritten Akt eines Films zu charakterisieren. Sie sind wichtiger als der Endpunkt selbst. Dieser stellt sich gleichsam von selbst ein oder wird erreicht, wenn alle aufgeworfenen Probleme gelöst, alle wichtigen Ziele erreicht sind, wenn eine «Beruhigung» eintritt, in der nichts mehr geschehen kann – außer dem Ende.

4 Zitiert nach Andrew Horton (1994, S. 111).

Es erstaunt angesichts einer solchen Konzeption nicht, dass zwar der Weg, wie das Stadium der Auflösung oder Beruhigung erreicht werden soll, das Interesse der Drehbuchpragmatiker konventioneller Ausrichtung erregt, jedoch kaum der eigentliche Endpunkt selbst. Denn wenn die vorangehende Konstruktion zufriedenstellend oder regelkonform verläuft, wird die Lösung bereits früher erreicht. Der Schluss leistet – von der «Ökonomie» der Story her – kaum einen bedeutenden Beitrag. Er wirkt eher nebensächlich, besitzt primär die Funktion, den Zuschauer aus der Fiktion zu führen und einen Hintergrund für die Schlusstitel zu bilden.

Konsequenterweise mehr Aufmerksamkeit widmen Autoren den Enden, die von einem weniger starren dramaturgischen Aufbau ausgehen und das Repertoire der klassischen Narration zu erweitern suchen. In diesem Zusammenhang sind vor allem Ken Dancyger/Jeff Rush, deren Buch bereits in der Titelgebung – *Alternative Scriptwriting: Writing beyond the Rules* – einen anderen Ansatz verspricht, sowie Andrew Horton zu nennen, der zudem den Versuch einer eigentlichen Typologie des Film-Endes unternimmt. Doch zunächst soll ein Gedanke von William Goldman (1986, S. 148f.) aufgenommen werden, der darauf hinweist, dass sowohl Anfang wie Ende einer Erzählung heikle Punkte sind, weil sie die Willkür des Autors bei der Gestaltung seiner Geschichte besonders deutlich hervortreten lassen. Das Wesen des Erzählens besteht für Goldman darin, an einem Strang, der als endloser Faden betrachtet werden kann, zwei Schnitte vorzunehmen. Der Zuschauer erlebt seine Alltagserfahrungen ohne solche Schnitte, nämlich als einen Strang ohne Ende. Will er aber anderen Erlebnisse oder Ereignisse mitteilen, ist er ebenfalls gezwungen, ihnen die Form einer Erzählung zu geben. Anfang und Ende sind deshalb nicht als etwas uns völlig Fremdes zu sehen, wie dies Metz' Definition einer Erzählung auf den ersten Blick nahelegt. Es ist vielmehr ihre Position, die zur Quelle möglicher Enttäuschungen werden kann.

Für Dancyger/Rush stellt die «restorative three-act form», wie sie die vorherrschende Erzählstruktur des Mainstream-Kinos nennen, einen besonders effizienten Modus dar, wenn auch nicht den einzigen. Sie zeichnet sich, wie der Name andeutet, durch eine Dreiteilung aus, wobei die Entwicklung von Akt zu Akt progressiv zunimmt, jedoch alternierend entgegengesetzte Richtungen verfolgt. Zentrales Element, das die Story vorwärtstreibt, bildet der Konflikt. Ist er ausgetragen, ist der Film zu Ende. Das Film-Ende ereignet sich in dieser Konzeption nicht zufällig, sondern als Konsequenz von all dem, was vorausgegangen ist (Dancyger/Rush, 1991, S. 15). Die primäre Folge einer solchen Handlungszentriertheit sehen die Autoren darin, dass die Bedeutung der Erzählung sich durch die Handlung erschließt und nicht aus dem, was die Charaktere darüber sagen. Auch die Protagonisten selbst geben nur wenig von ihrem Innenleben preis: «Hesitations tend to be directed toward overcoming obstacles, not scruples. We wonder how the character is going to achieve his goal, not what that goal is, or whether it is right or wrong» (Dancyger/Rush, 1991, S. 184).

Welche Konsequenzen ergeben sich aus einer solchen Konzeption bezüglich des Film-Endes? Welche Alternativen zeigen die Autoren auf? Dancyger/Rush bringen die Folgen der «restorative three-act form» auf einen einfachen Nenner: Filme, die diesem Erzählmuster folgen, weisen eine große Geschlossenheit auf, sie sind am Ende wirklich zu Ende, alle offenen Fragen werden beantwortet, alle Probleme gelöst. Ihre Handlungszentriertheit bewirkt, dass sie uns im Griff haben – solange sie dauern. Sind sie aber vorbei, verlieren sie in der Regel diese Macht sogleich.

Man mag diese Schlussfolgerungen für etwas überspitzt halten, doch sie treffen den Kern der Sache, vor allem wenn mögliche Alternativen einbezogen werden – Alternativen, die eine Funktion gemeinsam haben: die Geschlossenheit der Story aufzubrechen und damit den Status der Eindeutigkeit des Endes anzugreifen. Dancyger/Rush beschreiben mehrere Möglichkeiten, eine Ebene der Selbstreflexivität einzubringen, sei dies «systemimmanent» (also innerhalb der traditionellen Drei-Akt-Form, die dadurch ihre Tendenz zur «Wiederherstellung» verliert), durch Mittel der Ironie oder Parodie oder aber durch die Wahl einer anderen Struktur, die zum Beispiel die Zielgerichtetheit zugunsten einer Vertiefung aufgibt oder abschwächt.

Welche Vorteile lassen sich aus solchen Alternativansätzen gewinnen? Es komme darauf an, was man mit einem Film wolle, sagen Dancyger/Rush. Soll er etwas von der Komplexität der Welt spiegeln, in der wir leben, psychologische Vorgänge von Figuren schildern oder historische, politische, ökonomische Dimensionen einbeziehen, so eignet sich die traditionelle Drei-Akt-Form weniger. Selbstreflexive Erzählverfahren dagegen thematisieren den Vorgang der Narration selbst, zerreißen den scheinbaren «Realismus» und eröffnen damit Platz für Nischen, für Nebensächlichkeiten. Und damit gerät das Ende zum «Problem», doch dies kann auch zur Chance werden, dem Immergleichen zu entrinnen. Da die Geschlossenheit des «restorative three-act model» fehlt, vermag ein solchermaßen konzipierter Film zunächst zwar weniger zu fesseln, endet aber auch nicht mit seinem Ende, sondern geht im Zuschauer weiter, falls dieser dazu bereit ist. Aufgeworfene Fragen bleiben unbeantwortet, Lücken werden nicht geschlossen. Die fiktionale Welt erhält Risse, besitzt eine Struktur, die jener ähnelt, die wir aus unserer Alltagserfahrung kennen, und kann deshalb nicht mehr als streng getrennt von ihr definiert werden. Selbstreflexivität – Thematisierung und/oder Bewusstmachen des Erzählvorgangs – ist in diesem Zusammenhang als Mittel zu sehen, um eine solche Rezeption zu ermöglichen.

Wirken die Enden in Filmen, die nicht nach einer konventionellen Drei-Akt-Struktur in der von Dancyger/Rush beschriebenen Art aufgebaut sind, tatsächlich willkürlicher und zufälliger? Oder ist es nicht eher so, dass bei den sogenannt «open-ended films» weniger dramaturgische als vielmehr formale Strukturen wirksam werden, um den Filmschluss zu signalisieren, Willkür und Zufall also lediglich inhaltliche Elemente beschreiben? Sind diese gar nicht so relevant in einem System, das nicht auf Geschlossenheit angelegt ist? Sind sie nicht geradezu die nötigen Mittel, um die Geschlossenheit aufzubrechen? Ist ein Ende in diesem Zusammenhang weniger als Endpunkt denn als Scharnier zu sehen? Wir werden auf diese Fragestellungen zurückkommen, wenn es darum geht, die offene Struktur und ihre Auswirkungen auf das Film-Ende vor allem auch im Kontrast zum Happy-End genauer zu untersuchen und aufzuzeigen, dass die Wahl des Erzählmodus immer auch eine ideologische Komponente enthält. Wichtig erscheint mir in diesem Zusammenhang die Erkenntnis, dass es verschiedene narrative Modi gibt, die unterschiedliche Ziele besitzen, vom Zuschauer unterschiedliche Leistungen verlangen und deshalb auch als verschiedene Systeme verstanden werden müssen. Wenn es gelingt, diese noch differenzierter und komplexer zu beschreiben, als dies Drehbuchleitfäden zu leisten vermögen, so dürfte es auch möglich sein, ein stringenteres System der Sinngebung zu erreichen.

Als Abschluss dieses Unterkapitels möchte ich mich mit Andrew Hortons Buch *Writing the Character-Centered Screenplay* beschäftigen, weil der Autor als einziger der konsultierten Drehbuch-Leitfäden den Versuch unternimmt, eine Art Typologie des Film-Endes zu skizzieren – jedoch ohne vertieften Hintergrund, mehr phänomenologisch ausgerichtet, allerdings mit der im Titel erwähnten Fokussierung auf die Charaktere.

Horton unterscheidet, ausgehend von seiner spezifischen Themenstellung, grundsätzlich zwei verschiedene, inhaltlich ausgerichtete Endtypen: jene, in denen der Protagonist am Ende alleine ist, und jene, die ihn in Gesellschaft anderer zeigt. Dies mag zutreffen, doch der Autor scheint seiner eigenen Typologie nicht allzu sehr zu vertrauen und führt eine Mischkategorie ein, die er «bittersweet» nennt. Damit wird klar, dass ein Ende offensichtlich mehr als nur diese beiden Alternativen bieten kann. Interessanter in diesem Zusammenhang ist Hortons Versuch, seine Endtypen mit bestimmten stereotypen Bildern zu verknüpfen. Der «Lone individual»-Typus zeige als prototypisches Bild den einsamen Helden, wie er sich von der Kamera weg bewegt; der «Embrace»-Typus dagegen vielfach ein Paar, das sich umarmt, küsst. Tatsächlich lassen sich auf Anhieb einschlägige Beispiele finden. Allerdings scheint mir diese Kategorisierung weniger sinnvoll bei Filmen, die sich einer Genrezuteilung entziehen, sondern eher für das klassische Hollywood-Kino brauchbar. Denn diese Art von Enden können, falls sie wirklich als Stereotype zu verstehen sind, nicht ohne Rückgriff auf entsprechende Storydispositionen betrachtet werden (zum Beispiel der einsame Held in Verbindung mit dem Western, das sich umarmende Paar in Zusammenhang mit der Komödie).

Im weiteren nennt Horton einige typische Film-Enden, verlässt dabei die charakterzentrierte Perspektive und bezieht formalästhetische und narrative Kriterien ein. Als Gesamtsystematik vermag sein Versuch wenig zu überzeugen, die einzelnen Kriterien entbehren aber nicht der Relevanz und können deshalb als Anregung für weitere Überlegungen dienen. Folgende Typen verdienen Erwähnung, wobei festzuhalten ist, dass die zwei erstgenannten und die letzte eine formale Ausrichtung haben, während die dritte Kategorie eine inhaltliche ist:

- the circular ending;
- the freeze frame ending;[5]
- the layered ending;
- the extreme long shot [ending].

Das «circular ending» charakterisiert sich durch die Rückkehr zum Anfang. Diese Konstruktion ist ein deutliches Signal, dass die Narration zu Ende geht. Teilweise kann dieses Verfahren auch einen eigentlichen Rahmen bilden, in den beispielsweise eine Rückblende eingebettet ist. Eine Art von Déjà-vu-Gefühl stellt sich durch eine solche Konstellation ein, aus dem die Erwartung resultiert, dass die erzählte Geschichte nun ihr Ende findet. Das «freeze frame ending» wird durch ein technisches Verfahren erreicht, das die Bewegung einfrieren lässt, indem das gleiche Kader mehrfach hintereinander kopiert wird. Horton weist zu Recht darauf hin, dass dieses Verfahren selbstreflexive Züge trägt, auf die Künstlichkeit des Endes verweist. Es kann aber auch – besonders bei tragischem Ausgang – den Endpunkt scheinbar aussparen und damit in die Fantasie des Zuschauers schieben. Somit wäre eine ähnliche Wirkung erreicht wie

5 Dieser Endtyp wird im nächsten Kapitel weiter ausgeführt.

mit dem offenen Ende, allerdings mit der Differenz, dass hier die Streuung der Möglichkeiten deutlich eingeschränkt wird.

Das «layered ending» erfolgt gestaffelt. Diese Konstruktion muss wohl am ehesten als Resultat einer Unfähigkeit oder Unmöglichkeit, zu einem Ende zu kommen, gesehen werden. Indem der Film hintereinander verschiedene Endsituationen generiert, zögert er das eigentliche Ende hinaus und bietet zugleich verschiedene Möglichkeiten an – wie in einer Auswahlsendung. Der vierte Typus nimmt die Einstellungsgröße zum Kriterium: Das letzte Bild zeigt eine Totale. Auch hier kann wiederum von einem Signalcharakter gesprochen werden, besonders wenn die Einstellung mit einer Fahrt nach rückwärts verbunden ist. Nach der «Großaufnahme» der Erzählung wird so mit einem formalen Mittel eine Distanzierung erreicht – ein Gefühl, nun wieder die Übersicht zu erlangen.

Hortons Typologie, so zufällig und unfertig sie erscheinen mag, liefert erste Hinweise auf ein mögliches Steuerungssystem, das aus einer Mischung von dramaturgischen Techniken und formalen Kunstgriffen besteht und dafür sorgt, dass wir als Zuschauer vom Ende nicht überrascht werden.

1.4 Narratologische Dimensionen

Während Dramaturgie und Drehbuchleitfäden bestrebt sind, pragmatische Aspekte in den Mittelpunkt zu stellen, eine dem Realisator zugeneigte Position einzunehmen und als eine Art «Kochbuch» sich vor allem mit möglichen (und tauglichen) Konzepten zu beschäftigen, verfolgt ein erzähltheoretischer Ansatz ein anderes Ziel, auch wenn sich die aus der unterschiedlichen Fokussierung gewonnenen Erkenntnisse nicht zu widersprechen brauchen. Im Mittelpunkt einer narratologischen Betrachtungsweise steht in der Regel die textuelle Dimension des Erzählens, bisweilen gekoppelt mit Komponenten, die den Aspekt der Perzeption oder Rezeption berücksichtigen. So definiert beispielsweise Branigan (1992, S. 76) Narration als Instrument zur Regulierung von Wissen. Von einer narratologischen Theorie ist deshalb eine größere Nähe zum eigentlichen Gegenstand und zu den Prozessen zu erwarten, die sich im Zuschauer beim Versuch abspielen, diesen Gegenstand zu erfassen, und demzufolge ein differenzierterer Erklärungshintergrund, während es bei pragmatischen Ansätzen oft genügt aufzuzeigen, wie «es» funktioniert.

Ist unter einer narratologischen Perspektive vom Film-Ende die Rede, so fallen zwei Schwerpunkte auf. Das Ende wird als Element der

Erzählung betrachtet, das am Schluss steht, jedoch enge Beziehungen zu den vorangehenden Bauteilen des Films aufweist, vor allem zum Anfang. Ich werde deshalb versuchen, das Ende auch auf der Folie einer texttheoretischen Determinierung des Filmanfangs, wie sie Britta Hartmann (1995) vornimmt, zu charakterisieren, um Gemeinsamkeiten herauszuarbeiten, aber auch Unterschiede stärker akzentuieren zu können. Zweitens spielt in der Diskussion um das Film-Ende der gewählte Erzählmodus eine wichtige Rolle, wobei vor allem der Unterscheidung «klassische versus nichtklassische Narration» eine zentrale Bedeutung zukommt. Spezifische Aussagen über das Ende müssen diese Differenzierung berücksichtigen. In diesem Zusammenhang kann auch festgehalten werden, dass bis anhin Analysen im Feld der klassischen Narration überwiegen, die Charakterisierung deshalb fundierter erscheint, während der Bereich der nichtklassischen Narration noch große Forschungsdefizite aufweist, sieht man einmal von den Arbeiten von Bordwell (1988) und Wuss (1990, 1993) ab, die hier Pionierdienste leisten.

Die in der formalistisch ausgerichteten Erzähltheorie vorgenommene Unterscheidung zwischen Story und Plot respektive Fabula und Syuzhet hilft uns, eine erste narratologische Charakterisierung vorzunehmen, wenn wir dabei die Dimension «Zeit» in Relation setzen. Das Ende fällt mit dem Plotende zusammen, jedoch nicht unbedingt mit dem Storyende. Wie ist dies zu verstehen? Die Story besitzt eine chronologische Struktur, reiht also einzelne Ereignisse gemäß ihrer zeitlichen Situierung auf, der Plot dagegen stellt die erzählerische Realisierung der Story dar und ist deshalb nicht an diese Chronologie gebunden. Es entspricht zwar durchaus einer Konvention, dass das Ende des Plots (und damit das Film-Ende) mit dem Ende der Story zusammenfällt, aber es sind grundsätzlich drei Möglichkeiten denkbar, wenn wir das zeitliche Verhältnis von Anfang und Ende betrachten.

Der erste Fall beschreibt die erwähnte Konvention: Das Ende ist nach dem Filmanfang angesiedelt. Zwischen Anfang- und Endpunkt kann eine linerare chronologische Ordnung herrschen, das heißt jede folgende Sequenz findet zeitlich später statt als die vorangehende. Es ist aber auch eine andere Ordnung denkbar. Dies kann erreicht werden, indem die Reihenfolge der einzelnen Sequenzen keine chronologische ist oder aber ein oder mehrere Sequenzen zwischen Anfang und Ende sogar über einen der beiden narrativen Begrenzungspunkte hinausragen. Während das Modell mit einer Sequenz zwischen Anfang und Ende, die in einer Zeit vor dem Anfang – einer Rückblende – spielt, durchaus ein gebräuchliches darstellt, ist die Konstellation mit einem Ausblick in die Zukunft selten.

Auch das zweite grundsätzliche Verhältnis zwischen Anfang und Schluss ist eher selten zu finden, falls es zwischen den beiden Begrenzungspunkten zu einer Chronologie kommt: Anfang und Ende befinden sich ungefähr in der gleichen Zeit. Es müsste hier zu einer eher ungewöhnlichen Dehnung der Erzählzeit gegenüber der erzählten Zeit kommen. Denkbar allerdings ist zum Beispiel jener Fall, in dem der Film einen Traum oder eine Wunschvorstellung schildert und am Ende an den Anfang zurückkehrt, als wäre kaum Zeit vergangen. Robert Enricos *La rivière du hibou* (F 1961) stellt ein solches Beispiel dar.[6]

Weitaus «konventioneller» ist jene Konstellation, in der Anfang und Ende die Eckpunkte einer großangelegten Rückblende[7] sind und somit zeitlich das Ende der Story bilden. Sie unterscheidet sich von der eben genannten Variante darin, dass die Rückblende für den Zuschauer klar einen Zeitsprung markiert und nicht ein Kontinuum suggeriert. Eine solche Struktur verfügt erzähltheoretisch über den Vorteil, dass sie ein simples Ursache-Wirkung-Muster aufzubrechen vermag, indem sie das Ende (zum Beispiel den Tod einer Person) vorwegnehmen und sich ganz auf den Weg, auf das «Wie» konzentrieren kann. Mit einem solchen Erzählaufbau wird ein starker Klammerungseffekt erreicht, der dem Zuschauer die Orientierung erleichtert und durch die Rückkehr zum Anfang ein untrügliches Endsignal setzt.

Der dritte Grundtyp des zeitlichen Verhältnisses von Anfang und Ende ist außergewöhnlich. Einerseits ist er als Variation der eben beschriebenen Klammerkonstellation vorstellbar, bei der die Klammer am Ende wegfällt: Ein Film beginnt mit dem Ende, erzählt anschließend, wie es dazu gekommen ist, kehrt jedoch nicht mehr dorthin zurück. Das Ende ist in diesem Fall zeitlich vor dem Anfang angesiedelt. Eine Problematik dieses Bauprinzips besteht darin, dass das eigentliche Ende der Story, das ja als Ausgangspunkt dient, in Vergessenheit gerät und der Plot als Konstruktion ohne eigentliches, «richtiges» Ende erscheint.

Ein Erlebnis ganz besonderer Art stellt sich ein, wenn die Zeitachse konsequent umgedreht wird, das heißt ein Film mit dem Ende beginnt, mit dem Anfang endet und die Sequenzen dazwischen absteigend anordnet. Durch diese Umkehrung der Chronologie und der Positionie-

6 Als weitere Beispiele sind Fritz Langs *Woman in the Window* (USA 1944), Robert Siodmaks *The Strange Affair of Uncle Harry* (USA 1945) oder Anthony Manns *Strange Impersonation* (USA 1946) zu nennen.

7 Zur filmischen Rückblende allgemein und insbesondere unter narratologischen Gesichtspunkten vgl. Turim (1989). Für Genette (1972) stellen Analepse (Rückblende) und Prolepse (Vorausblende) die beiden Hauptformen einer narrativen Anachronie dar und bilden den Begriffsraster der Kategorie «Ordnung».

rung der beiden Eckpunkte entsteht ein besonderes Spannungsverhältnis, weil dem Zuschauer mit jeder Sequenz vorgeführt wird, dass er einer Handlung beiwohnt, deren Ergebnis oder Endpunkte er bereits – durch die vorangegangene Sequenz – kennt. Das einzige mir bekannte Beispiel, das eine solche zeitliche Inversion konsequent anwendet, ist Jane Campions *Two Friends* (Australien 1985). Das Hauptthema des Films – das Auseinanderbrechen der Freundschaft zwischen den heranwachsenden Freundinnen Louise und Kelly – ist in den ersten Sequenzen bereits am Endpunkt der Entwicklung angelangt. Die Irritation durch das ungewohnte Zurückgehen an den Ausgang kompensiert der Film weitgehend durch Einblenden von zeitlichen Orientierungshilfen. Wenn der Zuschauer dieses Ordnungsprinzip begreift und akzeptiert, tritt anstelle der Frage «Was geschieht?» jene nach dem «Wie ist es dazu gekommen?» und damit eine nicht minder spannungsvolle Konstellation.

Edward Branigan (1992, S. 14f.) vertritt die Ansicht, dass die Art der Realisation einer Story aus dem Plot zwar für das Filmerlebnis, jedoch nicht für die nachträgliche Verarbeitung und Erinnerung wichtig sei. Daraus lässt sich die Folgerung ziehen, dass das Wissen über einen Film eine andere Struktur aufweist als der Film selbst, sei dies in seiner Plot- oder Story-Form, nämlich nicht aus zentralen Handlungsteilen besteht, sondern aus «propositions, interpretations, and summaries». Diese Annahme deckt sich nicht völlig mit jener These der kognitiven Filmtheorie, wie sie etwa Bordwell (1988) vertritt, dass der Zuschauer, während er dem Plot eines Films folgt, ständig bestrebt ist, daraus die entsprechende Story aufzubauen – die Story, die eine chronologisch-kausale Struktur aufweist.

Branigan, der bei seinen theoretischen Betrachtungen die narrativen Verstehensprozesse ins Zentrum stellt, geht von der Annahme aus, dass während des Filmerlebnisses kognitive Schemata auch in Bezug auf die Narration zum Einsatz kommen. Ein solches narratives Grundschema besitze folgenden Ablauf (1992, S. 14):

1. introduction of setting and characters;
2. explanation of a state of affairs;
3. initiating event;
4. emotional response or statement of a goal by the protagonist
5. complicating actions;
6. outcome;
7. reactions of the outcome.

Auf den ersten Blick verblüfft die Übereinstimmung dieses narrativen Schemas mit dem von den gängigen Dramaturgien und Drehbuchtheorien vorgeschlagenen Aufbau einer Handlung. Dieses Basismodell einer Erzählung zeichnet sich durch Kausalität, Linearität und Geschlossenheit («closure») aus. Der letztgenannte Begriff erhält in der Charakterisierung solcher «einfachen Erzählformen» zentrale Bedeutung. Ein hoher Grad an Geschlossenheit wird durch das Bauprinzip einer «einfachen Erzählform» erreicht: Die Konflikte zwischen Zielen und Hindernissen werden bis zum Schluss gelöst, die Kausalität erlaubt ohne große Mühe, der Handlungsentwicklung zu folgen, am Ende bleibt keine wichtige Frage offen: «A narrative ends when its cause and effect chains are judged to be totally delineated» (Branigan, 1992, S. 20).

Komplexere Erzählformen weichen dagegen von diesem narrativen Basismodell ab. Wenn die Annahme Branigans stimmt, dass der Zuschauer in seinem Verstehensprozess jede Erzählung, unabhängig davon, welches Bauprinzip sie aufweist, auf das Basismodell zurückzuführen versucht, so würde dies bedeuten, dass er eine umso größere «Anstrengung», Eigenaktivität erbringen müsste, je stärker die Abweichung des Plots von dieser Norm wäre. Übersteigt diese Anstrengung die enge Toleranzschwelle, die stark geprägt ist durch Erfahrungen, so reagiert man mit Verweigerung, findet den Film uninteressant, zu kompliziert und bricht ihn unter Umständen vorzeitig ab.

In eine solche Betrachtungsweise gilt es noch eine weitere Komponente einzubringen, die der Begriff «Erfahrung» nur ungenau zu charakterisieren vermag. Viele komplexe Erzählformen zeichnen sich gerade dadurch aus, dass sie sich der Überführung in das narrative Basimodell oder -schema verweigern und diese Verweigerungshaltung ihrerseits zum Konstruktionsprinzip machen. Mit anderen Worten: Sie funktionieren gegen oder jenseits des Grundschemas und machen Referenzialität oder Reflexivität zum zentralen narrativen Prinzip. Natürlich kann man davon ausgehen, dass ein großer und differenzierter Erfahrungsschatz eine reflexive Komponente einschließt. Dennoch scheint es mir wichtig, dass es in diesem Zusammenhang weniger um eine graduelle Größe als vielmehr um einen Systemwechsel geht, der eine Metastruktur bedingt.

Das Ende wird in einer solchen Konzeption zum Indikator für den Grad an narrativer Geschlossenheit. Natürlich sind Abweichungen, die zu einer geringeren Geschlossenheit führen, bereits in den vorangehenden Teilen sichtbar, doch erst das Ende bringt diese Abweichungen insofern auf eine fassbare Größe, als es gewährleistet, dass keine weiteren Informationen mehr folgen.

Ein hoher Grad an Geschlossenheit am Ende eines Films bedeutet Sicherheit, zugleich aber auch Ausgeschlossensein. Ambivalenz, Unsicherheit, Unwissen – sie sind gleichsam der Motor, der die Narration in

Gang setzt und am Laufen hält. Werden sie beseitigt, «stirbt» die Narration, es kommt zum Ende. Tritt ein solcher Zustand nicht ein, so spricht man von einem «offenen» Ende, das Gefühl der Sicherheit vermag sich nicht einzustellen, zu vieles ist ungeklärt geblieben. Aber auch der Prozess des narrativen Verstehens findet keinen klar definierten Abschluss. Das Resultat einer solcher Verzögerung kann entweder Frustration oder Ermutigung, Aktivierung bedeuten. Im ersten Fall bricht der Zuschauer den narrativen Verstehensprozess ab, ohne dass sich dabei Einsicht in die Vorgänge, die diesem Abbruch vorangehen, einstellen würde, im zweiten Fall verlängert er ihn über die eigentliche Rezeptionssituation hinaus. Das Film-Ende markiert zwar das Ende der Filmvorführung, aber nicht unbedingt das Ende jener Vorgänge, die etwa Branigan unter dem Begriff «narrative comprehension» zusammenfasst.

Auch die Narratologie geht bisweilen – wie Dmytryk – von einer Verwandtschaft zwischen Anfang und Ende aus. Das Ende erscheint, vor allem vor dem Hintergrund des narrativen Basismodells, als Symmetriepunkt des Anfangs, als dessen Spiegelbild oder als Transformation des Anfangsstadiums, wobei jeder dieser Begriffe eine etwas andere Akzentuierung vornimmt. Lassen sich deshalb Anfang und Ende auch ähnliche Funktionen zuordnen oder muss eher von einer Komplementarität ausgegangen werden? Britta Hartmann (1995) unterscheidet bezüglich des Filmanfangs zwei primäre Funktionen: eine expositorische und eine initiatorische. Die erste Funktion setzt die Narration in Gang, indem eine Orientierung über Charaktere, Schauplätze, Zeit erfolgt, eventuell verbunden mit Informationen zur (Vor)Geschichte. Falls man die letztgenannte Komponente mit zur Exposition zählt, so wird klar, dass sie nicht an die Position des Anfangs gebunden ist, sondern sich ebenso am Ende befinden kann, wo eine Auflösung oder Lösung oft durch Rückgriff auf die Vorgeschichte erreicht wird – denken wir nur an den Kriminalfilm. Die Teilfunktion der ersten Orientierung, die den Beginn der Narration möglich macht, kann jedoch nur der Anfang leisten.

Die zweite Funktion, die der Filmanfang besitzt, ist von ebenso zentraler Bedeutung: die initiatorische, die einerseits den Eintritt des Zuschauers in die Fiktion bewerkstelligt, andrerseits die Modalitäten der Narration etabliert. Sie gibt Informationen darüber, wie die folgende Erzählung «gelesen» werden soll, sie bringt ihr «werkspezifisches Invariantenmuster» (Wuss, 1993, S. 76) ein. Auch in diesem Zusammenhang können wir die gleiche Feststellung wie für die erste Funktion machen: Eine Teilkomponente, nämlich diejenige, die dem Zuschauer den Eintritt in die fiktionale Welt erleichtert, trifft in reziproker Form auch für das Ende eines Films zu; es besitzt die Funktion, den Ausstieg aus der Fiktion zu ermöglichen. Dabei kommen formal ähnliche Mittel zum Einsatz, wie noch zu zeigen sein wird. Die andere Teilkomponente dieser initiatorischen Funktion – auch «Priming» genannt – besitzt jedoch keine Entsprechung für das Ende.

Können für das Film-Ende Funktionen bestimmt werden, die ihm ausschließlich zukommen, wie die Ausführungen von Hartmann für den Anfang nahelegen? Diese Frage kann meiner Ansicht nach bejaht werden, allerdings sind die Zusammenhänge komplex und Griffigkeit nicht immer gewährleistet. Die originäre Funktion des Filmanfangs besteht – verkürzt formuliert – im Etablieren der Plotelemente einerseits und der Initialisierung der «Lesart» andrerseits. Das Ende liefert das letzte Element des Plots und damit auch den letzten Baustein, um die Story in ihrer endgültigen Fassung zu konstituieren. Ohne dieses letzte Stück könnte die Konstruktion nicht definitiv erfolgen, da es ja etwas enthalten könnte, das die vorher angelegte Ordnung und Struktur noch verändern würde. Das Ende ermöglicht also die Terminierung der Story und damit die Realisation der Story aus dem Plot.

Eine zweite Funktion, die nur dem Ende zukommt und die es deshalb definiert, kann aus der erstgenannten («Story-Terminierung») abgeleitet werden. Initialisiert der Anfang die textuellen Register und gibt damit vor, wie der Film «gelesen» werden sollte – eine Vorgabe, die im Verlaufe der Rezeption veränderbar ist –, so bringt das Ende diesen Prozess zum Abschluss und legt ihn zunächst einmal fest. Im Interpretationsvorgang gibt es nun keine neuen textuellen Elemente mehr. Damit bildet das Ende auch das Scharnier zur Welt des Zuschauers: Es ermöglicht oder erleichtert nicht nur den Ausstieg aus der Fiktion, es leitet endgültig zu jenem Vorgang über, der sich dem eigentlichen Filmerlebnis anschließt und Komponenten der Interpretation wie auch eine pragmatische Dimension enthält: Was mache ich mit dem Film, was mit seiner Story? Das textuelle Referenzfeld gerät in den Hintergrund, das außerfiktionale, dem Zuschauer eigene gewinnt an Bedeutung. Gerade dieser Übergang scheint mir in diesem Zusammenhang besonders wichtig, denn die kognitive Filmtheorie geht davon aus, dass Interpretationsprozesse bereits neben den eigentlichen Rezeptionsvorgängen stattfinden. Das Film-Ende setzt nicht die Interpretation in Gang, sondern gibt ihr eine neue Dimension, indem nun alle textuellen Elemente vorliegen und damit die Möglichkeit zu einer ersten Fixierung gegeben ist. Zugleich wird mit dem Ende ein Interpretationsstandpunkt möglich, der sich außerhalb der eigentlichen Fiktion befindet.

Bevor wir auf die wichtige Unterscheidung zwischen Storyende und dem Ende des narrativen Diskurses eingehen, soll darauf hingewiesen werden, dass das Ende einer Erzählung auch eine ganz praktische Dimension besitzt. Es ist nicht nur «the final product of all narrative's labors», wie Richard Neupert (1995, S. 32) schreibt und was wir auf ähnliche Weise mit «Story-Terminierung» bezeichnet haben. Das Ende ist auch jener Teil, der einen neuen Anfang, neue Erzählungen, weitere Filme möglich macht. Und es ist jenes Element, ohne das es, um auf das anfängliche Zitat von Christian Metz zurückzukommen, keine Erzählungen gibt.

1.5 Das Ende von Story und Diskurs – Zum Verhältnis von inhaltlichen und formalen Aspekten

In einer erzähltheoretischen Betrachtung des Film-Endes ist die Unterscheidung zwischen Story, Thema einerseits und Stil, Form andrerseits von zentraler Bedeutung. Das Modell einer dualen Struktur erlaubt es, einige Widersprüche und Ungereimtheiten zu beseitigen, die oft daraus resultieren, dass die beiden Dimensionen vermischt werden oder nur die eine – die inhaltliche – Berücksichtigung findet. Denn das Ende eines Films wird nicht nur dadurch erreicht, dass der Plot zu Ende geführt wird – ebenso wichtig ist, auf welche Art und Weise dies geschieht. Damit sind nicht dramaturgische Konstruktionsverfahren gemeint, sondern intervenierende Variablen der Form, des Stils. Die Wichtigkeit dieser diskursiven Ebene – so eine These, die im Unterkapitel 7 «Das offene Ende» weiter zu verfolgen sein wird – lässt sich vor allem in jenen Erzählformen darstellen, die von der klassischen Narration abrücken, also beispielsweise keine Geschlossenheit anstreben.

In Richard Neuperts Dissertation wird die Unterscheidung zwischen Inhalt und Form zum zentralen Analysekriterium. Die duale Struktur, die er mit «story» und «discourse»[8] charakterisiert, erfährt eine weitere Zweiteilung. Die Story wird auf den Grad ihres Potenzials an Lösungen untersucht («resolution»), der Diskurs hinsichtlich seiner Ge-

8 Im Kontext strukturalistischer Textanalysen bezeichnet die Begriffsopposition «story»/«discourse» – französisch «histoire»/«discours» – zwei unterschiedliche Erzählordnungen. Der «discourse» ist dabei die aktuelle Realisation der «story», die «story» dagegen die Abstraktion des »disourse». In den Untersuchungen zur filmischen Narration wird dieses Begriffspaar vor allem von Chatman (1988) verwendet. David Bordwell und andere, die sich auf den Formalismus berufen, stützen sich auf deren Begriffe «story» (fabula) und «plot» (syuzhet) sowie den intervenierenden «style» ab. Die beiden Konzepte weisen Ähnlichkeit auf, können jedoch nicht gleichgesetzt werden. Formale Gesichtspunkte beispielsweise sind bei Chatman Teil des «discourse», während sie im neoformalistischen Konzept als eigene Kategorie erscheinen.

schlossenheit respektive Offenheit. Somit ergibt sich, auf das Ende angewandt, eine Matrix mit vier Möglichkeiten (Neupert, 1995, S. 33):

1. resolved story + closed narrative discourse = closed text
2. unresolved story + closed narrative discourse = open story
3. resolved story + open narrative discourse = open discourse
4. unresolved story + open narrative discourse = open text

Vier unterschiedliche Textarten werden hier aufgrund ihres Endes definiert. Die rigorose Einschränkung der Möglichkeiten, ihre Reduktion auf je eine Dimension bringt den Vorteil der Übersichtlichkeit, der Beschränkung auf ganz elementare Eigenheiten mit sich. Der erste Typus beispielsweise, den Neupert «closed text» nennt, zeichnet sich durch einen hohen Grad an Geschlossenheit aus; gelöste Story und gerundeter Diskurs garantieren ein sicheres Ende. Dieser Erzähltyp deckt sich weit gehend mit jenem der klassischen Narration. Die doppelte Absicherung der Geschlossenheit verspricht Eindeutigkeit des Endes. Diese lässt grundsätzlich zwei Ausprägungen zu: das Happy-End und das traurige Ende. Den erstgenannten Fall werden wir in den folgenden Unterkapitel näher untersuchen: das Happy-End als «Ort», an dem sich ideologische Implikationen besonders manifestieren, und andrerseits auch als Feld, dessen Stereotypie subversives Potenzial in sich birgt. Das Happy-End erscheint vor dem Hintergrund des Typus «closed text film» als adäquateste Form, kommt es doch nicht nur Zuschauererwartungen entgegen, sondern erstellt auch «a secure and „proper" final solution» (Neupert, 1995, S. 71). Zu betonen ist in diesem Zusammenhang, dass diese stereotype Endform stark an Genrekonventionen gebunden ist.

Der zweite Erzähltyp innerhalb Neuperts Matrix, als «open story film» charakterisiert, zeichnet sich durch eine Inkongruenz zwischen Story und Diskurs aus. Während die diskursive Ebene als geschlossen erscheint, erweist sich die Story als ungelöst: «The *told* is not resolved but the *telling* is concluded» (Neupert, 1995, S. 104). Aus dem Umstand, dass die Story nicht abgeschlossen ist, formal jedoch Geschlossenheit erreicht wird, ergeben sich verschiedene Konsequenzen und Möglichkeiten. Einerseits dürften diesem Erzähltypus starke formale Endsignale eigen sein, und dies besonders bei Filmen, die nur wenig vom Muster der klassischen Narration abweichen, noch stark mit dem Bauprinzip der Kausalketten operieren. Filme dagegen, in denen das Kausalprinzip strapaziert wird, bedürfen wahrscheinlich weniger starker Endsignale, weil die initialisierten Schemata des Textverständnisses den Zuschauer bereits gelehrt haben, dass andere Erzählprinzipien greifen. Neupert nennt als mögliche Konsequenz eines solches Erzähltyps eine größere Realitätsnähe und verweist auf die Filme des italienischen Neorealismus. Aber auch die scheinbar entgegengesetzte Tendenz lässt sich innerhalb dieses Typus feststellen, nämlich jene zur Subjektivierung, zur Vermischung der Realität mit Träumen und Fantasien. Beiden gemeinsam ist eine Annäherung der Narration an die Alltagserfahrung.

Eine Besonderheit der «open-story»- Kategorie stellt der Serienfilm dar. Die unvollendete Handlung produziert in diesem Fall den Wunsch nach Fortsetzung, während der übrige Film in der Regel nach den Prinzipien des «closed text film» operiert. Dieser Typ besitzt zugleich eine andere Eigenart: Um die Öffnung der Story zu erreichen, müssen nicht unbedingt zentrale Geschehnisse unabgeschlossen erscheinen – es genügt, in den letzten Minuten eine neue Handlungskette zu eröffnen.

Die vierte Kategorie, der «open text film», zeichnet sich durch Gleichberechtigung und in gewissem Sinne Autonomie von Inhalt und Form, von Story und Diskurs aus. Die duale Offenheit zeigt sich nicht nur am Ende, der gesamte Film wirkt fragmentarisch, pflegt das Prinzip der Diskontinuität sowohl in zeitlicher wie räumlicher Hinsicht und hebt Hierarchien[9] zwischen Haupt- und Nebensächlichkeiten auf. Erzählt werden nicht nur neue Inhalte, sondern dies geschicht auf eine neue, bisherige Sehgewohnheiten herausfordernde Weise. Es scheint, als wolle sich dieser Erzählmodus nicht nur selbst thematisieren, sondern auch provozieren. Damit rückt er in die Nähe dessen, was etwa Bachtin mit «dialogischer Struktur» beschrieben hat. Große Teile dessen, was mit *modernistischem Film* oder *Art Cinema* bezeichnet wird, gehören diesem Erzähltypus an.

«Open text films» weisen einen hohen Grad an Selbstreflexivität auf, der sich unter anderem dadurch manifestiert, dass der Zuschauer immer wieder mit Kunstcharakter und Künstlichkeit des Werkes konfrontiert wird. Das Ende von Godards *Week-end* (F 1967) verdeutlicht diesen Sachverhalt exemplarisch, wenn ein an sich konventioneller Endtitel («fin») in ein komplexes Assoziationsgeflecht einbezogen wird, das sich aus den Bezügen «fin du conte» und «fin de cinéma» ergibt. Der Collage-Stil, der Zerfall einer narrativen Autorität in dem Sinne, dass eine einheitliche Erzählinstanz fehlt, mehrere miteinander konkurrieren – Neupert spricht von «plurivokaler Narration» (1995, S. 159): all dies erlaubt selbstreflexive Einschübe in einem Maß und einer Intensität, wie es bei den anderen Erzähltypen unmöglich wäre.

Eine Kategorie wurde bisher ausgeklammert, es ist die dritte, die Neupert als «open discourse» bezeichnet. Und dieser Typus ist es, der

9 Hierarchien, wie sie die klassische Narration vornehmen würde.

seine Systematik gefährdet, denn es lassen sich kaum überzeugende Beispiele finden, in denen die Story am Ende einen hohen Grad an «resolution» aufweist, während der Diskurs offen bleibt. Der Autor spricht in diesem Zusammenhang von einer «virtuellen» Kategorie und meint damit wohl eine «potenzielle», das heißt noch nicht ausgeschöpfte. Meiner Meinung nach verweist dieser Sachverhalt jedoch eher auf Schwachpunkte der Kategorienbildung. Denn es stellt sich die Frage, ob die beiden Grundkategorien, wie der Autor sie definiert und verwendet, in dem Maße voneinander unabhängig sind, wie dies wünschenswert wäre. Mit anderen Worten: Der narrative Diskurs scheint nicht die nötige Unabhängigkeit von der Story zu besitzen, wie es zur Konstituierung eines solchen Erzähltypus («open discourse») nötig wäre. Dies dürfte vor allem daran liegen, dass Neupert auf (zu) einfache Unterscheidungskriterien zurückgreift und es durch diese Rigorosität verunmöglicht, dass die Kategorie «open discourse» an Bedeutung gewinnen kann. Denn die diskutierten Beispiele zeigen, dass die Einschränkungen aus einem potenziellen «open discourse film» entweder einen «closed text film» oder einen «open text film» machen.

Die Bedeutung von Neuperts Dissertation liegt trotz des kritischen Einwandes darin, eine Doppelperspektive in die Untersuchung des Film-Endes einzubringen. Durch die Unterscheidung von Inhalt und Form wird deutlich, dass es neben einem Was-Aspekt des Erzählens auch eine Wie-Dimension zu berücksichtigen gilt. Diese beiden Erzählebenen müssen – so eine weitere wichtige Erkenntnis – nicht unbedingt die gleiche Richtung aufweisen, wie das Beispiel «open story film» veranschaulicht. Eine verfeinerte Analyse der formalen Ebene könnte Aufschluss darüber geben, wie die Narration ihr Ende «produziert». Im zweiten Hauptkapitel möchte ich mit dem Versuch einer Typologie einen etwas anderen Weg beschreiten als Neupert, indem das Augenmerk primär nicht der Story gilt, sondern den Mitteln des Diskurses, ein Ende zu erreichen.

1.6 Das Happy-End

> *Griffin*: [The story] lacked certain elements that we need to market a film successfully.
>
> *June*: What elements?
>
> *Griffin*: Suspense, laughter, violence, hope, heat, nudity, sex, happy endings. Mainly happy endings.[10]

Das Happy-End sei eine der wenigen Konventionen, die auch im internationalen Rahmen immer zur Charakterisierung des Hollywood-Kinos verwendet würden, schreibt David Bordwell zu Beginn seines Aufsatzes «Happily ever after, part two» (1982, S. 2), der sich mit diesem Stereotyp der klassischen Narration und seiner konsequentesten Ausprägung im amerikanischen Film zwischen 1920 und 1960 befasst. Der Umstand, dass ein enger Zusammenhang zwischen Happy-End und amerikanischem Kino besteht, lässt sich auf verschiedene Arten zeigen, zum Beispiel darin, dass viele Sprachen den Begriff übernommen haben. Trotz ihrer weiten Verbreitung und ihrer (zumindest längerfristigen) Resistenz gegenüber Modeströmungen erweist sich diese Grundform des Film-Endes als komplexer, als man auf den ersten Blick vermuten würde – komplexer jedenfalls als Coldwells Definitionsversuch, der davon ausgeht, dass «Glück» eine psychische Konstellation darstelle, die intuitiv erkennbar sei. Demzufolge sei ein Happy-End ein Ende, das vom Zuschauer mehrheitlich als «glücklich» eingestuft werde. Es scheint allerdings, dass diese Umschreibung den Autor selbst nicht besonders glücklich gemacht hat, denn wenig später folgt eine formelhafte Operationalisierung, die da lautet: Happy-End = Endzustand ist glücklicher als Vorhergehendes (Coldwell, 1981, S. 41).

Coldwells Umschreibung zeigt zumindest auf, dass das Happy-End eine starke Komponente besitzt, die auf den Zuschauer abzielt. Denn der Zustand des Glücklichseins soll sich nicht nur auf die Protagonisten des Films beschränken, er soll auch auf das Publikum übergehen. Die Geschlossenheit der klassischen Narration verlangt Eindeutigkeit. Das Happy-End vermag diese Eindeutigkeit insofern herzustellen, als es einen Zustand des Glücklichseins und der Zufriedenheit bei den Hauptfiguren suggeriert und damit den Zuschauer mit einem Gefühl der Sicherheit entlässt. Nicht nur werden alle wichtigen Probleme beseitigt, sie

10 Dialog aus Robert Altmans *The Player* (USA 1992).

werden auch auf eine Art und Weise gelöst, die die Protagonisten nicht zu Schaden kommen lässt.

Diese letzte Aussage verlangt Präzisierungen. Zunächst einmal scheint es mir wichtig zu betonen, dass das Happy-End sich im Einklang mit den herrschenden Moralvorstellungen befinden muss, die sich beispielsweise in so einfachen Aussagen wie «Das Gute siegt», «Das Böse wird bestraft», «Gerechtigkeit stellt sich ein» oder «Verbrechen lohnt sich nicht» manifestieren. In Konstellationen, die einen klaren Antagonismus betonen, muss sichergestellt sein, dass Gutes und Böses eindeutig unterscheidbar bleibt. Mit anderen Worten: Ein Ende, das den Sieg der Bösen, moralisch Schlechten beinhaltet, stellt in diesem Sinne kein Happy-End dar, obwohl es natürlich für diese Protagonisten durchaus «glücklich» ist ...

Zweitens muss sich ein «richtiges» Happy-End – richtig in dem Sinne, dass es auf den Zuschauer auch so wirkt und von ihm in dieser Intention verstanden wird – mit einer gewissen Logik und Wahrscheinlichkeit aus dem Rest des Films entwickeln. Lässt das letzte Glied der Kausalkette, wie sie für die klassische Narration typisch ist, Plausibilität vermissen, so wird das Happy-End nicht als solches «gelesen», Zweifel stellen sich ein. Auf diese «unmotivierten» Happy-End-Konstruktionen werde ich weiter unten zurückkommen. Dies ist auch deshalb gerechtfertigt, weil sie nicht allein als Fehler betrachtet werden können, sondern auch als Möglichkeit, allzu enge Normen einer Massenindustrie zu durchbrechen.

Die Forderung nach einem Happy-End wird vielfach aus entsprechenden Zuschauerbedürfnissen abgeleitet. Ob ein solcher Wunsch tatsächlich existiert, muss hier nicht untersucht oder bewiesen werden – Tatsache ist, dass Hollywood und auch andere, ähnlich gelagerte Traditionen mit diesem «Rezept» äußerst erfolgreich waren und sind. Doch was bedeutet diese Formel für den Zuschauer? Bezüglich der Narration haben wir bereits erwähnt, dass das Happy-End eine Möglichkeit darstellt, Geschlossenheit zu erreichen. Dem Zuschauer verleiht diese Geschlossenheit mit glücklichem Ausgang primär Sicherheit und gute Laune. Zweitens produziert sie – zumindest in ihrer reinen Form – einen wirklichen Abschluss, ein Ende ohne Wenn und Aber. Mit ihrer Aussage «Les gens heureux n'ont plus d'histoire» (1995, S. 104) umschreibt Jacqueline Nacache treffend diese sekundäre Funktion. Nach dem Happy-End geschieht nichts mehr. Diese narrative Figur macht wie keine andere unmissverständlich klar, dass es nichts mehr zu erzählen gibt.

Damit wird eine Konsequenz beschrieben, die nicht nur den Zuschauer von Verstörendem verschont oder befreit und ihn zur Ruhe kommen lässt, sondern auch aus ökonomischer Sicht interessant erscheint. Denn die erzählte Geschichte, sofern sie ein richtiges Happy-End aufweist, lässt einen zwar in Ruhe – will man allerdings mehr davon haben, kommt man nicht umhin, wieder und wieder ins Kino zu gehen.

Anders «funktioniert» das traurige Ende. Es weist ebenfalls Geschlossenheit auf, Lösungen werden vorgenommen und nicht offengelassen, aber Mitleid und Sorge über das Scheitern einer oder mehrerer – imaginärer – Personen wirkt über das Ende des Films nach.

Mit dem Begriff «Sicherheit» ist die wichtigste Funktion des Happy-Ends benannt. Ähnlich wie die Genrezugehörigkeit, welche die Anzahl von Möglichkeiten einschränkt und dem Spiel Regeln gibt, wird hier der gute, glückliche Ausgang garantiert. Die Komplexität erfährt eine wesentliche Reduktion, wenn man sich darauf verlassen kann, dass sich alles zum Guten wendet. Diese Sicherheit macht es leichter, uns einer Geschichte auszusetzen – ebenso wie die Genrezugehörigkeit bestimmte Erzählmuster festlegt, andere ausschließt. Ein Happy-End schließt ein trauriges Ende einerseits, ein ambivalentes, das heißt offenes andrerseits aus. Die Kürze und Intensität des Filmerlebnisses dürfte zu einem großen Teil erklären, weshalb das Happy-End überaus beliebt in der klassischen Narration ist. Der Zuschauer ist zwar bereit, sich einer Situation auszusetzen, die ihn emotional gefangenzunehmen weiß, und innert anderthalb oder zwei Stunden Vorgängen beizuwohnen, die Tage, Wochen oder Jahre dauern, doch er holt sich die Versicherung, dass die Gerechtigkeit – zumindest am Ende – zum Zuge kommt.

David Bordwell (1982, S. 7) weist auf die große Ähnlichkeit zwischen Happy-End und dem von Thomas Rhymer im 17. Jahrhundert entwickelten literaturtheoretischen Konzept der «poetischen Gerechtigkeit» («poetic justice») hin, wenn er Frederick Palmer zitiert, der das Happy-End folgendermaßen beschreibt: «nothing more or less than the balancing of justice, wherein retribution overtakes the guilty, and virtue and innocence are rewarded.»[11] Damit erhält die moralische, die erzieherische Funktion, die im Film wie in allen erzählenden Formen potenziell liegt, eine besondere Bedeutung: Das Kino wird zur moralischen Anstalt, die weniger neue Vorstellungen etabliert als bereits bestehende verstärkt. Vor diesem Hintergrund müssen auch Selbstregulierungsmassnahmen wie diejenige des Production Code gesehen werden. Zwar verordnete er nicht ein Happy-End, aber suchte doch zu verhindern, dass das Prinzip

11 Frederick Palmer: Palmer plan handbook. Hollywood: Palmer Photoplay Corp., 1921, S. 71.

der «poetischen Gerechtigkeit» verletzt wurde, indem Unmoral und Verbrechen nicht verherrlicht werden durften.

Das Prinzip der «poetischen Gerechtigkeit» beginnt jedoch nicht erst am Ende einer Erzählung zu spielen, sondern beeinflusst ihr gesamtes Struktur- und Bauprinzip. Offensichtlich ist, dass das wirkliche Leben in der Regel nicht nach dieser Konzeption verläuft. Damit entsteht eine Differenz zwischen Realität und Fiktion, die die Fiktion als Idealisierung ausweist. Der Film soll nicht das Leben beschreiben, wie es ist, sondern wie es – innerhalb eines bestimmten Moralkontexts – sein sollte. Das Happy-End erweist sich nicht nur als sicherer und sichernder «Terminator» der Narration, zugleich markiert es mit seiner idealistischen Ausrichtung recht deutlich die Differenz zwischen Fiktion und Realität. Die Geschlossenheit verhindert allerdings weitgehend, dass diese Differenz erkannt und produktiv genutzt wird, was etwa für das offene Ende im Sinne einer Verlängerung der Fiktion in die Realität – oder der Realität in die Fiktion, je nach Blickwinkel – zutreffen könnte. Oscar Wilde bringt in *The Importance of Being Earnest* die Problematik dieses idealistischen Prinzips, das für die meisten Leser oder Zuschauer allerdings nicht unbedingt ein Problem zu sein scheint, auf den Punkt, wenn er seine Figur Cecily sagen lässt: «I don't like novels that end happily. They depress me so much.»

Eine Klippe gilt es allerdings zu umschiffen, wenn man der Formel «Happy-End» folgen will und zudem bestrebt ist, dies nicht unmotiviert wirken zu lassen: Langeweile respektive Spannungslosigkeit. Noël Carrolls Theorie der filmischen Spannung (1984, S. 65-89) basiert nicht auf der Annahme, dass Spannung primär aus einer ungleichen Wissensverteilung zwischen Protagonisten und Zuschauern hervorgeht, sondern beschreibt sie als Resultat des Verhältnisses zwischen Moralität oder vielmehr Wünschbarkeit und Wahrscheinlichkeit bezüglich des Ausgangs. Spannung entsteht dann, so ließe sich Carrolls Theorie auf einen einfachen Nenner bringen, wenn die beiden Komponenten in entgegengesetzte Richtung zeigen – also in der Kombination «evil/likely outcome» und «moral/unlikely outcome». Für das Ende lässt sich aus dieser Spannungstheorie ableiten, dass zum Erreichen eines Happy-Ends beide erwähnten Konstellationen nicht zu früh verlassen werden dürfen, weil ein Film sonst riskiert, die Spannung zu verlieren, jedoch auch nicht zu spät, weil ansonsten die Plausibilität des Endes leidet.

Stellt das Happy-End den Prototyp der Schlussfindung für die klassische Narration dar, so existiert innerhalb dieser Formel – gleichsam als ihre Quintessenz – eine stereotype Konstellation. Die Schlussbilder zeigen das Paar – Mann und Frau –, das sich nach allerlei Irrungen und

Wirrungen doch noch oder wieder gefunden hat, das sich umarmt, das sich küsst, das glücklich ist. Das Glück erscheint personifiziert in dieser Normkonstellation, in diesem gesellschaftlichen Modell, zu dessen Propagierung und Festigung der Film beiträgt.

Die Genrezugehörigkeit spielt für die Erwartungen, die an das Ende gestellt werden, eine nicht unwesentliche Rolle, denn die Frage, ob Happy-End oder nicht, kann bereits durch Konventionen festgelegt sein. So ist das Happy-End ein konventionelles Muster für die Komödie oder das Musical, während der Gangsterfilm normalerweise mit einer düsteren Note schließt. Gerade in einer diffusen Genre-Situierung sieht Bordwell (1982, S. 4) einen wichtigen Grund dafür, weshalb ein Happy-End unmotiviert und deshalb unglaubwürdig wirken kann. Als Beispiel nennt er Fritz Langs *The Woman in the Window* (USA 1944).

Der Umstand, dass ein Happy-End unglaubwürdig erscheint, darf jedoch nicht nur unter dem Blickwinkel des Konstruktionsfehlers oder der unsauberen Situierung gesehen werden, sondern lässt sich auch als Möglichkeit oder zumindest als Versuch interpretieren, einem allzu rigorosen Normensystem zu entfliehen. Oder gar als subversiver Akt. Denn das unmotivierte Happy-End, das Umkippen von einer hoffnungslos erscheinenden Lage zum glücklichen Ausgang in letzter Minute kann einen reflexiven Prozess in Gang setzen, der sowohl Regeln und Konventionen der klassischen Narration wie auch Zuschauererwartungen zu problematisieren weiß. Auf jeden Fall aber wird die Geschlossenheit des narrativen Systems beschädigt, seine scheinbare Unsichtbarkeit tritt plötzlich zutage, die Künstlichkeit von Film und Kino wird erfahrbar.

Oder zumindest fällt auf, dass «irgendetwas» nicht stimmt, nicht stimmen kann. Die Sicherheit, die das Happy-End verspricht, vermag sich nicht einzustellen, der Film lässt uns nicht in Ruhe. Bordwell, Staiger und Thompson (1988, S. 83) zitieren in diesem Zusammenhang Rainer Werner Fassbinder mit der Aussage «A good director can contrive a happy ending that leaves you dissatisfied. You know that something is wrong – it just can't end that way»,[12] und diagnostizieren ein Auseinanderdriften zwischen eigentlicher Story und Narration, indem das System nicht nur auf sich selbst verweist, sondern auch über das eigentliche Textuelle und die Art und Weise, wie es präsentiert wird, hinausweist auf das sozioökonomische Umfeld, in dem sich Film und Zuschauer befinden.

Damit gewinnt ein Happy-End dieser Art Wesenszüge, die eigentlich dem offenen Ende eigen sind: Der Film ist nach seinem materiellen

12 Christian Braad Thomsen: Five interviews with Fassbinder, in: Tony Rayns (ed.): Fassbinder. 2nd ed. London: British Film Institute, 1980, S. 82.

Ende nicht zu Ende, er beschäftigt den Zuschauer insofern weiter, als Fragen offenbleiben. Unter Umständen ist eine Revision nötig, ein zweiter Blick, der sich als Lesen gegen den Strich, gegen den ersten Anschein, entpuppen könnte. Douglas Sirks Melodramen der fünfziger Jahre bieten gutes Anschauungsmaterial für ein «gebrochenes» Happy-End.

Doch es muss in diesem Zusammenhang betont werden, dass die meisten Filme mit Happy-End weder von einer solchen (doppelbödigen) Konzeption ausgehen noch von der Intention geleitet sind, die Sicherheit, die das Happy-End zu leisten vermag, in Frage zu stellen. Das Happy-End im populären Kino mit der primären Funktion der Unterhaltung ist Teil eines Spiels, mit dem sich der Zuschauer einerseits den kognitiven Aufwand zu minimalisieren weiß, andrerseits aber eine (Gegen-) Welt zu schaffen vermag, die einfacher strukturiert ist als seine Alltagswelt. Wuss (1993, S. 418) weist auf diese wichtige Funktion der narrativen Schlussformel «Happy-End» hin:

> Der populäre Film induziert beim Zuschauer das Gefühl, seine Lebenswelt ziemlich mühelos beherrschen zu können, weil die Figuren im Film dies vermögen. Er macht Problemsituationen einsichtig, vereinfacht sie absichtsvoll und zeigt ihre Lösbarkeit, oft in einem voraussehbaren Happy-End.

Das Ende ist klar – damit ergeben sich eine Reihe von Konsequenzen. Eine Gewichtsverschiebung findet statt. Da der glückliche Ausgang feststeht, erhält der Weg, wie dieser Schluss erreicht wird, größeres Gewicht. Die sichere Position führt einerseits dazu, dass Handlungen (zum Beispiel in einer Komödie, im Action-Film) äußerst verwickelt, «haarsträubend» sein können, da der Zuschauer ja eigentlich nie Angst um das Wohlbefinden der Sympathieträger haben muss, andrerseits aber auch zu einer Verflachung, zu einer Vereinfachung, zu «einer radikalen Reduktion des erlebnisrelevanten Beziehungsreichtums, der angeboten wird» (Wuss, 1993, S. 419). Die Konflikte spielen sich in einem überschaubaren Rahmen ab, die Alternativen sind klar erkennbar und die Lösung bereits in der Ausgangssituation angelegt. So ist keine Strategie vonnöten, die sich ständig der sich wandelnden Situation anpasst; der Film bietet ein «Kontrastprogramm zum Lebensalltag, kommt der Rezipient doch in den seltenen Genuss, dass im Kino alle Rechnungen aufgehen und er im Hinblick auf die Problembewältigung in utopischen Kategorien denken und fühlen darf» (Wuss, 1993, S. 420).

1.7 Das offene Ende

Wegen seiner funktionalen Heterogenität und Vielfalt ist es – im Vergleich zum Happy-End – schwieriger, das offene Ende zu charakterisieren. Zwar ist der Begriff in der wissenschaftlichen Literatur nicht unüblich, dennoch fehlt eine vertiefte Auseinandersetzung mit diesem Typus noch weitgehend. Vielmehr wird Offenheit allgemein als grundlegendes Kompositionsmerkmal betrachtet und in Zusammenhang mit der Charakterisierung von Erzählmodi gebracht – eine Verbindung, die außerordentlich wichtig erscheint und auf die näher eingegangen werden muss.

Umgangssprachlich bedeutet die Bezeichnung «offenes Ende» in der Regel, dass das betreffende Werk eigentlich kein «richtiges» Ende besitzt, sondern «irgendwie» aufhört. Eine solche Vorstellung leitet sich vom Modell der klassischen Narration ab, deren Merkmal ja die Geschlossenheit ist. Der Eindruck, ein Film höre einfach auf, ohne zu enden, hat nur so lange Bestand, als die Kausalität als leitendes Strukturmerkmal der Narration verstanden wird. In diesem Sinne scheint es mir wichtig zu unterscheiden, ob ein Film erzählerisch prinzipiell nach dem Kausalitätsprinzip funktioniert, aber am Ende auf Geschlossenheit verzichtet (oder dazu nicht in der Lage ist), oder aber eine andere narrative Struktur wählt. Die Offenheit erster Ordnung verstößt gegen die initialisierten Muster und brüskiert dadurch Erwartungshaltungen des Zuschauers. Vor dem Hintergrund der klassischen Narration kann in einem solchen Fall sogar von einem Konstruktionsfehler, von Unvermögen gesprochen werden.

Grundsätzlich davon unterschieden werden müssen jedoch jene Filme, deren Narration sich nicht primär am Kausalitätsprinzip orientiert. Sie weisen eine Struktur auf, zu deren Charakterisierung Begriffe wie «sujetlos», «episodisch», «zyklisch» verwendet werden können. Anstelle des Kausalitätsprinzips ist jenes der Kontingenz getreten, wobei die Zufälligkeit oft nur eine scheinbare ist. Wichtig ist es, in diesem Kontext festzuhalten, dass die fehlende Geschlossenheit nicht eine Zufälligkeit, sondern Resultat eines bewussten Erzählprinzips ist. Und dies wiederum bedeutet, dass – im Gegensatz zu den offenen Enden erster Ordnung – hier eine Geschlossenheit nicht unbedingt erwartet wird. Das offene Ende wird schon im vorangehenden Erzählteil antizipiert.

Drei Hauptfragen stellen sich in diesem Kontext, deren Erläuterung anschließend in Angriff genommen wird:

- Wie lässt sich der Narrationsmodus näher charakterisieren, der – allgemein und nicht sehr präzise – mit «offen» umschrieben werden kann?

- Lassen sich andere Prinzipien als jenes der Kausalkette finden, die dafür sorgen, dass aus der zufälligen Zufälligkeit eine gewollte wird, die sichern, dass ein Ende nicht als willkürlich erscheint, und die jenseits des Kausalprinzips Sinnhaftigkeit herstellen?
- Oder existieren in diesen Fällen besondere formale «Endfiguren», die verhindern, dass ein Ende ohne Geschlossenheit überraschend und unmotiviert ausfällt? Wie lassen sich solche «Beendigungshilfen» beschreiben, und ist ein Operieren in weitgehender Unabhängigkeit von inhaltlichen Elementen denkbar?

Umberto Eco weist in seinem Buch *Opera apera* «Offenheit» als überragendes Merkmal moderner Ästhetik aus und präzisiert den vagen Begriff als Mehrdeutigkeit. Damit ist zwar zunächst nur festgehalten, dass in einem einzigen Bedeutungsträger (also einem Werk) verschiedene Bedeutungen enthalten sind oder aus ihm verschiedene Bedeutungen herausgelesen werden können. Entscheidend scheint mir die Folgerung, dass die Ambiguität, die als Resultat einer solchen Mehrdeutigkeit betrachtet werden kann, grundsätzlich am Ende bestehen bleibt. Denn eine potenzielle Doppel- oder Mehrdeutigkeit kann auch ein Werk enthalten, das einen hohen Grad an Geschlossenheit aufweist. Peter Wuss nimmt mit seinem Buch *Die Tiefenstruktur des Filmkunstwerks*, das den Untertitel *Zur Analyse von Spielfilmen mit offener Komposition* trägt, Ecos als «hypothetisch» deklariertes Konstrukt auf und wendet es konsequent auf den Film an.

Durch welche Charakteristika zeichnet sich die Narration in solch offenen Kompositionen aus? Wuss führt aus, dass ihre Handlung unbestimmt wirke, weshalb es schwierig sei, eine Zusammenfassung vorzunehmen: «Die dargestellten Vorgänge erscheinen entweder als widersprüchlich hinsichtlich eines sinnbezogenen Ablaufs oder aber gar nicht so recht als Geschehnisse, deren Anordnung überhaupt einer sinngebenden Absicht folgt» (Wuss, 1990, S. 35). Die Realisation einer Story, so könnte hinzugefügt werden, scheint nicht das primäre Ziel solcher Filme zu sein, zumindest nicht auf konventionelle Art, die auf Kausalbeziehungen fußt. In einer späteren, übergreifenden Beschäftigung mit dem Themenkreis der offenen Komposition findet Wuss in der Topik-Reihe eine narrative Basisform solchen Erzählens (Wuss, 1993, S. 119).

Das Prinzip der Topik-Reihe organisiert die Narration anders als beispielsweise das der Kausalkette. Aus A folgt nicht B, A ist nicht Ursache von B, sondern das Verhältnis von A und B besteht in einer Ähnlichkeit, Analogie (Wuss, 1993, S. 120):

> Das hier benannte Verknüpfungsprinzip ist dann nicht mehr auf kausale Beziehungen zwischen den Begebenheiten einer Geschichte angewiesen. Bindungsgesetz und Kohärenz des Geschehens ergeben sich vielmehr aus der intratextuellen Wiederholung der Topiks und der beim Zuschauer erzeugten Disposition zur Semantisierung des Reizmaterials, was zur Ausbildung latenter Erwartungen bzw. schwacher Hypothesen gegenüber dem Fortgang der Handlung führt. Die Erzählstruktur erwächst damit unmittelbar aus der sinnlichen Aneignung von periodisch wiederkehrenden Reizmustern.

Ähnlich wie in der Alltagswahrnehmung müssen Sinngebungen durch den Rezipienten erst vorgenommen werden und liegen nicht gleichsam im Material «eingelagert». Demzufolge ist ein äußerst aktiver Zuschauer nötig.

Die Vermutung ist nahe liegend, dass solch offene Erzählformen auch offene Enden besitzen. Wichtig ist in diesem Zusammenhang zu wiederholen, dass ein offenes Ende zwar das Resultat einer nicht vollendeten Kausalkette sein kann, in den meisten Fällen aber ein anderer Erzählmodus operiert, der keine Geschlossenheit anstrebt. Die Offenheit des Endes ist in solchen Fällen keine völlig überraschende, den Zuschauer überrumpelnde, da die initialisierte «Lesart» keine Geschlossenheit erwarten lässt. Doch es wäre auch falsch, in diesem Zusammenhang von einer programmatischen Zufälligkeit des Endes zu sprechen. Eco verwendet den Begriff der «„gewollten" Zufälligkeit» (1993, S. 203), die aus der langwierigen und sorgfältigen Organisation eines Möglichkeitsfeldes resultiert.

Er veranschaulicht seine Betrachtungen anhand von Antonionis *L'avventura*; auch Wuss greift auf dieses Beispiel zurück, um das Erzählprinzip der Topik-Reihe zu illustrieren. In der Tat eignet sich der Film hervorragend, um die für diesen Erzähltypus charakteristische Bildung von Invarianten zu zeigen. Andrerseits entwickelt sich die Handlung aus einer Grundkonstellation heraus, die an sich für eine kausale Erzählweise geeignet wäre (Suche nach einer verschwundenen Person), allerdings um eine solche gründlich ins Leere laufen zu lassen. Die scheinbare Nähe zur konventionellen, klassischen Erzählform macht die Distanz zu ihr um so deutlicher erlebbar. Drittens zeigt *L'avventura* aber auch beispielhaft, dass der Film durch seine Struktur nicht nur seine Kausalität verliert, sondern eine weitere, zusätzliche Bedeutungsebene konstituiert, die parallel zur eigentlichen Oberflächenstruktur verläuft und in der es um Fragen der eigenen Beschaffenheit, des eigenen Seins, der Künstlichkeit und Kunsthaftigkeit geht. Die Narration wird in diesem selbstreflexiven Diskurs selbst zum Thema. Gelockerte Kausalbeziehungen bieten die Möglichkeit, Thematiken einzubringen, deren Komplexität den Rahmen einer Story sprengen würde.

L'avventura besäße, wie gesagt, die Möglichkeit, Annas Verschwinden zum Ausgangspunkt einer nach dem Kausalitätsprinzip arbeitenden Konstruktion zu nehmen, an deren Ende die Aufklärung dieses Verschwindens, möglicherweise das Auffinden der Verschwundenen stehen würde. Doch der Verlauf der Suche, die tatsächlich von Sandro und Claudia vorgenommen wird, zeigt, dass nicht nur das Interesse der beiden merklich abnimmt, sondern auch die Narration selbst diesem Anlass immer weniger Beachtung schenkt. Auf dem Hintergrund gleicher oder zumindest ähnlicher Vorgänge existiert im Film keine eigentliche Entwicklung, er gibt uns aber sehr wohl Aufschluss über Verhaltensweisen und Befindlichkeiten der Protagonisten. Am Ende haben wir uns so weit von der Fragestellung entfernt, was mit Anna passiert sei, dass eine Auflösung dieser Frage nicht mehr erwartet wird. Im Gegenteil: sie würde – im neu etablierten Erzählsystem – als geradezu unpassend erlebt.

Der Film endet damit, dass Claudia aus dem Hotel ins Freie, in die Morgendämmerung stürzt, nachdem sie Sandros Untreue entdeckt hat. Sandro folgt ihr auf die Terrasse. Es entsteht eine Situation, die den Ausgangspunkt für eine «Schlussabrechnung» bilden könnte. Stattdessen stellt der Film seine Figuren gleichsam aus, indem er sich von ihnen entfernt, er verrätselt sich zu einem Schlussbild, aus dem zwar vieles gelesen, doch kaum etwas geschlossen werden kann. Vieles ist offen, doch der Zeitpunkt dieses Schlusses befindet sich – narratologisch gesehen – genau auf einem imaginären Scheideweg, auf dem sich das Gewesene, Vergangene und Zukünftiges die Balance halten. *L'avventura* endet an einem Punkt, an dem das von Eco beschriebene «Geflecht von tatsächlichen Möglichkeiten» (1993, S. 203) sich dem Zuschauer eröffnet. Würde der Film einige Sekunden früher enden, beispielsweise unmittelbar nach Claudias Entdeckung von Sandro in den Armen der Prostituierten, würde dieses Spektrum an Möglichkeiten noch nicht bestehen; würde er länger dauern, so müsste er sich aus den Momenten der Erstarrung, aus diesen «temps morts» lösen und sich zumindest ansatzweise für eine Option entscheiden.

Die Totale und der beschriebene Effekt der Distanzierung der Charaktere bilden in *L'avventura* eine gebräuchliche Endfigur. Im nächsten Kapitel wird der Versuch unternommen, solche formalen Elemente in einem größeren Zusammenhang zu untersuchen und zu systematisieren. Sie entfalten, so eine Ausgangsthese, vor allem dort besondere Wirkung, wo Filme nicht mit Mitteln der klassischen Narration operieren, wo also bezüglich Story weder Geschlossenheit noch Finalität zu erwarten ist. Die zweite Sinnebene, die selbstreflexiv genannt wurde, erscheint in *L'avventura* vor allem dadurch aktiviert, dass der Film Erwartungen bezüglich Erzählabläufen weckt, diese aber fast immer ins Leere laufen lässt. Diese «Leerläufe» machen den Erzählvorgang als solchen bewusst. Neben der thematischen Bündelung wirken andere Aspekte weniger ausgebildet, sind bei genauerer Betrachtung jedoch aufspürbar: etwa jener Aspekt, der auf das Verhältnis zwischen Wahrnehmung, Sehen und Wirklichkeit verweist und zum zentralen Thema des Metadiskurses in *Blow-Up* wird. Die Szene unmittelbar nach Annas Verschwinden, die Choreografie von Figuren auf dem kargen Hintergrund der Vulkaninsel, vermittelt diese Dimension der Beschäftigung mit dem eigenen Wesen äußerst anschaulich.

Das Vorhandensein weiterer bedeutungsstiftender Ebenen, das einen offenen Erzählstil besonders auszeichnet, führt dazu, dass sich Langeweile nur soweit einzustellen vermag, wie der Zuschauer nicht gewillt (oder fähig) ist, das primäre Erzählprinzip, das inhaltliche Aspekte der Storyproduktion in den Vordergrund stellt, zugunsten eines sekundären oder tertiären zu verlassen oder in den Hintergrund zu drängen. Erfolgt jedoch ein solcher «Spurwechsel» erst am Ende, also retrospektiv, so dürfte damit die Schwierigkeit steigen, im Nachhinein eine andere – zum Beispiel selbstreflexive – Sinnebene zu rekonstruieren. Geeigneter wäre deshalb entweder ein Erzählmodus, der keinen Zweifel daran aufkommen lässt, dass es primär nicht darum geht, eine abgeschlossene Geschichte zu erzählen, oder aber die vielfache Signalisierung weiterer «Lesarten« und damit verbunden das Bereitstellen einer Anzahl von Umsteigemöglichkeiten. In Antonionis *La notte*, der im zweiten Teil aus einer langgezogenen Partysequenz besteht, wird der Schriftsteller Giovanni von Renzy gefragt, wie denn nach seiner Ansicht eine bestimmte Geschichte, deren Umrisse sie nur sehr vage zu zeichnen vermag, enden sollte. Seine Antwort ist vielsagend und kann in einem weitaus größeren Kontext gelesen werden: «Può finire in tanti modi...»[13]

David Bordwell (1988, S. 209f.) sieht in der offenen Erzählstruktur beispielsweise des *Art Cinema* zwei sich scheinbar widersprechende Tendenzen an der Arbeit: einerseits eine starke Subjektivierung, die auch Träume, Erinnerungen, Fantasien, Halluzinationen und andere mentale Aktivitäten – manchmal bruchlos – einzubinden vermag, andrerseits aber auch eine Realitätsnähe. Gerade durch die Weigerung, die Komple-

13 Vergleiche das Protokoll von Laurence Rebouillon: La nuit. In: L'avant-scène. Cinéma, no. 446, Novembre 1995, S. 66.

xität zu reduzieren, die Geschichte zu vereinfachen, in überschaubare Strukturen zu binden, dabei alle wichtigen Fragen zu beantworten und eine klare Hierarchisierung zwischen Wichtigem und Unwichtigem, Zentralem und Peripherem vorzunehmen, verschleiere diese Art von Narration die Komplexität realer Erfahrungen und Erlebnisse nicht und verfüge – trotz aller Künstlichkeit, Willkür und mangelnden Homogenität – letztlich über eine größere Nähe zum Puls des Lebens. In einer solchen Betrachtungsweise erscheint das offene Ende als letzte Konsequenz eines an sich offenen Kompositionsprinzips.

1.8 Exkurs: Variation und Wiederholung, Finale und Erschöpfung: Das Ende in Filmen mit Nummernstruktur

Neben der geschlossenen Struktur (Happy-End oder trauriges Ende) und dem offenen Erzählprinzip existieren eine Reihe von Filmen, die weder mit Kausalketten noch mit anderen beschriebenen Verfahren wie demjenigen der Analogie operieren. Es sind dies Filme, die keine durchgezogene Handlungslinie besitzen, sondern aus vielen kleinen, teilweise sogar autonomen Einheiten bestehen – aus «Nummern», wie sie vom Zirkus- und Varietéprogramm bekannt sind. Filme dieser Art sind in einer Entwicklungs- oder zumindest Analogielinie mit dem frühen «Kino der Attraktionen» zu sehen, wie es von Tom Gunning (1986) analysiert und theoretisiert wurde.

Bis in den zehner Jahren war das Erzählprinzip des Films ein grundsätzlich anderes, im Kino wurde stärker der Schauwert des neuen Mediums betont. Mit dem Übergang zum «klassischen Kino» rückte dagegen die erzählende Form in den Vordergrund, verbunden mit einer starken Tendenz zu Kausalitätsprinzip und Geschlossenheit. Doch die frühere Form der einzelnen Nummern, wie sie beispielsweise im Slapstick ihre Vollendung fand, verschwand nicht einfach – auch nicht als die Filme länger wurden. Sie beschränkte sich jedoch auf bestimmte Genres und Subgenres. In den Filmen mit heutiger Spielfilmlänge treten der fragmentarische Charakter, das Prinzip der Aneinanderreihung, der fast endlosen Wiederholungen und Variationen und die Gefahr des Auseinanderfallens besonders deutlich hervor. Filme mit einer solchen Form unterscheiden sich auffällig vom klassischen Kino. Da dieses Organisationsprinzip auch Auswirkungen auf das Ende hat, erscheint es mir zwingend, Filme mit Nummernstruktur in einem Exkurs gesondert zu behandeln.

Welche Art von Filmen operieren nach dem Prinzip der Attraktionen oder Nummern, und welche Konsequenzen lassen sich für eine Theorie des Endes ableiten? Karnick und Jenkins nennen in diesem Zusammenhang zwei Genres und zwei Kategorien: Komödie, Musical, Animationsfilm und Experimentalfilm[14]. Diese Liste muss sicherlich um den Pornofilm ergänzt werden, der nach denselben Prinzipien – einzelne Nummern, Aneinanderreihung von «Attraktionen» – arbeitet. Zudem müssen für das Genre der Komödie Einschränkungen vorgenommen werden. Es sind vor allem die Nachfolger des Slapsticks, die die Nummernstruktur bevorzugen: Komikerkomödien einerseits, anarchistische Komödien wie die Filme der Marx Brothers oder H. C. Potters *Hellzapoppin'* (USA 1941) andrerseits, während etwa die romantische Komödie sich wesentlich stärker am klassischen Kino und dessen Prinzipien orientiert.

Es würde den Rahmen dieses Exkurses sprengen, detailliert auf die Eigenarten dieses «Erzählprinzips», das sich gerade dadurch auszeichnet, dass es einer strengen Narrativität entflieht, und auf die spezifischen Unterschiede der genannten Vertreter einzugehen. Vielmehr soll eine Beschränkung auf einige grundsätzliche Merkmale erfolgen, und diese sollen vor allem mit den Konsequenzen verknüpft werden, die sich für den Schluss ergeben. Dabei werden Komödie und Musical als verbreitetste unter den genannten Vertretern zur Illustration herangezogen.

Im Gegensatz zum klassischen Film, der bestrebt ist, eine Entwicklungslinie quer durch die gesamte Filmhandlung zu ziehen und so die einzelnen Szenen und Sequenzen miteinander zu verketten, zeichnen sich Filme im Umfeld und in der Nachfolge des «Kinos der Attraktionen» dadurch aus, dass sie über keine solche Klammern verfügen, um die Einzelteile zusammenzuhalten. Vielmehr wirken sie weniger «organisch», sondern disparat, fragmentarisch oder gar unstrukturiert – als ein Aneinanderreihen mehr oder weniger zufälliger Teile, die einen nur lockeren Zusammenhang aufweisen. Die Filme orientieren sich vor allem an den Protagonisten. Ihr primäres Ziel ist es, den Zuschauer mit einem Spektakel zu erfreuen, zufriedenzustellen – und zwar sofort. Dazu braucht es keine raffinierten Erzählstrukturen und keine differenziert gezeichneten Figuren, sondern Aktion, Motorik, Bewegung oder den unerwarteten Umschwung. Die einzelnen Szenen oder Nummern werden aber auch durch das Prinzip der Wiederholung und Variation miteinan-

14 Die Erwähnung des Experimentalfilms in diesem Zusammenhang kann nur mit dem ausdrücklichen Hinweis der Andersartigkeit geschehen, eine Ableitung aus dem frühen «Kino der Attraktionen» dagegen und ein direkter Vergleich mit den übrigen Spielfilmkategorien ist kaum zulässig.

der verbunden. Durch ihre Einseitigkeit tendieren Filme mit Nummernstruktur zum Exzess. Das Ende erscheint in diesem Zusammenhang nicht als logische Konsequenz und Abschluss einer narrativen Entwicklung – wie im klassischen Kino – oder als Verweigerung dieses Schemas – wie in offenen Kompositionen –, sondern als Finale im Sinne einer Bündelung, eines Schlussfeuerwerks zum Beispiel im Musical oder als Punkt der Erschöpfung, der Ermüdung in der Komödie.

Die Charakterisierung «Nummernstruktur» ist im Hinblick auf das Ende noch aussagekräftiger als jene des «Kinos der Attraktionen». Denn sie legt den Schwerpunkt auf den Reihencharakter und besagt, dass die Filme – genau betrachtet – aus vielen einzelnen, in sich mehr oder weniger abgeschlossenen, beinahe autonomen Teilen bestehen. Man mag einwenden, dass dies in Szenen oder Sequenzen anderer Filme auch oft der Fall ist. Dennoch ergibt sich ein gewichtiger Unterschied. In Filmen mit Nummernstruktur existiert kaum eine durchgehende Entwicklung in Form eines «roten Fadens», der die Verbindung zwischen den einzelnen Teile sicherstellt. Das Strukturierungsprinzip ist primär kein narratives, sondern ein formales. Die Nummernstruktur kreiert eine andere Art von Ende als der klassische Film (Geschlossenheit) oder die offene Form (Provokation, Ambivalenz). Das Ende konkurriert mit vielen internen Enden – jenen der Nummern – und verliert somit an Gewicht. Es ergibt sich nicht aus der Logik der Geschichte oder dem Bruch dieser Logik, sondern stellt jenen «Ort» dar, an dem das für diese Art von Film so zentrale Element «Bewegung» zum Stillstand kommt. Die Wiederholungen und Variationen sind durchgespielt – das Ende muss sich einstellen, bevor Langeweile und Überdruss aufkommt.

Vor allem im Musical, aber auch in der Komödie kann das Ende auch mit einem eigentlichen Finale zusammenfallen, nur ist dieser Höhepunkt in der Regel kein narrativer, sondern ein Bündeln der Schauwerte, die bereits während des Films zum Einsatz gekommen sind. Ein Vergleich mit dem Schlussbouquet eines Feuerwerks ist durchaus angebracht. Dieses endet vielfach auch mit einem Knall, der den Höhe- und Endpunkt markiert und dem – ganz unvermittelt – Stille folgt. Diese Stille und Ruhe lässt angesichts vorausgegangener heftiger Bewegung den Abbruch um so deutlicher hervortreten. Ein Ende mit Pauken und Trompeten oder Knall auf Fall provoziert den Zuschauer nicht so stark, wenn der vorausgehende Filmteil keine Erwartungen aufkommen ließ, die eine Verknotung aller losen Enden und ein Schließen aller bestehenden Lücken beinhalten.

Dennoch muss in diesem Zusammenhang betont werden, dass auch Filme mit Nummernstruktur einen veritablen Plot besitzen können.

Vielmehr «verdoppeln» sie ihn in der Regel sogar. Auf der einen Seite lässt sich ein Plot im herkömmlichen Sinne finden, der jedoch auf einfachste Formen reduziert ist. «Boy meets girl» wäre ein solches Stereotyp, auf das sich viele Musicals oder Komödien zurückführen lassen. Dieser herkömmliche Plot ist derart einfach, schematisch, belanglos, dass er kaum Bedeutung erlangt und nicht den Reiz und die Anziehungskraft der Filme ausmacht. Er dient aber – und das ist keine zu unterschätzende Funktion – als «Kitt», um die einzelnen Nummern zusammenzuhalten. Ohne ihn würde der Film vielleicht nicht gerade auseinanderfallen, aber doch sehr heterogen wirken.

Es ist ein zweiter «Plot», der das Essenzielle der Filme darstellt. Die Anführungszeichen verraten, dass diese Art von Plot sehr wenig erzählerische Substanz besitzt. Er wird völlig vom Stil dominiert – ein Stil, der häufig in den Exzess umschägt. Während der erste Plot die erzählerischen Basiselemente enthält, betont der zweite einzig und allein die Schauwerte.

In der anarchistischen Komödie folgt dem eigentlichen Finale bisweilen nicht die beschriebene Stille nach dem Höhepunkt, sondern ein weiterer, oft «blödsinniger» Schlussgag. Die Differenz wird dermaßen groß, dass der Ausstieg leicht, ja sogar unumgänglich ist. Zwei Beispiele mögen das Gesagte verdeutlichen. Am Ende von Leo McCareys *Duck Soup* (USA 1933) mit den Marx Brothers, der das anarchistische Prinzip am weitesten vorantreibt und dabei immer wieder in Zonen surrealistischer und dadaistischer Konzeptionen vorstößt, steht die gewonnene Schlacht gegen den übelwollenden Nachbarstaat, bei der das gesamte Arsenal des Bild- und Wortwitzes mobilisiert wurde. Doch das wahre Ende des Films besteht darin, dass Mrs. Teasdale gnadenlos mit Bällen bombardiert wird, als sie einen patriotischen Gesang auf die Rettung des Vaterlandes anstimmt. Dieser Schlussgag ist nicht als nochmalige Steigerung zu verstehen, sondern als Griff in die unterste Schublade des Klamauk. Er katapultiert den Zuschauer aus dem Film, versüßt mit dem (sadistischen) Gefühl, dass hier etwas geschieht, was sich zwar nicht gehört, das man aber auch gern einmal täte.

Nicht anders verfährt H. C. Potters *Hellzapoppin'* (USA 1941), der auch als Musical verstanden werden kann, weil er eine Vielzahl von Tanz- und Gesangsnummern enthält. Nach der Schlussnummer variiert der Film, der vollgestopft mit selbstreflexiven Bezügen ist, die Erzählebene, wechselt von der Bühnenshow zur Geschichte ihrer geplanten filmischen Umsetzung. Der Regisseur ist vom Produkt des Drehbuchautors Selby wenig begeistert; ihm fehlt vor allem die Story, die jeder Film brauche. Um seine Verachtung auszudrücken, feuert er mit einer Waffe mehrfach auf Selby, der gelassen reagiert, da er im Studio immer eine kugelsichere Weste trägt. Der Schlussgag ist ebenso voraussehbar wie abgedroschen:[15] Während der Drehbuchautor ein Glas Wasser trinkt, sprudelt es sogleich wieder aus den Einschusslöchern.

Nach dem Finale herrscht Ruhe, Erschöpfung. Die Variationen sind durchgespielt. Das Ende fällt mit dem formalen Höhepunkt zusammen, der sich bisweilen auch mit dem Endpunkt der rudimentären Story treffen kann, aber nicht muss. Eine Steigerung der Attraktionen ist nicht mehr möglich und sinnvoll, will man sich nicht der Gefahr der Wiederholung und Langeweile aussetzen. Da die Nummernstruktur stark das Hier und Jetzt betont und sich wenig für die prospektiven und retrospektiven Dimensionen interessiert, die das Grundgerüst des Narrativen liefern, folgt die Schlusssetzung nicht primär der Erzähllogik, sondern einem Prinzip, das ganz allgemein mit «Bewegung» umschrieben werden kann. Der Film erscheint als vielseitige Variation von Bewegung, sein Ende als Übergang in den Zustand der Ruhe. Der erste Marx-Brothers-Film *Animal Crackers* (USA 1930) thematisiert dieses Zur-Ruhe-Bringen wortwörtlich mit seinem Ende. Harpo bringt die ganze Abendgesellschaft nicht nur zum Schweigen, sondern in tiefen Schlaf. Ganz am Schluss richtet er die Sprühvorrichtung mit der betäubenden Substanz gegen sich selbst.

1.9 Kognitiv-orientiertes Modell der Narration/Rezeption des Film-Endes

> *Vincent*: I think we oughta leave now.
> *Jules*: That's probably a good idea.[16]

Der Versuch, die Narration und Rezeption des Film-Endes in einem Modell zu fassen, mag die Gefahr in sich bergen, eine einzelne Fragestellung zu isolieren und damit aus dem Kontext der Erzähltheorie herauszubrechen, den narratologischen Gesamtzusammenhang zu verlieren. Doch andrerseits ermöglicht ein solches theoretisches Modell, das sich auf das Ende beschränkt und zudem nicht nur textuelle, sondern auch rezeptionelle Faktoren berücksichtigt, auch eine Vereinfachung und An-

15 Er wird damit auch der Refrainzeile des Titel- und Endsongs von *Hellzapoppin'* gerecht, die lautet: «Anything can happen and it probably will».

16 Schlussdialog aus *Pulp Fiction* (USA 1994) von Quentin Tarantino, vgl. Quentin Tarantino: Pulp fiction: three stories … about one story … London [etc.]: Faber and Faber, 1994, S. 187.

schaulichkeit. Das vorliegende Modell berücksichtigt zwei Hauptkomponenten: einerseits textuelle Faktoren, also Elemente, die der jeweils zur Diskussion stehende Film enthält und die sich analytisch nachweisen lassen, andrerseits kognitive Fähigkeiten des Zuschauers, die durch solche textuellen Faktoren aktiviert werden und auf erlernten, mehr oder weniger verfestigten Schemata beruhen. Dieses Erlernen ist eng gekoppelt mit einem entsprechenden Erfahrungshintergrund.

Die folgenden Überlegungen sind eine freie Adaption von Konzeptionen, die kürzlich im Zusammenhang mit der Frage, wie der Zuschauer Fiktion und Nichtfiktion unterscheidet, von Edward Branigan im Schlusskapitel seines Buches *Narrative comprehension and film* und Dirk Eitzen in seinem Aufsatz *When is a documentary?: documentary as a mode of reception* entwickelt wurden. Ihnen zu Grunde liegt die Vorstellung, dass das Verhältnis zwischen dem Zuschauer und dem, was er sieht, nicht ein völlig einseitiges ist, sondern eine gewisse «dialogische» Struktur aufweist. Ein filmischer Text vermag im Zuschauer Prozesse zu aktivieren, die «Leistungen» erbringen, zu denen der Text allein, also ohne «Umweg» über die Rezeption, kaum imstande wäre.

Ein weiterer Leitgedanke des Modells ist aus der Alltagserfahrung gewonnen, dass der Zuschauer bei Spielfilmen selten vom Ende völlig überrascht wird. Auch bei offener Komposition scheint ein versteckter Dialog mit dem Werk zu existieren, der uns signalisiert, wann das Ende zu erwarten ist, und zu entsprechenden Aktivitäten veranlasst, die zum Beispiel in Syntheseleistungen oder in Schlussfolgerungen bestehen. Es mag eingewendet werden, dass die Filmlänge gewissen Normen (ungefähr 80 bis 120 Minuten) unterliegt, die ihrerseits das Erleben steuern, und zudem der Kinobesuch in eine Zeitdisposition eingebunden ist (Vorstellungsbeginn). Das ist richtig, doch welcher Zuschauer schaut während der Vorführung auf die Uhr, um sich zu vergewissern, an welcher zeitlichen Stelle sich der Film gerade befindet? Denn ohne entsprechende Kontrolle ist es fraglich, ob man fähig ist, in einem Raum, der von Umwelteinflüssen weitgehend abgeschirmt ist, die vergangene Erzählzeit zu schätzen.

Sowohl Branigan wie Eitzen gehen bei der Unterscheidung zwischen Fiktion und Nichtfiktion davon aus, dass Filme sich mehr oder weniger deutlich selbst definieren, der Zuschauer sich danach richtet und ein entsprechendes Verhalten aktiviert. Ein Film, der sich als Dokumentarfilm bezeichnet, löst demnach ein anderes Sehverhalten aus, lässt andere Fragestellungen entstehen als ein fiktionaler Film. So ist beispielsweise das Verhältnis des Gezeigten zur außerfilmischen Realität, zur (historischen) Wirklichkeit für einen nichtfiktionalen Film von entscheidender Bedeutung, während der Spielfilm seine eigene Welt kreiert. Die Relationen innerhalb dieser erfundenen Welt sind für den Zuschauer demnach wesentlich relevanter als der Wahrheitsbeweis. «Might it be lying?» – so definiert Eitzen (1995, S. 89) lapidar die Fragestellung, die Nichtfiktion und Fiktion trennt. Nichtfiktionale Filme haben einen starken Außenbezug, fiktionale Filme dagegen einen Innenbezug, der die Gesetze der eigenen Welt zum Maßstab macht. Da letztgenannte keinen Anspruch erheben, die Wahrheit zu sagen, stellt sich die Frage, ob sie lügen, gar nicht. Der bevorzugte «Ort» einer solchen Initialisierung dürfte der Anfang sein. Probleme entstehen dann, wenn die Selbstdefinition nicht klar genug ausfällt oder ein Film sich nicht eindeutig für eine der beiden Kategorien zu entscheiden vermag. Branigan führt als Beispiel solcher Gratwanderung Chris Markers *Sans soleil* (F 1982) an (1992, S. 207–217).

Wie lässt sich dies auf die Rezeption des Film-Endes übertragen? Der Kern des Modells besteht in der Annahme, dass ein Film – analog zur Unterscheidung fiktional/nichtfiktional – uns Zuschauern «sagt» oder ankündigt, wann er zu Ende ist. Mit dieser Mitteilung, die auch mehrfach und auf verschiedene Art und Weise erfolgen kann, aktiviert er ein bestimmtes Verhalten in uns, genährt durch entsprechende Erfahrung im Umgang mit narrativen Enden. Hier wird ein bedeutender Unterschied zwischen Anfang und Ende erkennbar, nachdem wir früher die enge Verwandtschaft zwischen den beiden äußersten Punkten der Erzählung betont haben. Anders als der Filmschluss braucht der Anfang eine solche Signalisation nicht – er ist einfach vorhanden. Von einem Anfang an sich kann man nicht überrascht werden, man kann ihn höchstens verpassen, wenn man zu spät in die Vorstellung gelangt und deshalb mit Material konfrontiert wird, das nicht als Anfang gedacht war. Oder der Anfang kann Mühe bereiten, inhaltlich und/oder formal verwirren, den Einstieg erschweren. Aber überraschen kann ein Anfang nicht in dem Sinne, dass er uns unvorbereitet trifft.[17]

Ein Ende dagegen kann äußerst abrupt erfolgen. Dies wäre dann der Fall, wenn wir als Zuschauer erst im Nachhinein merken, dass das, was wir eben gesehen haben, das Ende war, weil nun nichts mehr folgt. Eine solche Konstruktion besäße einen Überraschungseffekt, aber aus narratologischer Sicht könnte sie nur in den wenigsten Fällen als gelun-

17 Ein möglicher Faktor der Irritation muss in diesem Zusammenhang genannt werden, wenn Trailer und Filmanfang nicht klar getrennt werden können. Eine solche Verwischung der Grenze zwischen Werbung und Hauptfilm könnte das Resultat unklarer Textmarkierungen oder einer bewussten Imitation sein. Dies trifft auch für eine Ausstrahlung im Fernsehen zu.

gen bezeichnet werden. Falls wir in unserem Modell davon ausgehen, dass ein Film sein eigenes Ende signalisiert, so ist zu fragen, mit welchen Mitteln er dies zu tun vermag.

Strukturelle Elemente: sie dürften in unserem Modell vor allem dann ihre Wirkung entfalten, wenn es sich um Filme mit einer einfacheren, verfestigten Struktur handelt, also um solche mit einer klassischen Narration und dem ihr unterliegenden Kausalitätsprinzip. Wird inhaltliche Geschlossenheit erreicht, weiß der Zuschauer, dass das Ende naht. Die «Lösung» lässt keine wesentliche Weiterentwicklung mehr erwarten. Verstärkt wird eine solche strukturelle Disposition in der klassischen Narration durch formale Indices. Diese sind auch deshalb nötig, weil viele im klassischen Modus erzählte Filme nicht unmittelbar mit der Lösung enden, die den Konflikt beseitigt, sondern noch einen weiteren, wenn auch kurzen Teil enthalten – etwa in Form eines Epilogs, der die Reaktionen auf die vorgenommene Lösung zeigt, wie Branigan (1992, S. 14, 18) in seinem narrativen Grundmodell ausführt.

Bedeutsam werden diese formalen «Hinweisgeber» in Filmen, die nicht nach dem Muster der klassischen Narration funktionieren und deshalb nicht über so effiziente und einfach zu durchschauende Strukturen verfügen. Dies bedeutet nicht, dass Filme ohne klassische Narration keinerlei strukturelle Vorankündigungen aufweisen, aber diese sind als weniger sicher und zuverlässig einzustufen, da gerade im *Art Cinema* Ambivalenz und Mehrdeutigkeit prägende narrative Mittel sind. Trotzdem: die Konstellation «Rückkehr an den Anfang» kann als relativ zuverlässiger Hinweisgeber dafür betrachtet werden, dass sich der Kreis geschlossen hat. In einer episodischen Struktur nehmen die Enden der einzelnen Teile immer auch die Rolle von potenziellen Endfiguren ein. Ebenso signalisieren die Entfernung vom Schauplatz und/oder von den Protagonisten, ein In-die-Totale-Gehen oder eine Abreise das bevorstehende Ende, auch wenn es sich nicht um eine klassische Narration handelt. Das langsame Abblenden ins Dunkle kann zwar nur einen Zeitsprung innerhalb des Films bedeuten, aber auch das Ende selbst. Als unübersehbare formale Hinweisgeber sind die Endtitel anzusehen, die aus einem Formalbegriff (Ende, The End, Fin etc.) und dem eigentlichen Nachspann bestehen können. Gerade in der klassischen Narration ist das Erscheinen der Endtitel derart zum Ritual, zum Standard geworden, dass ein völliges Fehlen befremdet. Als nichtdiegetische Elemente «verfremden» sie die gezeigte Welt, verweisen auf die Künstlichkeit der Erzählung, des Films. Solche selbstreferenziellen Hinweise wirken als deutliche Grenzziehung, weil damit die eigentliche Storywelt in den Hintergrund gedrängt wird. Zudem wirken sie zusammen mit den Anfangstiteln als

«Rahmengeber» und erfüllen damit die Funktion der Klammer, die den dazwischenliegenden Teil – den eigentlichen Film – formal stark zusammenhalten und gegenüber dem «Außen» abgrenzen.

Die Erwähnung solcher formalen Elemente, die fähig sind, auch ohne Unterstützung durch die Struktur oder Storyelemente ein Film-Ende zu markieren, stellt noch keine verfeinerte Systematik dar. Im nächsten Kapitel soll der Versuch einer solchen Systematik unternommen werden, wobei das Gewicht vor allem auf bildästhetische Dimensionen gelegt wird, ohne dabei den narratologischen Hintergrund zu vergessen. Dieser soll den Raster für die entsprechenden Problemlöseverfahren – das Finden eines Schlusspunktes – bilden. Ziel ist, eine Art Typologie oder Ikonografie des Endes zu entwerfen und formale Endfiguren zu kategorisieren. Da bei einem solchen Unternehmen nur die visuelle Ebene des Films berücksichtigt wird, muss an dieser Stelle noch kurz ein anderes Gestaltungsmittel Erwähnung finden, das bei der formalen Schlusssetzung einen nicht zu unterschätzenden Anteil leistet: die Filmmusik.

In den meisten theoretischen Werken, die sich mit Filmmusik beschäftigen, wird darauf hingewiesen, dass Musik sich zwar sehr effizient zur Wirkungssteigerung einsetzen lasse, oft aber gar nicht bewusst wahrgenommen werde. In diesem Punkt unterscheiden sich beispielsweise Film und Oper deutlich, da sie bezüglich der Rezeption der Musik gänzlich unterschiedliche Bedingungen aufweisen. An den Endpunkten des Films, also im «Main-Title» und Finale, seien dagegen, so Helga de la Motte-Haber und Hans Emons (1980, S. 153), die Berührungspunkte noch sehr eng; die Musik werde dort ähnlich rezipiert wie in einer Oper, also bewusst als ein den Bildern unterlegtes Musikstück. Hier scheint die Verschmelzung mit anderen filmischen Parametern weniger stattzufinden, die Musik besitzt eine gewisse Eigenständigkeit, eine Tendenz, die sich etwa an den Titel-Songs ablesen lässt, die durchaus befähigt sind, auch ohne Film ihr Eigenleben zu führen. Das Film-Ende dagegen, das Finale, ist eine in dieser Hinsicht weniger prägnante Stelle, wohl nicht zuletzt deshalb, weil man ja nicht sicher sein kann, ob die Zuschauer sich überhaupt noch im Saal befinden, ob sie noch zuhören oder bereits mit Anziehen und Aufbrechen beschäftigt sind. Dennoch: auch am Ende des Films wird die Musik als Musik wahrgenommen, weil sich in der Regel keine Handlung mehr ereignet, ein dramaturgischer Nullpunkt erreicht ist. Somit bilden Anfang und Ende einmal mehr den bereits erwähnten Rahmen. Dieser andere Rezeptionsmodus[18] dürfte in narratologischer

18 Verstärkt wird diese Eigenständigkeit, indem die Musik oft nicht nur ihren Charakter, sondern auch die Lautstärke wechselt.

Hinsicht eine wichtige Erklärung für den Umstand liefern, dass die Filmmusik innerhalb der Funktion sowohl des Abschließens wie auch des Hinausbegleitens aus der Fiktion eine wichtige Rolle spielt. Wir müssen es bei diesem relativ einfachen, dennoch narratologisch erhellenden Erklärungsmodell belassen, das von der Komplexität, die Filmmusik aufweisen kann, nur wenig wiederzugeben vermag.

Die zweite Dimension unseres Modells bezeichnet Rezeptionsschemata, die von den beschriebenen formalen Elementen des Filmtextes ausgelöst werden. Sie sind die «Antwort» des Zuschauers auf entsprechende Anzeichen, dass der Film sein Ende erreicht, dass er schließt. «Schema» meint in diesem Zusammenhang, dass gewisse verfestigte Verfahren, Routineprozesse ablaufen, die größtenteils erlernt sind, auf Erfahrungen basieren und nicht für jeden Fall neu aufgebaut werden müssen. In der kognitiven Psychologie wird zwischen zwei Arten von Schema-Aktivierung unterschieden: einer konzeptgeleiteten (top-down) und einer ereignisgeleiteten (bottom-up). Die Frage, ob eine davon in der Rezeption des Film-Endes dominant sei, erweist sich als zu allgemein formuliert, als dass sie schlüssig zu beantworten wäre. Vielmehr gilt es wieder einmal, nach dem gewählten Narrationsmodus zu unterscheiden.

Innerhalb einer klassischen Narration wird am Ende keine wichtige Frage mehr offen sein. Diese Geschlossenheit entlastet den Zuschauer von der Aufgabe, die noch vorhandenen Lücken selbst zu schließen oder einen Abschluss zu finden. Die klassische Narration liefert bis zum Schluss das letzte nötige Mosaiksteinchen – bezüglich Plot- oder Storykonstruktion wird keine zusätzliche Schema-Aktivierung mehr nötig. Es bleibt somit Zeit, einen Kontext zu konstruieren, der über den eigentlichen filmischen Text hinausgreift. Da die klassische Narration vielfach in einem Feld von Verfestigungen und Stereotypen operiert, ist ein solches Verfahren durchaus sinnvoll, wenn etwa der gesehene Film mit verwandten Werken verglichen wird.

Geschlossenheit bedeutet aber nicht in jedem Fall hermetische Abschottung. In vielen Filmen, die der klassischen Narration zuzurechnen sind, ist eine Perspektive in die Zukunft möglich, auch wenn sie für die Handlung nicht von primärer Bedeutung ist. Das Ende von *High Noon* (USA 1952) zum Beispiel zeigt einen gelösten Konflikt, eine beseitigte Gefahr. Aber zugleich verlassen der Held und seine Frau die Stadt, angewidert von der Feigheit und dem Opportunismus ihrer Bewohner. Damit eröffnet sich trotz Geschlossenheit der Story eine Perspektive in die Zukunft. Man kann sich etwa fragen, wohin es wohl das Ehepaar zieht oder was mit der Stadt geschehen wird. Wohlgemerkt: für den gesehenen Film sind dies keine essenziellen Fragestellungen, dennoch führen sie ein breiteres Spektrum ein, als dies bei einem puren Happy-End der Fall wäre.

Ende-Schemata entfalten aber vor allem dort ihre Nützlichkeit, wo es sich nicht um eine klassische Narration handelt, sondern eine offene Komposition vorliegt. Eine Seherfahrung, die nur wenige oder gar keine nach diesen Prinzipien erzählte Filme einschließt, vermag mit den bestehenden Rezeptionsschemata nicht nur keine Geschlossenheit, sondern auch keinen Sinn zu konstituieren. Es kommt zum Bruch, zur Frustration, zur Verweigerung. In diesem Fall schließen sich Rezeptionsprozess und -schema kurz. Der Versuch, Geschlossenheit herzustellen, muss scheitern, weil die entsprechenden «Daten» fehlen. Existieren jedoch Rezeptionsschemata, die mit solchen Erfahrungen umzugehen vermögen, so setzt nun ein eigentlicher Sinngebungs-, ein Interpretationsprozess ein, der eine gewisse Offenheit aufweist und zugleich in der Lage ist, neugewonnene Erfahrungen in bestehende Schemata zu integrieren. Dieses Verfahren schließt auch den Fall ein, dass Widersprüche und Mehrdeutigkeiten bestehen bleiben, nicht auflösbar sind. Und es erkennt ebenso die Möglichkeit, dass Plot, dass Handlungsinhalt nicht unbedingt das Zentrum eines Films bilden müssen.

Erweist sich ein Rezeptionsschema als untauglich, muss dies nicht das Abbrechen des Sinngebungsprozesses bedeuten. Eine neue Hypothese wird gewählt, ein neues Verfahren eingeleitet. Zugegeben: Wenn dies am Ende geschieht, so ist das ein sehr später Zeitpunkt, doch manchmal gibt erst das Ende klar zu erkennen, auf welcher Sinnebene ein Film operiert. Komplexe und abweichende Erzählmodi sind oft gar nicht anders als über einen Umweg, über ein In-die-Sackgasse-Gelangen und Umkehren, erfassbar. Vor diesem Hintergrund zeigt das Ende am deutlichsten an, in welche Richtung die Interpretation zu erfolgen hat.

Rezeptionsschemata, die durch das Erkennen einer offenen Struktur aktiviert werden, müssen fähig sein, einen Paradigmenwechsel nicht nur einzuleiten, sondern auch zu organisieren. Das Gesehene muss unter Umständen eine völlige Neuinterpretation erfahren, eventuell ist auch ein Zurückgehen und eine Neuordnung der «Daten» erforderlich, wobei ein Teil dieses Verfahrens sich erst nach der eigentlichen Rezeption abspielt. Gerade die retrospektive Dimension, welche in der konventionellen Narration kaum eine Rolle spielt, verlangt außerordentlich dynamische und flexible Systeme. Am Ende eines solchen Prozesses kann auch die Erkenntnis stehen, dass zwar eine andere und adäquatere Rezeption gelang, dass es aber nötig sein wird, den Film noch einmal zu sehen. Im Gegensatz zur Alltagserfahrung ist dies bei «artificial constructs» (Thompson, 1988, S. 35), wie sie Filme darstellen, möglich.

2 Typologie/Ikonografie des Endes im Film

2.1 Einleitung: Fragestellung, Methoden und Unterscheidung von innerem und äußerem Ende

Nach dem theoretischen, narratologisch ausgerichteten Kapitel und vor der Fallstudie am Beispiel der Filme von Michelangelo Antonioni versucht dieses Kapitel, die Fragestellung nach formalen Merkmalen der Endsetzung in einen umfassenderen Kontext zu stellen. In diesem Komplementärkapitel zum erzähltheoretischen richtet sich das Augenmerk gebündelt auf formale Merkmale und Spezifika der letzten Einstellungen eines Films. Narratologische Gesichtspunkte sollen nur dort eingebracht werden, wo sie das Erklärungspotenzial formaler Kategorien deutlich vergrößern.

Um ins Thema und in die Fragestellung einzusteigen, vergegenwärtigen wir uns, wie die letzten Einstellungen eines Films normalerweise aussehen. Handelt es sich um einen älteren Film, dann wird wahrscheinlich ins Schlussbild, das bevorzugt eine Totalansicht zeigt, ein nichtdiegetisches Element eingebracht, das verbal signalisiert, dass das Ende erreicht ist. Eventuell folgt danach eine langsame Abblende, ergänzt durch einen kurzen Nachspann, der einige Credits-Elemente enthält – vielleicht beschränkt sich dieser auf die Nennung der Produktionsfirma. Handelt es sich dagegen um einen Film neueren Datums (ab den frühen siebziger Jahren), so wird diese verbale Endmarkierung vielleicht fehlen, dagegen wird der Nachspann wesentlich länger sein, viele Tafeln mit den am Werk beteiligten Personen umfassen. Frank Beaver (1998, S. 94) bezeichnet die sechziger Jahre als Scheidepunkt der Verlagerung der Information vom Vor- zum Nachspann. Diese Verschiebung und das gleichzeitige Anwachsen der Credits ist die Folge von arbeitsrechtlichen Auflagen. Als erste Vergegenwärtigung dieser Entwicklung kann auf die in der Fallstudie besprochenen Filme von Michelangelo Antonioni verwiesen werden, etwa auf *Blow-Up* (1966), der sich auf «The End», die Einblendung des Filmtitels und den Hinweis auf die Produktionsfirma und die Studios (alles in einem Titel) beschränkt, und *Professione: reporter* (1974), der über einen eigentlichen Nachspann mit den Credits verfügt.

Damit sind bereits einige wichtige formale Prinzipien der Endsetzung im Film genannt. Zudem wird ein Spannungsfeld aufgezeigt, dem ich mich im nächsten Unterkapitel ausführlicher widmen werde, um es in der Folge nur noch am Rande einzubeziehen: das Verhältnis zwischen Nachspann, Ende-Titel und Film-Ende. Das wichtigste und zugleich einfachste Element, um formal ein Ende zu kennzeichnen, ist die Einführung des Ende-Titels und/oder des Nachspanns. Der Ende-Titel kann dabei als einleitender Teil des Nachspanns betrachtet werden, der eigentliche Nach- oder Abspann enthält das Verzeichnis der an der Produktion Beteiligten. Beide Elemente sind in der Regel nichtdiegetischer Natur und signalisieren damit einen Bruch der Diegese oder zumindest eine «Beschädigung». Dabei genügt der eigentliche Nachspann, um dem Zuschauer zu signalisieren, dass der Film zuende und nichts mehr zu erwarten ist. Filme, die dieses Prinzip durchbrechen, riskieren, dass niemand mehr im Kinosaal sitzt, wenn wider Erwarten noch etwas folgt. Im Nachspann fällt der diegetische Ton oft aus, an seine Stelle tritt nichtdiegetische Musik. Die Titeleinblendungen reduzieren zudem den scheinbar dreidimensionalen Raum auf zwei Dimensionen und wirken wie eine Vorwegnahme des Vorhangs. Vor- und Nachspann bilden eine prägnante Orientierungshilfe für den Zuschauer und erleichtern den Ein- und Ausstieg aus dem Film.

In einem ersten Schritt können wir eine Standardversion formulieren. Sie besteht aus folgenden Elementen und Eigenschaften: Ende-Titel und/oder Nachspann, Ausblenden des diegetischen Tons, Dominanz nichtdiegetischer Musik und Verschwinden oder merkliche Reduktion der Diegese. Letzteres bewirken einerseits die Titel, andrerseits erfolgt oft eine langsame Entwertung des ursprünglichen Filmbildes, sei es durch den baldigen Wechsel auf einen neutralen oder stilisierten Hintergrund, sei es, dass das Bild einen fotografieähnlichen Status ohne Bewegung erhält.

Bevor wir für verschiedene Typologien auch konkrete Beispiele beiziehen, müssen noch einige Anmerkungen über Materialschwierigkeiten in Zusammenhang mit einer formalen Analyse gemacht werden. Anfänge und Enden von Filmen, insbesondere wenn sie Titel und Credits enthalten, sind in besonderem Maß nachträglichen Abänderungen ausgesetzt. Einerseits kann die jeweilige Sprachversion an diesen Stellen auch eine veränderte Gestaltung nach sich ziehen. Zudem kann es zu Veränderungen zwischen der im Kino ausgewerteten Version und jener im Fernsehen kommen, das beispielsweise Nachspänne einfach unterschlägt oder sie durch stereotype Tafeln ersetzt. Schließlich kann auch eine Version auf Video vom Original abweichen.[1]

1 Für unsere Untersuchung stossen wir auf die Frage nach der Originalversion. Ich habe in diesem Kontext versucht, folgende Grundsätze einzuhalten: Wenn immer möglich,

Der Nachspann fällt in der Regel relativ stereotyp aus. Mir scheint jedoch eine Differenzierung angebracht. Denn im Unterschied zum Vorspann ist aus bereits erwähnten Gründen das Spektrum für die Gestaltung des Nachspanns relativ klein. Anders als der Vorspann, der nicht mit dem Beginn des Films zusammenfallen muss, bildet der Nachspann in der Regel das Ende der Projektion. Ich möchte in diesem Zusammenhang eine wichtige Differenzierung vornehmen und von einem «äußeren» Ende sprechen, das die Funktion des Abschließens übernimmt. Es wird durch den Ende-Titel und/oder den Nachspann gebildet. Das «innere» Ende dagegen ist das Ende vor diesem äußeren Ende, das Ende innerhalb der Diegese. Für die Gestaltung dieses inneren Endes bietet sich ein weitaus größeres Spektrum an Möglichkeiten an. Im weiteren Verlauf dieses Kapitels ist mehrheitlich vom inneren Ende die Rede. Zu überprüfen ist die Ausgangsthese, dass auch dieses innere Ende durch formale Verfahren gekennzeichnet ist, die das Ausklingen des Films markieren, bevor der standardisierte Ende-Titel und/oder Nachspann folgt. Diese formalen Verfahren liegen näher bei der Diegese, sind Teil von ihr oder entwickeln sich daraus. In der Regel kommt es also zu einer eigentlichen Verdoppelung: Markieren formale Verfahren oder Schlussfiguren das innere Ende eines Films, so wiederholen dies Nachspann und/oder Ende-Titel auf eine Art, die einen hohen Grad an Konventionalität[2] aufweist.

wird die originalsprachliche Version beigezogen. Dabei wird überprüft, ob das Arbeitsmaterial Video schwerwiegende Veränderungen gegenüber der Kinoauswertung erfahren hat – beispielsweise in Bezug auf das Bildformat. In Fällen, in denen keine originalsprachliche Version zur Verfügung stand, wurde abgeklärt, ob die deutsche Version Veränderungen aufweist. Viele neuere Synchronfassungen verwenden die originalen Credits. Falls dies nicht der Fall war, wurde versucht, die Gestaltung anhand einer Originalversion zu überprüfen. Wenn die Abweichungen grundlegender und sinnverändernder Natur sind, wurden die veränderten Fassungen nicht als Beispiele verwendet. Da es in diesem Kapitel aber weniger um die Gestaltung der Nachspänne als vielmehr um die Realisation des sogenannten «inneren» Endes geht, richtete sich das Augenmerk primär auf diese Stelle der Filme.

2 Der Vorspann verfügt nicht nur positionsmässig über eine grössere Varianz als der Nachspann, er kann auch Teile der Funktion übernehmen, die für den Filmanfang, wie wir im theoretischen Kapitel gezeigt haben, spezifisch ist. Somit wird er ein Element der Initialisierung, die den Zuschauer einstimmt und ihm Hinweise darauf gibt, wie der nachfolgende Film zu verstehen ist. Vergleiche dazu auch die Lizentiatsarbeit von Olivier Zobrist: Der Filmanfang in der Tradition de la qualité und der Nouvelle vague. Zürich, 2000.

2.2 Nachspann, Ende-Titel, Credits und Film-Ende: Verhältnis und Kurztypologie

Wir wenden uns zunächst dem äußeren Ende zu. Es funktioniert nach einem einfachen, aber effizienten Prinzip: Die Diegese wird «gestört», ausgeblendet oder in den Hintergrund gedrängt. Ende-Titel und Nachspann markieren den Schluss der Projektion. Titel verweisen auf eine Welt, die nicht die Welt der erzählten Geschichte ist. Sie wirken wie ein Buchumschlag und besitzen einen anderen textuellen Status als der eigentliche Film: den eines Paratextes. Für das Publikum entsteht ein Übergangsstadium des Noch-nicht-in-der-Alltagswelt- und Nicht-mehr-in-der-Filmwelt-Seins. Welche grundsätzlichen Möglichkeiten existieren in der Gestaltung dieses äußeren Endes? Ich lehne mich dabei an eine Typologisierung an, wie sie Godzic (1992, S. 70) für den Filmanfang vorgenommen hat. Sie orientiert sich an formalen Kriterien und thematisiert das Verhältnis zu Diegese und Credits und ihre zeitliche Abfolge. Pragmatisch wollen wir dabei Ende-Titel und Nachspann als eine Analyseeinheit betrachten und sie – vereinfachend – Nachspann nennen.

Folgende Möglichkeiten ergeben sich:

1. Der Nachspann ist vom inneren Ende völlig abgegrenzt. Er wird vor einem einheitlichen und indifferenten Hintergrund (zum Beispiel schwarz) präsentiert.
2. Der Nachspann erscheint auf einem Hintergrund, der gestaltet ist, jedoch nicht als Teil des vorangehenden Films identifiziert werden kann.
3. Der Nachspann benützt als Hintergrund die Fortsetzung des inneren Endes; er entwickelt sich aus der Diegese. Die Handlung erscheint stark reduziert oder distanziert. Wir sehen beispielsweise ein Paar, das sich in der Bildachse von der Kamera entfernt und immer kleiner wird. Währenddessen ertönt Musik, und Schriftzüge des Nachspanns beginnen sich über das Bild zu legen. Sie können während der ganzen Dauer oder lediglich zu Beginn als Fortsetzung des inneren Endes auftreten, um anschließend Typ 1 oder 2 zu folgen.
4. Der Nachspann besteht wie Typ 3 ebenfalls aus Schrifteinblendungen in das diegetische Bild, er wird jedoch immer wieder unterbrochen durch weiterlaufende Handlungsteile. Das Endsignal wirkt reduziert, besonders dann, wenn immer wieder diegetischer Ton zu hören ist. Äußeres und inneres Ende erscheinen nicht voneinander getrennt, sondern verzahnen sich, greifen ineinander über.
5. Der Nachspann fehlt völlig. Weder ein finaler Schriftzug noch Credits erscheinen. Das innere Ende bildet das Ende des Films.

Typ 1 bis 3 decken den Normalfall ab. Historisch lassen sich Typ 1 und 2 tendenziell eher vor Mitte der sechziger Jahre verankern, besonders in der Minimalvariante, die sich auf die schriftliche Signalisierung des Endes, eventuell verbunden mit dem Firmenlogo, beschränkt. Typ 4 und 5 dagegen sind wesentlich seltener zu finden. Die Verzahnung von innerem und äußerem Ende eröffnet noch einmal ein Spannungsfeld, durchkreuzt den ritualisierten Ausstieg, doch läuft zugleich Gefahr, dass das Publikum nicht nur hin- und hergerissen zwischen Sitzenbleiben und Aufbrechen ist, sondern das eigentliche Ende verpasst, weil es bereits aufgestanden ist.[3] Fehlt das äußere Ende völlig, so besteht eine solche Gefahr nicht, allerdings kann, wenn auch die Signale des inneren Endes fehlen oder diffus sind, eine Überrumpelung des Zuschauers stattfinden, der erst durch die Beleuchtung im Kinosaal merkt, dass die Vorführung zu Ende ist. Das Zufällige einer Endsetzung wird auf diese Weise stark betont und in Erfahrung gebracht. Dennis Hoppers *The Last Movie* (USA 1971) verfährt in dieser Weise.

Bisweilen benutzen Filme für ihren Nachspann eine Art «Ahnengalerie», um die Schauspieler und ihre Rollen noch einmal zu präsentieren. Ebenfalls eine durchaus verbreitete Variante besteht darin, dass die Credits mit Bildern unterlegt werden, die aus dem vorangegangenen Film stammen, unter Umständen sogar wie eine Schlaufe oder Zusammenfassung wirken. Hier gehen Nachspann und Verfahren der inneren Endsetzung Hand in Hand, ohne sich zu konkurrieren oder gar kurzzuschließen. Ridley Scotts *Thelma & Louise* (USA 1991) wäre als Beispiel für eine solche Verzahnung zu nennen.

Auf zwei Sonderfälle ist in diesem Zusammenhang noch einzugehen, weil sie im Spannungsfeld von diegetischen und nichtdiegetischen Elementen angesiedelt sind oder die Konventionalität des Nachspanns unterlaufen. Der eine besteht darin, dass die Ankündigung des Endes innerhalb der Diegese geschieht. In Wassili Schukschins *Petschki-lawotschki* (Reisebekanntschaften, SU 1973) sitzt der Protagonist in der letzten Einstellung auf einer Wiese. In einem Schwenk über die Landschaft erfasst ihn die Kamera, nähert sich. Er blickt zur Kamera und sagt sinngemäß: «Leute, das war's. Ende!». Der Vorgang gleicht in seiner Wirkung der Einblendung des Ende-Titels, die Entwicklung aus der Diegese ist dage-

3 Wie heikel ein solches Verfahren ist, lässt sich etwa anhand der Fernsehausstrahlung von *Being There* (USA 1979) von Hal Ashby nachweisen. Der Film wird von Richard Neupert (1995, S. 115f.) als Beispiel eines «open discourse film» genannt. Er verfügt über eine geschlossene Story und eine offene Form, indem er ganz am Ende Einstellungen anfügt, die eine Geschlossenheit verhindern, ohne dabei die Story wieder zu öffnen. In der Fernsehausstrahlung wurde dieser Teil einfach eliminiert.

gen sehr ungewöhnlich. Ich werde in der dritten Haupttypologie unter dem Stichwort «Metasignale als Endsetzung» auf diesen Bruch der Diegese näher eingehen.

Der zweite Sonderfall, der in diesem Zusammenhang zu erwähnen ist, wirkt ebenfalls selbstreferenziell, allerdings in anderer Richtung. Claude Chabrols *L'enfer* (F 1994) endet zwar konventionell mit Ende-Titel und Nachspann, der Titel verkündet aber, dass es «kein Ende» gebe, dass die Geschichte an sich weitergehe. Was zunächst als Hinweis auf die zerstörerische Eifersucht des paranoiden Ehemanns verstanden werden kann, erhält in der Schlussposition eine zusätzliche Dimension, indem sowohl die Willkürlichkeit der Endsetzung demonstriert als auch auf die Künstlichkeit dieses Vorgangs hingewiesen wird. Die Geschichten im realen Leben haben in der Regel keine klar definierten Endpunkte, während dies für Erzählungen, ob in der Literatur oder im Film, eine Notwendigkeit darstellt. Chabrols «Sans fin» wirkt zwar wie ein Ende-Titel, doch zugleich aktiviert er eine reflexive Komponente, thematisiert den Vorgang der Narration selbst.

2.3 Typologien des inneren Endes

2.3.1 Vorbemerkung

Drei Hauptkategorien werden unterschieden: ikonografische Verfahren, Reduktion der Diegese und Selbstreflexivität. Sie sind in einer ansteigenden Linie der Komplexität zu sehen. Die erste Kategorie besitzt mit Distanzierung, Verbildlichung des Abschlussvorgangs und Rahmung drei verschiedene Verfahren und wirkt wie eine einfache *Mise-en-abîme*-Konstellation, in der ein Bild-im-Bild die Anleitung gibt, wie das Bild zu lesen ist – eine «Gebrauchsanweisung» also, um den Film zu beenden. Diese erste Hauptkategorie realisiert sich durch unterschiedliche Strategien: einerseits erfolgt der Vorgang des Abschließens, des Distanzierens durch eine *Bewegung* – zum Beispiel wird eine Person in einen größeren Kontext gestellt, um sie schließlich in der Anonymität, in der Vielfalt der Dinge verschwinden zu lassen. Andrerseits werden die letzten Einstellungen des Films zu *Sinnbildern*, *Symbolen* des Zuendegehens, indem sie beispielsweise das Schließen von Türen, Fenstern, Vorhängen oder das Dunkelwerden zeigen oder in die Handlung integrieren. Drittens werden *intratextuelle* Faktoren wirksam, die unter dem Begriff «Rahmung» eine formale Technik finden, die mit Wiederholung, Rückkehr an den Anfang charakterisiert werden kann und die Figur des Kreises andeutet.

Gemeinsam ist allen Strategien, dass die Signale sofort und mit Leichtigkeit als solche erkannt werden.

Einen Sonderfall und zugleich das Verbindungsglied zur zweiten Kategorie bildet das Verfahren des Freeze-Frame, des Stehkaders. Das Besondere besteht darin, dass mit dem Einfrieren der Bewegung eigentlich ein sehr sinnfälliges Verfahren gegeben ist, das mit filmischen Mitteln die Essenz des Mediums – die Bewegung – scheinbar auslöscht und damit für die besondere Stellung am Ende wie prädestiniert erscheint. Allerdings hat seine Verwendung im Kontext der Fernsehproduktionen mittlerweile so inflationäre Züge angenommen, dass es sich fast um die Wirksamkeit gebracht hat. Die besprochenen Beispiele haben jedoch nichts von ihrer Eindrücklichkeit verloren. Andrerseits verweist das Einfrieren auch auf die zweite Hauptkategorie, die ich mit dem Etikett «Reduktion der Diegese» umschreibe.

Das bereits behandelte, konventionelle Verfahren des Ende-Titels plus Nachspann funktioniert nach dem gleichen Prinzip. Fremde, nichtdiegetische Elemente finden in die Diegese Eingang, kennzeichnen sie als solche und lösen sie damit auf. In der Darlegung dieser zweiten Hauptkategorie wird der Beweis angetreten, dass es neben den Titeln noch andere Techniken gibt, um einen solchen Effekt zu erzielen. Technische Parameter wie Ton, Licht, Bildkader, Farbe, Material werden verändert. Dabei muss es sich nicht zwingend um eine Reduktion handeln, die Diegese kann auch insofern Auflösungserscheinungen erfahren, als sie nicht mehr die einzige ist, als es zu einem Wechsel der «Textsorte», zur Konkurrenz kommt, die eine massive Beeinträchtigung der Homogenität zur Folge hat.

Die dritte Kategorie stellt die komplexeste dar, weil sie ebenfalls distanziert, die Diegese reduziert, beschädigt, zugleich aber noch diskursiv angelegt ist. Die Selbstreflexivität wird zum Mittel des Ausstiegs, nicht nur aus der Diegese, sondern aus dem Film selbst. Das Ende wird nicht nur dort gesetzt, wo eine Wiederholung eintritt, sondern auch dort, wo eine andere, hintergründige Ebene zum Vorschein kommt – eine, die sich in der Regel während des Films versteckt oder nur in Spuren erahnbar ist. Kein Zufall ist die besondere Anfälligkeit von Ende und Anfang für solche selbstreferenziellen Einschübe und «Attacken». Am Ende führen sie durch ihr Anderssein, durch ihren Wechsel des Bezugssystems, durch ihre Vervielfältigung der Referenzen hinaus, am Anfang verzögern sie – zumeist – spielerisch den Eintritt.

2.3.2 Kategorie 1: Distanzierung, Verbildlichung, Rahmung

Die Darstellung am Ende des Films und die Art und Weise, wie dies geschieht, enthalten Hinweise, wie das eben Gesehene bezüglich der Finalität zu interpretieren ist. Innerhalb dieser Kategorie gibt es drei verschiedene Typen: Der erste, der die Art und Weise betrifft, benutzt die Bewegungsdynamik, um zum Ende zu kommen. Der Gegenstand, das Sujet, die Personen werden – für uns Zuschauer sichtbar – nicht unbedingt entfernt, aber doch in Entfernung geschickt. Sie bilden nicht mehr das Zentrum der Einstellungen, sondern entfernen sich von uns oder wir entfernen uns (mit der Kamera) von ihnen.

Einige Beispiele sollen dieses Standardverfahren näher beleuchten, das überaus häufig vor allem im klassischen Film zu finden ist. Das erste stammt aus Chaplins *Modern Times* (USA 1936). Am Ende entfliehen der Tramp und die junge Frau den Errungenschaften und Mühseligkeiten des modernen Großstadtlebens. Sie schöpfen nach vielen Enttäuschungen neuen Mut, erheben sich und nähern sich zunächst der Kamera. Mit einem Gegenschuss und Achsensprung kommen sie so ins Bild, dass sie sich von ihr entfernen, immer kleiner werden. Eine langsame Abblendung und ein Ende-Titel beschließen den Film. Die langsame Abblende wäre als Basistechnik zu bezeichnen, um einen Abschluss zu signalisieren, und sie kann auch innerhalb des Films Verwendung finden, um ein Sequenzende oder einen Zeitsprung anzuzeigen. Ihr folgt entweder etwas Neues oder nichts mehr.

Das Neue kann das Ende signalisieren, wenn es ungewiss ist und sich eine Verknüpfung zum Vorangehenden kaum herstellen lässt. Josef von Sternbergs *Morocco* (USA 1930) endet mit einem solchen Neuanfang, wenn die von Marlene Dietrich verkörperte Amy Jolly alles und vor allem den reichen Kennington hinter sich lässt, um ihrem Fremdenlegionär in die Wüste zu folgen. Der Schritt ins Ungewisse, Unvorstellbare ist ein Muster, das keine direkte Fortsetzung mehr ermöglicht. Es weist damit eine Ähnlichkeit mit jener Schlussfigur auf, die ich mit dem Begriff «Tabula rasa» charakterisieren werde und die darin besteht, die Hauptfigur(en) durch Tod aus der Geschichte zu nehmen. Die Wüste, in die Amy Jolly läuft und dabei ihre Schuhe als Kennzeichen der Zivilisation auszieht und wegwirft, erscheint als gleichzeitig sehr präsente und diffuse Landschaft, in der der Wind alle Spuren verwischt, buchstäblich als Niemandsland, das alle Geschichten versiegen lässt.

In John Fords *My Darling Clementine* (USA 1946) gelangt ein weiteres thematisches Standardmotiv, das des Abschieds, zur Anwendung. Nach dem Höhepunkt, dem Gunfight am O.K. Corral zwischen Wyatt

Earp und den Clantons, verabschiedet sich Earp von Clementine, um wegzureiten – sich langsam am fernen Horizont zu verlieren. Kurz vor dem Ende wechselt der Film noch einmal die Perspektive, indem er in einem Gegenschuss aus der Sicht des Davonreitenden Clementine zeigt, um für die letzte Einstellung doch wieder die Bewegung aus dem Bild, hin zum Horizont aufzunehmen.[4]

Dass die Figur sich nicht selbst entfernt, sondern mittels Kamerabewegung distanziert wird, beschreibt eine weitere Variante dieser Schlussfigur. Vielfach kommt es gar zu einer Kombination zwischen Weggehen und In-Distanz-gebracht-Werden, wobei in der Regel eine Bewegungsrichtung dominant ist. Oliver Stones *Wall Street* (USA 1987) verdeutlicht dies, wenn am Ende der junge Börsenmakler die Stufen zum Gericht hinaufgeht, um seine Aussage über betrügerische Börsenspekulationen zu machen. Die Kamera zeigt ihn zunächst von hinten, lässt ihn weggehen, um sich schließlich selbst in Bewegung zu setzen und in einer rasanten Fahrt nach hinten und oben bis zur Silhouette von New York zurückzuweichen. Die Figur verliert sich in der Anonymität der Großstadt.

Beiden Bewegungen haftet im übertragenen Sinne der Vorgang einer Entfokussierung an. Ohne seinen Schärfenbereich tatsächlich zu wechseln,[5] findet der Film doch Bilder, die keine Weiterentwicklung mehr erwarten lassen. Zu groß ist Distanz und Distanzierung, zu weit weg die ehemaligen Handlungsträger, um an eine Fortsetzung zu denken.

Neben dem Sich-Entfernen von der Kamera und der Entfernung durch die Kamera existiert noch eine dritte Möglichkeit, die das Verschwindenlassen der Protagonisten zum Ziel hat. Ich will sie Anonymisierung nennen. Sie besteht darin, die Hauptfigur(en) dermaßen in ihren Kontext zu integrieren, dass sie nicht mehr als Protagonisten erkennbar sind. In *Ladri di biciclette* (I 1948) von Vittorio De Sica verschwinden am Ende Antonio und sein Sohn Ricci, nachdem der Vater erfolglos versucht hat, das gestohlene und für seinen Job unabdingbare Fahrrad wieder zu beschaffen, in der Masse. Der Film macht das Besondere wieder zum Allgemeinen und hebt damit eine Bewegung auf, die er am Anfang vollzogen hat. Dort wurde Antonio scheinbar willkürlich und zufällig aus

4 Das Motiv der Abreise, des Fortgehens am Ende kann vielfach als Komplement zum Filmanfang gesehen werden, der die Ankunft schildert. Diese beiden Eckpunkte besitzen starke Klammerfunktion. Als typisches Beispiel sei John Sturges, *Bad Day at Black Rock* (USA 1954) erwähnt.

5 Ich werde auf diesen Sonderfall, dass der Film am Ende tatsächlich seine Schärfe «verliert», im Rahmen der 2. Hauptkategorie eingehen, welche die Reduktion oder Beschädigung der Diegese als dominante Strategie der Endsetzung thematisiert.

einer Gruppe von Stellensuchenden herausgepickt, musste zunächst sogar gesucht werden, verpasste fast seine große Chance, Plakatkleber zu werden, die nun am Ende des Films endgültig zunichte gemacht wird.

In *Ladri di biciclette* entfernen sich Antonio und Ricci zwar auch von der Kamera. Dieser Weggang wird jedoch nicht so betont oder zelebriert wie in den anderen Fällen. Dass das Beispiel aus dem italienischen Neorealismus stammt, dürfte kein Zufall sein. Der Neorealismus besitzt eine besondere Affinität zum Alltäglichen, Allgemeinen, Gewöhnlichen, zur Authentizität und arbeitet der Tendenz des klassischen Kinos, seinen Protagonisten die Aura des Außergewöhnlichen, Individuellen zu geben, bewusst entgegen. Die Arbeit mit Laiendarstellern, das Aufgeben einer strengen Kausalstruktur zugunsten des Episodischen, das In-den-Kontext-Stellen der Handlung führen hier dazu, dass das Außergewöhnliche verallgemeinerbar bleibt. Mit der Auflösung der Figurenhierarchie findet der Regisseur einerseits eine elegante Lösung, um aus der Geschichte auszusteigen, andrerseits auch die Möglichkeit, das Exemplarische zu betonen.

Der Typus Verbildlichung sucht Bildmotive, die den Vorgang des Schließens imitieren, versinnbildlichen, symbolisieren. Ein ganzes Spektrum an Möglichkeiten bietet sich an. Zum einen lässt sich eine Parallelität zwischen dem Ausklingen des Films und dem Zu-Ende-Gehen des Tages oder – etwas allgemeiner formuliert – dem Ende des Lichtes, des Sichtbaren herstellen. Beide enden in Dunkelheit. *Dodge City* (USA 1939) von Michael Curtiz verwendet nicht nur die beschriebene Wegbewegung, sondern lässt sie gegen einen Sonnenuntergang stattfinden. Im Gegenlicht treten die Konturen stärker hervor und gleichzeitig schwindet die individuelle Ausgestaltung; Mensch, Tier und Wagen werden zu Silhouetten mit einem höheren Grad an Abstraktheit. Zugleich weist das Motiv der Abendsonne in der Regel eine positive Konnotation auf, die die Zukunft als glücklich erscheinen und ein Happy-End erwarten lässt. In Gabriel Axels *Babettes gaestebud* (Babettes Gästebuch, Dänemark 1987) ist es eine Kerze, die die Schlussszene erleuchtet und dann erlischt.

Auch am Ende von John Cassavetes' *A Woman Under the Influence* (USA 1974) lässt sich dasselbe Motiv finden: Die Kinder werden ins Bett gebracht, die gröbsten Spuren der missglückten Party beseitigt, die Lichter gelöscht. Allerdings findet der Film noch ein weiteres Element, das in diesen Kontext gehört: In der letzten Einstellung vor den Credits werden nicht nur die Fenster geschlossen, sondern auch die Vorhänge gezogen. Damit schiebt sich zwischen die Spielebene und uns Zuschauer ein Element, das uns – zumindest partiell – weiteren Einblick verwehrt und zugleich suggeriert, dass es nichts mehr zu sehen gibt. Sich schließende Türen, Fenster, Vorhänge, Läden oder – und damit noch einen Wechsel des textuellen Systems vollziehend – Bücher, Hefte, Journale sind beliebte Motive, um diesen Vorgang mit jenem des Endens zu koppeln. Eine Steigerung erfährt dieses Bildmotiv nicht nur, wenn wir als Zuschauer uns an jener Stelle befinden, an der uns die Sicht, das Licht genommen wird, sondern wenn eine Referenz zum Anfang hergestellt wird. Die Rahmung soll als dritter Typus innerhalb dieser ersten Hauptkategorie besprochen werden.

Etwas geht weg oder wird in Distanz gebracht, es geht etwas zu Ende[6] oder es schließt sich etwas – so können wir die drei Hauptprinzipien dieser Kategorie nennen. Die verwendeten Motive werden dabei parallel zum Ende des Films gesetzt. Betrachten wir zur Illustration einige Beispiele, die von der letztgenannten Konstellation geprägt sind. In Jean Renoirs *La chienne* (F 1931) nimmt die Kamera in der letzten Einstellung Position im Schaufenster einer Gemäldegalerie. Im Bildzentrum zeigt sie den zum Clochard gewordenen Protagonisten, der in früherer Zeit das eben verkaufte Bild gemalt hat und nach der Ermordung seiner Geliebten in der Anonymität des Außenseiterlebens untergetaucht ist. Das Rechteck der Leinwand wird durch die Verdoppelung im Schaufenster bewusst gemacht, schließlich senkt sich, von keinem Handlungselement motiviert, als Endsignal der Vorhang des Schaufensters und nimmt damit dem Bild jede Tiefe, schließt die eigentliche Spielebene.

Wenn wir uns erinnern, wie der Film seinen Anfang nahm, dann ergibt sich eine Rahmung in zweifacher Hinsicht. Einerseits beginnt *La chienne* nach den Haupttiteln mit einem ähnlichen Vorhang, der zu einem Kaspertheater gehört. Während sich die Puppen vor dem Vorhang bewegen, blendet der Regisseur die kommenden Hauptfiguren ein. Nach diesem Vorspiel, das mit dem Motiv des Vorhangs Anfang und Ende koppelt, blickt die Kamera aus dem Dunkeln eines Warenliftes, der Küche und Speisesaal eines Restaurants verbindet. Auch hier wird der Bildrahmen verdoppelt und akzentuiert, weil es neben dem «natürlichen», meist unsichtbaren noch einen sichtbaren gibt.

Der Vorhang kann im weitesten Sinn auch als «Überrest» aus dem Theater, der Aufführsituation gesehen werden. Ähnliches gilt für das Motiv des Buches, das – mit Ende-Titel versehen – sich langsam schließt, meist von unsichtbarer Hand geführt. Dabei wird nicht selten auf eine

6 Primär geht in diesem Zusammenhang natürlich die erzählte Geschichte zu Ende. Filme finden aber Motive, die diesen Vorgang visualisieren wie beispielsweise Oliver Stones *Talk Radio* (USA 1988). Eine der letzten Einstellungen, bereits weit im Nachspann, zeigt ein Tonband, das abgelaufen ist. Der Abspielvorgang stoppt, wie dies in einigen Sekunden mit dem Film selbst geschehen wird.

Buchvorlage verwiesen. Das Bildmotiv der sich schließenden Türe dagegen erscheint eigenständiger. In John Fords *The Searchers* (USA 1956), auf den wir noch ausführlicher in Zusammenhang mit der Rahmung eingehen, ist die Türe das Scharnier zwischen der Innenwelt des Hauses, die in Dunkelheit gehüllt ist, und der Außenwelt. Die von John Wayne verkörperte Figur bleibt im Türrahmen stehen, zögert und wendet sich schließlich ab. Das simulierte[7] Schließen der Türe macht das Bild buchstäblich schwarz.

In *The Most Dangerous Game* (USA 1932) von Ernest B. Schoedsack und Irving Pichel übernimmt eine schwere Eisentüre die Funktion des Schließens. Am Ende fällt sie, nachdem das Paar in allerletzter Minute den Fängen des wahnsinnigen Grafen Zaroff entronnen ist, langsam ins Schloss, während bereits der Nachspann beginnt. Zuvor hat der Blick durchs Fenster, aus dem Zaroff in den Tod stürzen wird, auf die mögliche Verengung des Blickfeldes hingewiesen und zugleich mit der Entleerung das Ende vorweggenommen. In der Fortsetzung blicken wir auf die mächtige und geheimnisvolle Türe, die wir bereits kennen, denn sie leitet den Film ein. Am Ende wird sie geschlossen, am Anfang betätigte eine unbekannte Hand den Türklopfer, um Einlass zu begehren. Beiden Bildmotiven ist gemeinsam, dass sie in keinen direkten narrativen Kontext eingebunden sind und somit starken Signalcharakter besitzen.[8]

Zu einer raffinierten Abfolge und damit zur mehrfachen Kodierung des Endes in der ausgeführten Weise wird der Schluss von John Hustons *The Maltese Falcon* (USA 1941). Privatdetektiv Sam Spade entsagt Brigid O'Shaughnessy, die seinen Partner umgebracht hat, und liefert sie – in einem letzten, überraschenden Handlungsumschwung – der Polizei aus. Der Gang der verstummten Brigid ins Treppenhaus ist so in Szene gesetzt, dass das Bild eine dreifache Schließbewegung enthält: zweimal horizontal von links nach rechts durch das Liftgitter – das Gefängnis antizipierend – und die Lifttüre und am Ende eine vertikale Bewegung der Kabine, die im Schattenriss das Bild von oben nach unten dunkel werden lässt. Die letzten Einstellungen von *The Maltese Falcon* werden dominiert von Bewegungen, die abschließen und die Story von der geheimnisvollen Statuette, die dem Film den Titel gibt, in den Hintergrund

7 Die Türe erscheint wie von unbekannter Hand zugeschoben. Wenn man jedoch die Stelle in Einzelbildschaltung genauer analysiert, wird ersichtlich, dass das Schliessen des Bildes auf optische Weise vollzogen wird. Am Anfang dagegen wird tatsächlich das Fenster aufgestossen, das den Blick auf die Landschaft freigibt und die Dunkelheit aufbricht.

8 Die Anfangssequenz wird ausführlich unter einer psychoanalytischen Perspektive, die den Aspekt der Zuschauersteuerung und des Eintritts in die Fiktion einbezieht, von Kuntzel (1975, S. 136–189) analysiert.

treten lassen. Damit bilden diese grafischen Bildbewegungen den Schlusspunkt einer narrativen Strategie, die zum Ziel hat, den eigentlichen Krimi der Falken-Story zu neutralisieren, wie dies Luhr (1995, S. 174–75) unter einem anderen Blickwinkel analysiert hat.

Auch ein ganz andersartiger Film wie Jean-Luc Godards *La chinoise* (F 1967) verwendet das Bildmotiv der Fensterläden, die geschlossen werden, um das Ende zu markieren. Die Kamera blickt dabei von der Veranda auf eine Reihe großformatiger Läden, die zweifarbig sind: in geöffnetem Zustand weiß wie die Hauswand; werden sie geschlossen, blickt ihre rote Seite nach außen. Die letzten beiden Läden werden geschlossen, das Bild verliert an Tiefe und gewinnt an grafischer Struktur. Am Ende sehen wir eine weiße Fläche mit rotem Querstreifen. Letzte Einstellung? Sie wurde bereits durch die vorangehende als solche angekündigt: «Dernier plan du film». Eine formal geschlossenere Struktur lässt sich kaum finden, jedenfalls nicht in einem Film, der von der Story her äußerst offen endet. *La chinoise* stellt ein gutes Beispiel für die Verknüpfung konventioneller und innovativer Formen gerade in seiner Schlusssetzung dar.

Bevor wie uns dem Verfahren der Rahmung als besonders effizienter Ein- und Abgrenzung des Films zuwenden, wie es in *The Most Dangerous Game* bereits zur Anwendung kommt, wollen wir noch ein Motiv einführen, auf das wir in anderer Form im Kontext des Sonderfalls Freeze-Frame und der Reduktion der Diegese wieder stoßen werden. Es lässt sich mit dem Begriff «Erstarrung» charakterisieren. Im Freeze-Frame erstarrt das Filmbild und gibt damit eine der Hauptattraktionen des bewegten Bildes scheinbar auf. Bewegungslosigkeit heißt in diesem Sinne Stillstand und eignet sich deshalb als eindrückliches visuelles Motiv, den Vorgang des Abschließens zu parallelisieren. Zwar bleibt immer die Möglichkeit offen, dass die Erstarrung nur eine vorübergehende ist, dass es sich lediglich um ein Innehalten handelt, doch je länger der Zustand der Bewegungslosigkeit dauert, desto finaler und terminierender wird er.

Roman Polanskis *Repulsion* (GB 1965) verwendet das Motiv der Erstarrung in mehrfacher Hinsicht. Zunächst wird die allein in der Wohnung zurückgelassene Carol völlig bewegungslos, wie tot gefunden. Anschließend interessiert sich der Film jedoch weder für sie noch die sie umgebenden Personen, sondern fährt durch das menschenleere Zimmer, erfasst verschiedene Gegenstände, darunter auch eine Fotografie, die Carol als Mädchen zeigt. Der relativ unscharfe Schnappschuss macht die Erstarrung besonders deutlich. Schließlich nähert sich die Kamera dem Gesicht der jungen Carol immer mehr, bis ihr Auge das ganze Filmbild füllt. Die Konturen lösen sich auf – es fehlt neben der Bewegung auch die Form. Am Ende bleibt nur Schwärze. Polanski stellt damit eine enge Verbindung zum Anfang von *Repulsion* her, bei dem die Kamera zunächst Carols Auge[9] in Detailaufnahme zeigt, um es anschließend immer stärker in einen Kontext zu stellen. Auch hier treffen wir auf die Technik der Rahmung, worunter – ganz allgemein formuliert – eine Wiederaufnahme des Anfangs, eine Rückkehr zum Anfang gemeint ist. In der Rahmung muss der Zuschauer ganz deutlich diese Bezugnahme erkennen, denn nur so wirken Anfang und Schluss gleichsam als Buchdeckel, die das Dazwischenliegende – den Plot – zusammenhalten.

In diesem Kontext besitzt jede Wiederholung Verwandtschaft mit der Erstarrung. Zwar fehlt nicht die Bewegung, aber es kommt nichts Neues hinzu; was entsteht, ist eine zirkuläre Struktur, die ein Ende, einen Abschluss erwarten lässt. Wir haben bereits auf Fords *The Searchers* und das Motiv der sich schließenden Türe hingewiesen. Anfang und Ende dieses Films weisen eine perfekte Symmetrie auf, deren verschiedene Komponenten sich aufheben, als Summe Null ergeben. Während am Anfang nach dem Vorspann und einer Tafel, die Ort und Zeit angibt, die Schwärze des Bildes durch Öffnen eines Fensters vertrieben wird, stellt sie sich am Ende durch Schließen der Türe wieder ein. Der Titelsong, der an beiden Stellen ertönt, verstärkt diese Klammerbewegung.

In *The Searchers* wird durch die Rahmung eine lineare Geschichte in Gang und wieder zum Stillstand gebracht. Häufiger als diese Konstruktion ist allerdings jene, die den Rahmen als Gegenwartsreferenz und das Dazwischenliegende als Vergangenheit in Form einer langgezogenen, fast den gesamten Film umfassenden Rückblende definiert. In einem solchen Fall wirkt nicht nur der Wiederholungscharakter terminierend. In der Regel weist die Rahmung auch auf einen Endpunkt hin, den die Story erreicht hat, und eröffnet damit einen Spannungsbogen mit der Frage, wie es dazu gekommen ist. Die beiden Beispiele, die wir in diesem Zusammenhang einbringen, verdeutlichen dies auf besondere Weise, indem in einem Fall bereits zu Beginn der Tod der titelgebenden Figur (*The Barefoot Contessa*) bekannt ist, im anderen eine wilde Schießerei (*Murder, My Sweet*) auf Todesfälle schließen lässt.

In Edward Dmytryks *Murder, My Sweet* (USA 1944) steht am Anfang die Untersuchung gegen den Privatdetektiv Sam Spade, der von der Polizei ins Kreuzverhör genommen wird. Den Hauptteil der Handlung nimmt eine Rückblende ein. Die Minderung der Spannung, die aus

9 Die durchs Auge ziehenden Anfangstitel stellen ein deutliches Zitat zu Luis Buñuels *Un chien andalou* (F 1928) dar und enthalten damit auch einen intertextuellen Verweis auf einen der schockierendsten Anfänge der Filmgeschichte.

dem Umstand, dass der Ausgang bereits bekannt ist, resultieren könnte, kompensiert der Film dadurch, dass sich der Protagonist in einem Zustand befindet, der ihn für seinen Beruf untauglich macht; er ist vorübergehend durch das Mündungsfeuer einer Waffe erblindet. So entsteht die Situation, dass Spade zwar dabei war, den letzten Teil der Auseinandersetzung jedoch nicht mehr sehen konnte. Die finale Auflösung erfolgt erst am Ende, als er vom Mordverdacht entlastet wird.

Murder, My Sweet präsentiert die Rückblende kontinuierlich, ohne dass der Film während dieser Zeit in die Gegenwart und damit in den Verhörraum zurückkehren würde. Die Übergänge zwischen Gegenwart und Vergangenheit sind außerordentlich fließend, im ersten Fall blickt die Kamera aus dem Fenster des Verhörraums und erfasst die nächtlichen Ansichten einer Stadt, aus denen sich langsam eine Story zu entwickeln beginnt. Die Rückkehr dagegen fällt zusammen mit Spades vorübergehender Erblindung, die der Film simuliert, indem er zunächst unscharfe, dann schwarze Bilder liefert. Trotzdem entsteht bezüglich der Eingrenzung und zeitlichen Zuordnung keine Unsicherheit, weil optisch ähnliche Muster zum Einsatz kommen: das gleißende Licht der Lampe beim Verhör, das dem Bild zunächst die festen Konturen nimmt, sich auf dem Tisch reflektiert, Spade mit den verbundenen Augen. Gerade das Motiv des gleißenden Lichts ist keinesfalls realistisch und kontextuell zu lesen – Spade sieht ja nichts, es bräuchte eigentlich gar keine Lampe –, sondern als strukturierendes Signal, das im Wiederholungsfall den bevorstehenden Abschluss markiert.

In *The Barefoot Contessa* (USA 1954, Joseph L. Mankiewicz) wird die Deutlichkeit der Rahmung durch das mehrfache Zurückkommen in die Gegenwart durchbrochen; aber eine solche partielle Konstruktion verhindert auch, dass der Ausgangspunkt in Vergessenheit gerät. Die Gegenwart erscheint damit zwingender als Resultat der Vergangenheit. Der Auflockerung der klaren Strukturierung, die aus der Auflösung einer strengen Rahmung folgt, wirkt der Film insofern entgegen, als er in die Gegenwartsebene eine Handlung setzt, deren Ausgang vorhersehbar ist und die mit seinem Ende zusammenfällt: die Beisetzung Maria Vargas. Und ein weiteres Handlungselement sorgt dafür, dass sich die Finalität verstärkt: Der Regenschauer, der am Anfang die Trauergemeinde eindeckt, hört bis zur letzten Rückkehr des Flashbacks gänzlich auf.

The Woman in the Window (USA 1944, Fritz Lang) operiert mit dem Mittel der Rahmung, ohne sich dabei einer Rückblende zu bedienen – in diesem Sinne ähnelt er unserem Eingangsbeispiel aus *The Searchers*. Doch eine entscheidende Variation ist augenfällig: An die Stelle der Rückblende tritt der Traum, den der Psychologieprofessor träumt, nachdem er auf dem Weg in seinen Club das Porträt der Frau im Schaufenster gesehen hat. Das Ende dieses Alptraums mit mörderischer Verstrickung wird durch das Aufwachen im Clubraum markiert, wogegen der Einstieg vollkommen fließend vor sich geht und erst retrospektiv verständlich ist. Auf diese erste Rahmung, die nur eine partielle ist, weil ihr Anfangsstück im Fluss der Handlung untergeht, folgt eine zweite, die mit einem bereits bekannten Prinzip der Schlusssetzung operiert: der Wiederholung. Das Ende besteht – auch formal – im Wiedereinmünden in die Anfangssituation, es führt zurück zu jener Begegnung vor dem Schaufenster, die im Nachhinein als Beginn des Traums interpretiert werden muss. Um dem Wiederholungszwang zu entgehen, verlässt der Professor fluchtartig den Ort, als ihn die fremde Frau um Feuer bittet, und verschwindet damit aus dem Film.

Anders als bei einer Rückblende operiert *The Woman in the Window* weniger mit der Zeitdifferenz der einzelnen Teile und ihrer Abgrenzung, vielmehr akzentuiert hier die Repetition die Besonderheit der Stelle. Würde sich die Wiederholung einstellen, dann säße der Professor bald in derselben Falle wie in seinem Alptraum. Die Verweigerung lässt dagegen die Geschichte abbrechen, sie führt zu einem etwas abrupten, aber konsequenten Ende, das nur negativ beschrieben werden kann: nicht in der Art und Weise wie antizipiert. Um dies zu erreichen, gilt es der Gleichheit der Bilder, dem Sog ihrer Wiederholung zu entrinnen.

Mit dem folgenden Beispiel entfernen wir uns von der Konkretheit der vorhergehenden bezüglich der Funktion der Rahmensetzung. Diese ergibt sich nur für den aufmerksamen Zuschauer und auf einer recht abstrakten Ebene. Das Beispiel stammt aus Joseph Loseys *Accident* (GB 1966). Der Film beginnt und endet mit einer Einstellung, die ein Landhaus zeigt. Zu Beginn ist es Nacht, auf der Tonspur hören wir das Geräusch eines mit hoher Geschwindigkeit vorbeifahrenden Autos, quietschende Bremsen, Metall und Glas, das birst. Die Kamera verharrt zunächst auf dem Haus. Immerhin gehen Veränderungen innerhalb des Bildes vor sich, die auf eine Reaktion schließen lassen: Einzelne Zimmer werden erleuchtet, ein Mann erscheint vor der Türe. Er führt uns zum Ort des Unfalls und lässt uns die Folgen erahnen. Am Ende finden wir das identische Bild, diesmal bei Tageslicht. Wiederum geschieht zunächst nichts, während sich auf der Tonspur die bereits bekannten Unfallgeräusche wiederholen. Doch die Simultaneität erweist sich als eine rein formale, denn diesmal bleibt die Reaktion aus. *Accident* verfügt nicht nur über eine visuelle Rahmung, der Film vollzieht dieses Motiv auch auf der Tonspur. Die letzte Einstellung besitzt nur geringe inhaltliche Logik, dagegen eine große formale. Wir werden diesem Prinzip des Rückgriffs im nächsten Unterkapitel wiederbegegnen, ohne dass es allerdings zu einer solchen Rahmung käme. Denn der Rückgriff auf bereits Gezeigtes, Erzähltes verfügt über eine starke Tendenz des Abschließens, ähnlich wie dies bei einem großen Zeitsprung der Fall ist. Repetition und Lücke weisen in dieser Beziehung stärkere Gemeinsamkeiten auf, als man auf den ersten Blick vermuten würde. Beide setzen die Linearität aus, erweisen sich als «Stolperstein» im Fluss der Handlung, dessen Überwindung besonderer Aufmerksamkeit bedarf.

2.3.3 Sonderfall: Freeze-Frame

Seine Stellung als Sonderfall rechtfertigt das «eingefrorene Bild» insofern, als es sich eigentlich um ein genuines, das Wesen des Films einbeziehendes Verfahren handelt: ein Mittel par excellence, um das Ende zu signalisieren.[10] Einerseits besitzt es sehr starken Signalcharakter, ist sinnlich nachvollzieh- und leicht «lesbar», andrerseits operiert es mit dem Grundprinzip des nächsten Unterkapitels – der Reduktion der Diegese –, was seine Zwischenstellung hier rechtfertigt. Dem Film wird jener Parameter entzogen, der einen großen Teil seines Wesens ausmacht: Bewegung. Durch das Anhalten der Bildbewegung – nicht des Films – erreichen wir eine Kongruenz zu jener Figur, die ich in der Fallstudie zu Antonioni «Entleerung» nennen werde. Im scharfen Gegensatz vollzieht der Freeze-Frame jedoch keine langsame Entleerung, Dehumanisierung, sondern akzentuiert schlagartig die Erstarrung und – nicht zu vergessen – den technischen und damit willkürlichen Aspekt des Verfahrens.

Freeze-Frame wird durch mehrfaches Kopieren des gleichen Kaders erreicht. Eigentlich kann es danach nicht mehr weitergehen.[11] Der Wechsel vom bewegten zum eingefrorenen Bild findet seine Parallele im Nebeneinander von Film und Fotografie: Im Freeze-Frame wird der Film auf seine fotografische Wurzel reduziert. Diese Reduktion impliziert ganz deutlich finale Züge, vergleichbar etwa dem langsamen Abblenden, in dem es um eine andere elementare Reduktion geht: das Verschwinden des Bildes an sich.

10 Dabei regiert das Prinzip des Paradoxons: eigentlich suggeriert das Einfrieren Endlosigkeit, aber zugleich auch das Ende oder das Nicht-mehr-weiter-Gehen. Unter einer neoformalistischen Perspektive kommt es zu einem Auseinanderdriften der Zeit bezüglich Story, Plot und Stil: «„style-time", still running for some seconds while fabula- and *syuzhet*-time have stopped» (Grodal, 1997, S. 152).

11 Vgl. Jackson (1998, S. 103), wenn er in Zusammenhang mit Freeze-Frame bemerkt: «The device became somewhat overused in the 1960s, particularly as a way of ending a film, but in the right hands can still be quite striking».

Der Freeze-Frame erzeugt den Eindruck, ein einzelnes Filmbild werde angehalten. Für den Zuschauer wirkt dieser Effekt so, als würde er plötzlich eine Fotografie oder – besser – eine Diaprojektion betrachten. Der Unterschied zwischen dem normalerweise bewegten Filmbild und dem eingefrorenen liegt allerdings nicht alleine in der Bewegung respektive dem Mangel. Vielmehr wird durch den Freeze Frame etwas auf der Leinwand sichtbar, was in der Regel nicht dafür ausersehen ist, auf diese Weise betrachtet zu werden. Das einzelne Kader ist deshalb nicht identisch mit einem Foto zu setzen, denn das Filmbild verfügt über andere formale Eigenheiten. Es ist in der Regel weniger scharf, eventuell körniger, die Bewegungen sind verwischter. Die Projektionsgeschwindigkeit überlistet das menschliche Auge und erzeugt die Illusion einer kontinuierlichen, ruckfreien Bewegung. Dass diese Illusion durch das Einfrieren des Bildes wieder rückgängig gemacht wird, verstärkt den Distanzierungseffekt[12] und damit die Wirksamkeit des Verfahrens.

Jeder Freeze-Frame besitzt Überraschungspotenzial, denn er ist nicht voraussehbar, überrumpelt den Zuschauer. Daraus resultiert eine hohe Eindrücklichkeit. Grundsätzlich sind zwei unterschiedliche Dimensionen zu unterscheiden, die es ermöglichen, ihn auch mitten in einer Szene einzusetzen. Auf der einen Seite finden wir ein deutliches Signal zur Beendigung, zum Nicht-mehr-Weitergehen. Dieses Signal trägt stark reflexive Züge, es verweist zudem auf einen Erzähler, der sich durch solche Eingriffe aus dem Hintergrund meldet, um seine Präsenz zu markieren. Auf der anderen Seite kann der Freeze-Frame wie ein Ausrufezeichen verstanden werden, als momentanes Anhalten, um auf eine Konstellation, auf ein Detail hinzuweisen, das der normale Bilderfluss nicht preisgeben würde. In diesem Sinne ist ein Freeze-Frame durchaus mitten in der Szene, ja sogar mitten in der Einstellung denkbar. *Sweet Charity* (USA 1969) von Bob Fosse operiert beispielsweise mit dieser zweiten Verwendungsart.[13]

Die Endstellung jedoch ist prädestiniert, eine besondere Bedeutung zu transportieren, eine metaphorische Dimension zu beinhalten. Boggs (1996, S. 143) spricht in diesem Zusammenhang von «a sense of ending»,

12 Grodal (1997, S. 152) spricht in diesem Zusammenhang von einem Wechsel des Realitätsstatus.

13 Die Freeze-Frames in diesem Film werden auch als Erweiterung der filmischen Ausdrucksmittel verwendet, in denen die Bewegung ausgesetzt erscheint. Nicht untypisch in diesem Zusammenhang bilden sich eigentliche Ketten von Freeze-Frames hintereinander oder – um präziser zu sein – einem Freeze-Frame folgen mehrere Stills, bis schliesslich ein «Thawed-Frame» wieder in den «normalen» Film zurückführt. So entstehen gleichsam Aus-Zeiten, die die strenge Linerarität brechen und poetische Züge tragen.

spielt damit nicht nur auf das berühmte Buch von Frank Kermode an, sondern auch auf die von uns konstatierte Finalität. Bellour (1990, S. 101) zählt den Freeze-Frame zu denjenigen Mitteln, die dem klassischen Kino eher fremd sind. Tatsächlich widerspricht der hohe Grad an Selbstreferenzialität dem klassischen Film, der bestrebt ist, die Selbstbezogenheit gering zu halten und alle Spuren des Produktionsprozesses zu verwischen.

In François Truffauts *Les 400 coups* (F 1959) flieht Antoine Doinel am Ende aus dem Erziehungsheim. In langen Einstellungen zeigt die Kamera seine Flucht, eine Überblendung markiert einen Zeitsprung, am Horizont taucht das Meer auf: Doinels Ziel. Er läuft dem Strand entgegen, erreicht das Wasser, das Meer umspült seine Schuhe. Dann kehrt er um, dreht sich zur Kamera, und mitten in der Bewegung gefriert das Bild. Während dieses Freeze-Frames vollzieht die Kamera noch eine Zoom-Bewegung auf das Gesicht des Jungen. Die Story ist an dieser Stelle völlig offen, wir vermögen nicht zu sagen, welches Schicksal ihn erwartet, in welche Richtung sich seine Geschichte entwickeln wird. Der Freeze-Frame erzeugt dagegen eine formale Geschlossenheit, eine Sicherheit, dass der Film an dieser Stelle nicht mehr weitergeht. Für Richard Neupert (1995, S. 75-102) ist *Les 400 coups* Paradebeispiel für den narrativen Endtyp, den er «open story» nennt.[14]

Neben dieser Mischung aus Offen- und Geschlossenheit besitzt der Freeze-Frame noch weitere Dimensionen. Er kann in seiner Stringenz den Eindruck der Ausweglosigkeit, des Gefangenseins vermitteln.[15] Am Ende von Tony Richardsons *The Loneliness of the Long Distance Runner* (GB 1962) erlebt der Fürsorgezögling Colin Smith die Rache des Systems, das in seine sportlichen Fähigkeiten Hoffnungen setzte. Doch Colin ließ sich nicht instrumentalisieren und musste den Verlust der gewährten Privilegien gewärtigen. Die letzte Einstellung zeigt ihn und andere bei einer stumpfsinnigen Arbeit und lässt dieses Bild einfrieren, während ein Chor auf der Tonspur weitersingt. Seine Monotonie verstärkt das Ge-

14 Lincoln F. Johnson geht in seinem Buch *Film: Space, Time, Light and Sound* (1974, S. 64) sogar so weit, einen grundlegenden Unterschied zwischen langsamer Abblende und Freeze-Frame als Filmende zu konstruieren: «The fade seems to imply some kind of resolution; the freeze frame does not.» Dass sowohl das eine wie das andere nicht zutreffen muss, werden wir teilweise im weiteren Verlauf dieses Unterkapitels erläutern. Es wird sich nämlich zeigen, dass auch der Freeze-Frame mit einer geschlossenen Story in Verbindung gebracht werden kann.

15 Diese Dimension des Freeze-Frames steht in scharfem Kontrast etwa zur Aussage François Truffauts, der bezüglich *Les 400 coups* darin die Möglichkeit sah, kein definitives Ende setzen zu müssen: «I avoided solving the problem.» (André Parinaud: Truffaut: le jeune cinéma n'existe pas. In: Arts, no. 720, 29.4.–5.5.1959, zit. nach der englischen Übersetzung in: David Denby (1969, S. 230)).

fühl, dass keine Veränderung möglich ist. Nichts geht mehr – der Freeze-Frame bringt diese Aussage auf den Punkt.

Eine weitere Bedeutungsdimension ergibt sich aus der konsequenten Verlängerung der letztgenannten und bringt den Freeze-Frame wiederum in die Nähe der Fotografie. Die völlige Erstarrung weckt Assoziationen mit dem Tod, wobei es in der Regel zur merkwürdigen Konstellation des «Todes vor dem Tode» kommt. Was ist damit gemeint? Der Freeze-Frame am Ende des Films ermöglicht es, starke Hinweise auf den Tod eines Protagonisten zu geben, ohne diesen Tod selbst zu zeigen. Ein Spannungsgefälle und die Tendenz zur Mythisierung entstehen dann, wenn das Bild eingefroren wird, der Ton aber weiterläuft und die Konsequenzen mehr als nur erahnen lässt. So transformiert sich die ursprünglich starke Assoziation mit dem Tod in einen «ultimate triumph over death» (Giannetti, 1993, S. 115).

Bo Widerbergs *Elvira Madigan* (S 1967) und George Roy Hills *Butch Cassidy and the Sundance Kid* (USA 1969) enden mit dem Tod der Hauptfiguren. Beide Filme realisieren dies durch Freeze-Frame und Weiterlaufen des Tons. Das Bild wird in einem vorfinalen Zustand eingefroren, während auf der Tonspur die Konsequenzen deutlich hörbar sind. In *Elvira Madigan* sind es die beiden Pistolenschüsse, die den Doppelselbstmord und damit das Ende der unstatthaften Liaison zwischen einem Offizier und einer Seiltänzerin signalisieren, in *Butch Cassidy and the Sundance Kid* der Kugelhagel der bolivianischen Armee, der nicht erwarten lässt, dass die beiden Helden auch diese abenteuerliche Situation überleben werden. In diesem Sinne vollzieht hier der Freeze-Frame einen Zeitsprung – vom Ereignis zur Erinnerung oder eben Mythisierung des historischen Ereignisses.[16] Das Einfrieren gleicht einer Mumifizierung, einem Wunsch, Zeitlosigkeit zu erreichen. In *Butch Cassidy and the Sundance Kid* fällt dies zusammen mit einem weiteren Modus-Wechsel. In der letzten Einstellung verliert das Filmbild nicht nur die Bewegung, sondern auch die Farbe. Eine Tönung in Sepia signalisiert neben dem Sprung in die Vergangenheit auch den Wechsel von der direkten Teilnahme zur verklärenden Erinnerung, in der – wie eine Redeweise besagt – die Helden ewig weiterleben werden.

Indem der Freeze-Frame den Moment vor dem Tode einfriert, lässt er nicht nur die Körper der Protagonisten unversehrt, sondern hält auch ihr Bild intakt. Dennoch stellt sich bald die Einsicht ein, dass das Bild le-

16 Sowohl *Elvira Madigan* wie *Butch Cassidy and the Sundance Kid* basieren auf tatsächlichen Ereignissen, wenn auch im Falle des letzteren der Umgang damit ein ziemlich freier ist.

diglich ein Bild, dass «darin» kein Leben mehr enthalten ist: eine Mumie oder ein Phantom. *Thelma & Louise* (USA 1991) von Ridley Scott arbeitet mit mehreren Endsignalen, darunter an erster Stelle einem Freeze-Frame. Das Auto der beiden Titelfiguren bleibt während des spektakulären Sturzes buchstäblich im Niemandsland zwischen Himmel und Erde hängen und wird anschließend mit einer Weißblende zum Verschwinden gebracht. Im letzten Teil des Endes, der zugleich als Hintergrund für die Credits dient, erfolgt ein zeitlicher Rückgriff auf Situationen, die der Film schon einmal gezeigt hat und in Erinnerung bringt. Damit wird die bisherige Linearität und Kausalität gelockert, gar aufgehoben – ich werde auf diese Art von Endsetzung unter dem Überbegriff «Reduktion der Diegese» zurückkommen. Wichtig ist in diesem Zusammenhang, dass der Film mit einer solchen Handhabung alles tut, um den eigenen Mythos zu kreieren. Die Technik des Freeze-Frame enthält das Potenzial, Ausweglosigkeit, Gefangensein und Tod ins Zeitlose, Unsterbliche zu transponieren.

Der Freeze-Frame besitzt auch eine ironische Komponente. In Milos Formans *Cerny Petr* (Der schwarze Peter, CSSR 1963) behält der autoritäre, ewig nörgelnde Vater zwar das letzte Wort, doch er wird mitten in der Bewegung, mitten im Satz eingefroren: «Weißt du, was du da redest? Das ist ...». Er streicht sich über sein schütteres Haar und sucht den treffenden Ausdruck. Der Freeze-Frame verlängert diese Suche ins Unendliche. Ein kurzer Zwischenschnitt auf Peter suggeriert, dass er es ist, der auf diese Weise für Ruhe sorgt. Der innere Vorgang des Nicht-mehr-Zuhörens, des Abschaltens findet hier seinen bildlichen Ausdruck. Die einsetzende Musik vollendet die ironische Brechung.

Der Freeze-Frame ist eine Technik, in der Produktion und Rezeption auseinanderklaffen, wie dies oft beim Film der Fall ist. In der Produktion wird er durch ein Hintereinanderkopieren des immergleichen Bildes realisiert; für den Zuschauer dagegen scheint er einem Anhalten des Projektionsvorgangs zu entspringen. Genau diese Assoziation wird in den beiden folgenden Beispielen verwendet, um eine spektakuläre Endsetzung zu erreichen. *Le départ* (Belgien 1967) von Jerzy Skolimowski und Monte Hellmans *Two-Lane Blacktop* (USA 1971) führen vor, was passieren würde, wenn ein Freeze-Frame tatsächlich so entstünde, wie es die Rezeption nahelegt. Das Bild bleibt im Projektionsfenster des Projektors hängen und beginnt zu schmelzen. Am Ende ist nichts übrig als gleißende Helligkeit, die weiße Leinwand, die nichts außer reinem Licht reflektiert. Ein Zustand ohne Gegenstände, ohne Konturen, ohne Farbgebung, ohne Schatten ist erreicht – ein Punkt, an dem es nicht mehr weitergeht, und damit ein eindrückliches Endbild.

In *Le départ* trifft uns diese Auflösung aller Strukturen und Demonstration der Materialität nicht ganz unvorbereitet, denn sie wird in der gleichen Sequenz durch Verbrennen eines Diabildes vorweggenommen. Die Verdoppelung mindert den Überraschungseffekt, erzeugt allerdings auch eine witzige Parallele zwischen dem Film-im-Film-Status und dem Film selbst. *Two-Lane Blacktop* dagegen führt den Freeze-Frame und das anschließende Verbrennen des Bildes an einer dramatischen Stelle ein. Wieder findet ein «wildes», das heißt illegales Autorennen statt. Der Fahrer startet nach einer Phase des angespannten Wartens seinen hochgezüchteten Wagen. Seine Bewegungen werden zunächst verlangsamt, um allmählich zu erstarren. Durch das Schmelzen des Filmbildes wird auf radikale Weise die Diegese vernichtet, die Filmwelt aufgehoben. Was hier als Extremform erscheint, ist in einer abgemilderten Variante ein Standardmittel, um formal zum Ende zu kommen: durch Reduktion oder Verminderung der Diegese – das Thema des nächsten Unterkapitels.

2.3.4 Kategorie 2: Reduktion der Diegese

Die Reduktion der Diegese stellt ein fundamentales Prinzip der Endsetzung dar. Erinnern wir uns, wie wir ein standardmäßiges, typisches Ende beschrieben haben. Auf der Bildebene werden Ende-Titel und/oder Credits eingeblendet, das primäre Filmbild, das die Diegese konstituiert, verschwindet, oft eingeleitet durch ein langsames Abblenden. Die Tonebene reduziert sich auf nichtdiegetische Musik, die der Zuschauer meistens bewusst als solche und nicht mehr integriert in den Gesamtton wahrnimmt. Diese Veränderungen signalisieren deutlich die Absicht, die Diegese zu vermindern oder gänzlich zu verdrängen. Auch hier lassen sich starke Analogien zum Filmanfang finden. Anfang und Ende besitzen die Funktion, den Eintritt in die Filmwelt und den Austritt aus ihr nicht nur zu begleiten, zu markieren, sondern auch zu erleichtern.

Es gibt noch weitere, durchaus auch subtilere formale Verfahren als das beschriebene Stereotyp. Sie können als Kombination mit diesem auftreten, aber auch eine vorgelagerte Position einnehmen und so eine eigentliche Kette von Signalen bilden, deren einzelne Glieder dem Zuschauer immer wieder sagen: der Film ist (jetzt gleich) zu Ende. Wenn wir, um eine formale Analyse vorzunehmen, die Schlusseinstellungen auf verschiedene Parameter untersuchen, so erhalten wir einen Raster, wie die Diegese vermindert werden kann, wenn ein solcher Parameter ausfällt oder auf sehr auffällige Art verändert wird. Um allerdings keine Missverständnisse aufkommen zu lassen: Die Veränderung seiner Parameter gehört zum Selbstverständlichsten, das ein Film im seinem Verlauf vornimmt. Diese Normalfälle müssen von den Extremfällen und Radikalisierungen, die wir in der Folge betrachten, unterschieden werden. Zudem gilt: auch die Extremfälle können nicht exklusiv mit dem Ende des Films in Verbindung[17] gebracht werden, kommen hier aber besonders zur Geltung und machen Sinn.

2.3.4.1. *Licht: Schwarz-/Weißblende*

Beginnen wir mit dem Licht. Das langsame Abblenden stellt eine standardmäßige filmische Endsetzung dar. Das Bild verliert mangels Lichtzufuhr langsam seine Struktur und Sichtbarkeit. Neben dieser Konvention kennen wir auch das genau Umgekehrte: die Weißblende. Zu viel Licht radiert die Struktur des Bildes aus; zurück bleibt ein weißes, ja eigentlich farbloses Rechteck. Während die Schwarzblende wegen ihrer Gebräuchlichkeit in der Regel nichts Beunruhigendes assoziiert, gilt für die Weißblende das Gegenteil. Besonders am Ende des Films aktiviert sie Ahnungen von Zerstörung, von spurloser Beseitigung oder Vernichtung.

Dieser Aspekt des Tötens, des Auslöschens wird in Witali Kanewskis *Samostojatelnaja schisn* (Ein unabhängiges Leben, Russland/Frankreich 1991) direkt vom Protagonisten Walerka angesprochen. Er streitet sich am Ende mit einem imaginären Gegenüber, das nur der Regisseur selbst sein kann. «Du willst, dass ich nicht mehr existiere», klagt Walerka mit Blick in die Kamera. In der Folge fällt er buchstäblich aus der Rolle und redet in der dritten Person von sich, es kommt zum Splitting zwischen Rolle und Rollenträger: «Es bringt dir nichts, wenn du ihn tötest.» Da kein Dialog aufkommt, wendet er sich schließlich ab, zieht sich aus und springt ins Wasser. Die letzten Einstellungen zeigen ihn schwimmend, die Überbelichtung lässt den Kontrast zwischen Körper und Wasser immer kleiner werden. Die Bewegungen werden langsamer, das Bild heller, bis schließlich nichts mehr zu erkennen ist. Die Hauptfigur wurde «getötet», indem ein Zuviel an Licht ihre Existenz (im Film) auslöschte.

Ein ähnliches Schicksal blüht Heinrich Höfgen in Istvan Szabos *Mephisto* (BRD/Ungarn 1980). In der Schlussszene wird der Lichtstrahl zum Terrorinstrument. Der Schauspieler, unter den Nationalsozialisten aufge-

17 So muss beispielsweise der Verlust an Schärfe im Filmbild nicht zwangsläufig das Ende signalisieren, kann beispielsweise auch zur Subjektivierung, etwa zur filmischen Umsetzung einer Ohnmacht, verwendet werden. Der bereits erwähnte *Murder, My Sweet* benutzt dieses Stilmittel zudem, um von der Rückblende in die Rahmenhandlung zurückzukehren.

stiegen, wird in ein monumentales Stadion geführt und von Scheinwerfern verfolgt, die ihn nicht mehr loslassen. Der Künstler und Karrierist ist zum Gefangenen des politischen Systems geworden. «Was wollen die von mir? Ich bin doch nur Schauspieler.» Diese beiden Sätze spricht er, ahnungslos und naiv, vom Licht geblendet, blind gemacht – ein Häufchen Elend, das kurz darauf vom Weiß der Leinwand absorbiert wird. Die Weißblende am Ende als Zeichen nicht für den physischen Tod, sondern für die Auslöschung des Individuums.

2.3.4.2 Schärfe

Die Verlagerung der Tiefenschärfe ist ein Mittel, das oft angewandt wird, teilweise für den Zuschauer gar nicht wahrnehmbar, wenn es darum geht, bei Bewegungen die optimale Bildschärfe zu erreichen. Ebenfalls bekannt sind Schärfeverlagerungen vom Hinter- auf den Vordergrund oder umgekehrt, die eine besondere Dynamik in spannungsvollen Momenten erzeugen können. In all diesen Fällen geht es primär um die Verlagerung; hier dagegen um eine eigentliche Entfokussierung am Schluss bis zur allgemeinen Unschärfe des Bildes. Das Wort «Entfokussierung» beschreibt den Vorgang präzise, legt eine Verwandtschaft zur Abblende nahe, zugleich aber auch zu der bereits erwähnten Entleerung am Ende des Films. Das Bild wird von menschlichem Personal geräumt, es verliert sein Zentrum, in letzter Konsequenz kann es auch die Fokussierung verlieren.

Diese Art von Endgebung wird eher selten eingesetzt. Antonionis *Il deserto rosso* (I 1964) ist ein gutes Beispiel, das zudem nicht allzu willkürlich wirkt, sondern eingebettet in eine allumfassende Strategie. Der Anfang wird aus einer Unschärfe geboren, und mit der komplementären Bewegung am Ende erreicht Antonioni eine Rahmung. In *Dark Victory* von Edmund Goulding (USA 1939) existiert ein solches Netz von Bezügen nicht – umso eindrücklicher ist am Ende die Unschärfe, die bewusste Defokussierung des Gesichtes der von Bette Davis gespielten Protagonistin Judith. Dieses Mittel erscheint zwar überraschend, aber durchaus konsequent, denn Judith erblindet nicht nur wegen eines Gehirntumors, sie stirbt auch mit dieser letzten Einstellung. Dabei ist die Unschärfe nur das letzte Glied einer Kette von Signalen, die den Gang in den Tod begleiten und eine emotionale Reaktion des Zuschauers herausfordern – ein Gefühl tiefer Traurigkeit. Diese Kette beginnt mit der Verabschiedung des Arztes und dem Wegschicken der besten Freundin. Die Haushälterin führt Judith in ihr Zimmer, lässt die Jalousien vor den Fenstern herunter. Sie verlässt den Raum und schließt hinter sich die Türe. Das folgende Bild wird unscharf und erfährt eine langsame Abblende. Ganz zum Schluss folgen der Ende-Titel und die Credits.

Guy Greens *The Mark* (GB 1960) erzeugt die Unschärfe am Ende, indem die Kamera immer näher an das sich umarmende Paar heranfährt. Schließlich gelangt sie in einen Bereich, wo keine Schärfe mehr möglich ist; die Konturen lösen sich auf. Chabrols bereits erwähnter *L'enfer* arbeitet nicht nur mit dem Hinweis, dass seine Geschichte ohne Ende sei. Bevor dieser Text zu sehen ist, verliert das Bild bereits seine Schärfe. Diese Einstellung ist als Blick des Protagonisten zu verstehen. Diesmal symbolisiert die Unschärfe nicht den Verlust der Sehfähigkeit, nicht den Tod, sondern das endgültige Hinübergleiten in den Wahnsinn. Diese Eindeutigkeit scheint der nachfolgenden Ankündigung scheinbar zu widersprechen. Doch die End-Losigkeit bezieht sich wohl eher auf den Zeitpunkt und nicht auf den Umstand, dass die Geschichte endlos fortdauert: Hier endet der Film, nicht aber seine Geschichte…

Man kann sich fragen, weshalb dieses an sich effiziente Mittel der Endsetzung so wenig Verwendung findet, nur in Ausnahmefällen und motiviert durch starke Handlungsbezüge vorkommt. Ein Hauptgrund mag darin zu suchen sein, dass Unschärfe an sich – zumindest im Mainstream-Kino – als Unzulänglichkeit, als Fehler gilt. Da ungewollte Unschärfe zudem bei der Filmvorführung entstehen kann, erscheint dieses Mittel als zu wenig determiniert und findet deshalb nur ausnahmsweise Verwendung. In drei der besprochenen Beispiele wird eine starke Verbindung zur psychischen (und physischen) Befindlichkeit der Figuren hergestellt. Das vierte Beispiel setzt die Unschärfe als völlig autonomes Mittel ein, das als «Geste» der Abwendung parallel zur Abblende zu sehen ist.

2.3.4.3 Geschwindigkeit: Zeitlupe

Das Mittel der Verlangsamung der Bewegung markiert eine moderate Position zwischen den bereits geschilderten Formen der Abblende, Weißblende oder Unschärfe und dem als Sonderfall behandelten Freeze-Frame. Gegenüber dem letztgenannten kann die Zeitlupe auch als Vorstufe dienen, als Übergangsstadium von der normalen zur eingefrorenen Bewegung. Dieser Typus operiert vor allem mit dem Prinzip der Differenz. Der Unterschied zum Normalfall, der die Bewegungen so wiedergibt, wie sie unserer Alltagswahrnehmung entsprechen, markiert eine Besonderheit. Der außergewöhnliche Tempowechsel kann in der Endposition Signalcharakter erlangen: das «Gewöhnliche», nämlich die Geschichte des Films, ist vorbei.

In Robert Redfords *Quiz Show* (USA 1994) ist die Zeitlupe eines von mehreren Mitteln, die das Ende ankündigen: Die verlangsamte Bewegung der lachenden Fernsehzuschauer in Verbindung mit den Credits und dem Brecht/Weill-Song aus *Die Dreigroschenoper*, der von den Mächtigen im Hintergrund erzählt, können nur als Auslaufen des Films gedeutet werden, zumal das Mittel der Zeitlupe im übrigen Film nie vorkommt. Weniger als klare Abgrenzung denn als Übergang zur völligen Erstarrung wirkt die Zeitlupe am Ende von Sam Peckinpahs *The Wild Bunch* (USA 1968). Auch dieser Film wartet mit einem ganzen Verbund von Mitteln der Endsignalisierung auf: Wegreiten, Erinnerungsschlaufe, Zeitlupe, Freeze-Frame. Das Mittel der Zeitlupe findet hier jedoch schon früher ausgiebig Verwendung, insbesondere in den gewalttätigen Szenen, was ihnen einerseits einen unrealistischen, lyrischen Anstrich verleiht, sie andrerseits mit einer hyperrealistischen Detailversessenheit und Brutalität ausstattet. Die Zeitlupe am Ende ist frei von solchen Konnotationen. Sie führt organisch und harmonisch hinaus aus diesem ansonsten an Brüchen so reichen, zerrissenen Film.

Rainer Werner Fassbinders *Die Ehe der Maria Braun* (BRD 1974), auf den ich noch in einem anderen Zusammenhang zurückkommen werde, endet mit einer Serie von Fotos der Bundeskanzler der Nachkriegszeit. Die langsame Fahrt auf ein altes Foto, die das Ende von Polanskis *Repulsion* bildet, wurde bereits in Zusammenhang mit der Kongruenz von Anfang und Ende erwähnt, die in diesem Fall durch das Auge der Hauptperson gebildet wird. Relativ gebräuchlich ist eine Form, die am Ende Fotos oder fotoähnliche Posen, die in der Regel auf den vorangegangenen Film verweisen und teilweise auch mit den Credits kombiniert werden, verwendet. Sidney Lumets *Daniel* (USA 1983) ist ein Beispiel für eine solche «Fotogalerie». Da diese Lösung auch das Zeitkontinuum aufbricht und einen Wiederholungseffekt produziert, wird später noch einmal darauf zurückzukommen sein. In diesem Zusammenhang mag die Feststellung genügen, dass es neben dem Freeze-Frame auch noch andere Möglichkeiten gibt, die Bewegung anzuhalten.

Der Verlust der Bewegung signalisiert auch das Ende von Jim McBrides *David Holzman's Diary* (USA 1967), ohne dass dies mit einem Freeze-Frame erreicht würde. Die Fotos werden sogar narrativ «legitimiert». Das filmische Tagebuch des David Holzman findet ein unbewegtes Ende, weil ihm die Ausrüstung entwendet wurde. Ohne Kamera und Tonbandgerät gibt es keine bewegten Bilder und Direktton mehr, sondern lediglich Fotos aus einem Passbild-Automaten und Ton von einer Schallplatte. Selten wird in einem Film die Reduktion der Diegese dermaßen ironisch auf die Spitze getrieben. Am Ende steht ein Bild, das keines mehr ist: die schwarze Leinwand.

2.3.4.4 *Farbe*

Das Umschlagen von Farbe auf ein schwarzweißes oder monochromes Bild markiert zunächst einmal einen Wechsel. Falls sich dieser Wechsel auf das Ende beschränkt, der Film also nicht zwischen Mehr- und Einfarbigkeit hin- und hergeht, besitzt diese Art von Veränderung durchaus die Komponente des Abschließens, insbesondere wenn sie mit einem Freeze-Frame kombiniert ist. In *Butch Cassidy and the Sundance Kid* ist dies, wie bereits erwähnt, der Fall. Der Wechsel von Mehr- auf Einfarbigkeit bewirkt eine Distanzierung, die einem Zeitsprung gleichkommt und uns damit auf einen Schlag von der eben erlebten Geschichte entfernt. Das Monochrome erinnert an Bilder in Geschichtsbüchern, an entfernte Epochen, assoziiert Vergangenheit. Der Film realisiert keinen eigentlichen Zeitsprung – es ist unsere Rezeption, die diese Distanzierung vollzieht.

Auch die Umkehrung ist denkbar: der Wechsel von Schwarzweiß zu Farbe. Die letzten Minuten von Andrej Tarkowskis *Andrej Rubljow* (SU 1968) sind in Farbe gehalten – nach fast drei Stunden düsterer Bilder des russischen Mittelalters in Schwarzweiß. Die Wirkung ist überwältigend, der Übergang zwar fließend, der Kontrast jedoch könnte kaum größer sein. An dieser Stelle beginnt ein neuer, ein anderer Film – oder der Film beginnt noch einmal von neuem. Wir sehen die Ikonenmalerei des authentischen Rubljow, wiederum ist mit dem Farbwechsel ein zeitlicher Sprung verbunden, der auch durch die kontemplative, zeitlich nicht einordbare letzte Einstellung der weidenden Pferde im Regen nicht aufgehoben wird. Noch ein weiterer Sprung findet an dieser Stelle, mit diesem Wechsel statt: Der Spielfilm mündet in einen Dokumentarfilm. Auch in Antonionis *L'eclisse* wechselt der Film seine «Textsorte». Und auch dort – ohne Farbwechsel – bedeutet das Neue, das Andere gleichzeitig das Ende des Vorangehenden, das Ende des Ganzen. Ich werde auf die Strategie des Textsortenwechsels noch gesondert und vertiefter eingehen, um zugleich die Brücke zur dritten Typologie zu bauen, die Metasignale als Endsetzung thematisiert. Und wir werden dabei mit dem Umstand konfrontiert, dass die Hybridität, die dadurch entsteht, die Aufgabe der Einheitlichkeit, die Konkurrenz mehrerer Bedeutungsebenen, auch eine «Bewegung» auslöst, die von der primären Diegese zum Ende führt.

2.3.4.5 *Positiv/Negativ*

Fassbinders bereits in Zusammenhang mit dem Aspekt der «Fotogalerie» erwähnter *Die Ehe der Maria Braun* benutzt eine eigentliche Kette der in unserer Typologie besprochenen formalen Verfahren und verwendet in diesem Kontext ein eher selten eingesetztes Signal der Schlusssetzung, das eine gewisse Verwandtschaft zum Farbwechsel aufweist. Die letzten Bilder werden statt im Positiv in der Umkehrung im Negativ gezeigt. Einerseits wird damit ein gegenüber dem Farbwechsel noch radikaleres Zeichen der Verabschiedung aus der primären Diegese gesetzt, andrerseits aber auch eine selbstreferenzielle Komponente angesprochen, die vor allem den Materialcharakter betont und Spuren des Produktionsprozesses beinhaltet, die auf eine Vorstufe des Films verweisen. Das Verfahren der Umkehrung selbst wirkt für den Zuschauer befremdend, vor allem wenn es ohne inneren Zusammenhang, ohne Vorbereitung auftritt. Anders als beispielsweise im Kontext der Subjektivierung – als Drogenrausch etwa – vollzieht sich hier in der Rezeption ein Bruch, der singulär vielleicht noch als Spielerei erklärt werden könnte, im Verbund die anderen Signale der Endsetzung aber massiv verstärkt, sie bündelt und vorantreibt zu einem Point-of-no-Return.

Martin Scorseses Remake von *Cape Fear* (USA 1991) betont diesen Aspekt der Ausweglosigkeit, in die Sam Bowden und seine Familie durch die Attacken von Max Cady geraten. Ohne Schuld auf sich zu laden gibt es kein Entrinnen. Am Ende steht der Tod der menschlichen Bestie. Das Schlussbild zeigt zunächst das Ehepaar und ihre Tochter Danielle, um den Bildausschnitt auf die Augen von Danielle zu verengen. Das Bild erstarrt, wechselt auf Schwarzweiß, verwandelt sich ins Negativ, um noch einmal den Farbmodus zu wechseln. Die angstvoll aufgerissenen Augen von Danielle erscheinen rot eingefärbt. Damit kehrt jene Farbe zurück, die Sam Bowden wenige Einstellungen zuvor verzweifelt von seinen Händen zu waschen suchte.

2.3.4.6 Bildgröße/Bildfläche: Veränderung, Verkleinerung

Eine Reduktion der Diegese erfolgt auch dann, wenn der Film nicht mehr die gesamte Leinwand belegt oder wenn er sie in verschiedene Teile aufsplittet. Beides hat zur Folge, dass sich der Zuschauer des Rahmens und der Willkür der Bildbegrenzung bewusst wird. Vittorio De Sicas *La ciociara* (I/F 1960), ein in der Nachkriegszeit angesiedeltes Drama zwischen Mutter und Tochter, die sich prostituiert, um der bitteren Armut zu entfliehen, endet mit einer tränenreichen Umarmung der beiden Protagonistinnen. In der letzten Einstellung fährt die Kamera zurück, umfasst immer mehr den ärmlichen Innenraum. Doch sie belässt es nicht dabei; eine zweite Bewegung distanziert weiter Mutter und Tochter, nun über eine Verkleinerung des Bildes. Der schwarze Rahmen wird immer größer, das Bild-im-Bild schrumpft immer mehr und verschwindet, entflieht unserer Aufmerksamkeit.

Fährt in Polanskis *Repulsion* die Kamera immer näher heran, bis sie schließlich im Detail des Auges «versinkt» und keine Bildinformationen mehr wiederzugeben vermag, so erreicht *La ciociara* einen ähnlichen Effekt durch die fortwährende Verkleinerung nicht des Filmbildes, sondern der Bildfläche, die die Diegese enthält. Sam Peckinpahs *The Wild Bunch*[18] setzt dasselbe Verfahren ein. Nachdem die Credits vorüber sind, innerhalb derer das Geschehen eingefroren wird, verkleinert sich dieses letzte Bild bis auf jene Fläche, die der Titel «The End» einnimmt. Er entwickelt sich bruchlos aus dem Bild-im-Bild, das Firmen-Logo beschliesst den Film endgültig.

Organischer und ohne technische Hilfsmittel verwendet Edouard Niermans' *Poussière d'ange* (F 1987) den gleichen Effekt. In der letzten Einstellung fahren wir in einen Tunnel; die Kamera befindet sich am Ende des Zuges. Zunächst nimmt der Blick aus dem Tunnel noch die ganze Leinwand ein, doch jener Ausschnitt, der ein sicht- und erkennbares Bild zeigt, wird immer kleiner, der schwarze Rahmen immer größer, bis schließlich die Tunnelöffnung zu einem winzigen Punkt auf der schwarzen Fläche schrumpft, auf der nun der Nachspann erscheint. *Poussière d'ange* arbeitet mit den grafischen Eigenschaften des Bildes auf eine einfache wie effiziente Weise ebenso wie John Fords bereits erwähnter *The Searchers*. Der Film vollzieht am Ende nichts anderes als eine Verkleinerung des sichtbaren Bildes. Die Kamera steht im Haus, der Innenraum ist schwarz, nur der Ausschnitt im Türrahmen liefert ein Bildfenster. Am Ende wird auch diese Fläche geschlossen.

Neben einer Verkleinerung des Bildes ist auch eine Vervielfältigung denkbar. Der Effekt ist ein ähnlicher: Der einzelne Ausschnitt konkurriert mit anderen, die Exklusivität ist aufgehoben. Stanley Donens *Charade* (USA 1963) verwendet das Verfahren des Split-Screen einzig am Ende. Während die Schlusseinstellung schrumpft, erscheinen vier weitere Bilder auf der Leinwand. In der Auffächerung blendet der Film auf frühere Ereignisse zurück, fünf verschiedene Zeitebenen sind in ein und demselben Bild gleichzeitig sichtbar.

2.3.4.7 Personen/Personal: Tabula rasa/Bilder der Apokalypse

Wir verlassen nun den Bereich der einfachen filmischen Parameter, deren Veränderung zur Reduktion oder zur Beendigung der Diegese beiträgt, und wenden uns zusammengesetzten, komplexeren Formen zu. In

18 Meine Aussagen beziehen sich auf den «director's cut» des Films, der 1996 in Großbritannien von Warner Home Video in einer Widescreen-Version herausgebracht wurde.

Zusammenhang mit der Fallstudie zu Michelangelo Antonioni werden wir auf ein durchaus gebräuliches Verfahren stoßen, eine Geschichte zu beenden: das Leeren der Bilder, den Ausschluss des menschlichen Personals bis hin zur Figur der Tabula rasa, aus der das Ende resultiert, indem die Träger der Handlung eliminiert werden.

Das Verfahren besitzt in der Regel eine starke narrative Komponente – ein Aspekt, der in diesem Kontext nicht weiter verfolgt werden soll. Immerhin muss aber betont werden, dass das Entleeren der Bilder, das Fernhalten von Personen auch eine formale Komponente besitzt. Am Ende von Lumets *Daniel* beispielsweise schwenkt die Kamera, bevor der Nachspann beginnt, von der Silhouette New Yorks vertikal nach oben, bis sie den graublauen Himmel erfasst. Ein leeres Bild, fast ohne Strukturen, ohne Menschen – das Ende einer Absetzbewegung, die mit einer Anonymisierung, dem Eintauchen der Hauptfigur in die Menschenmasse einer Kundgebung, und einem Rückzug der Kamera begonnen hat. Das leere Bild gibt keinen Ansatzpunkt mehr für Verknüpfungen, die zu einer Fortsetzung führen könnten. Auch das Ende von Sternbergs *Morocco* wird von einem leeren, fast strukturlosen Bild beherrscht, das eine Wüste zeigt. Die Protagonisten sind verschwunden, befinden sich hinter jener imaginären Linie, bis zu der uns Einblick gewährt wird. Selbst das markante Stadttor ist nicht mehr zu sehen. Die Leere wird in diesen Fällen durch die Wahl der Kameraposition und das Verschwinden der Personen erreicht. Sie entwickelt sich organisch aus dem Geschehen im Gegensatz etwa zur Weißblende, die einen starken Eingriff signalisiert.

Neben diesen Verfahren, die dafür sorgen, dass die Geschichte mangels Storyträger abbricht, existiert die Möglichkeit, eine Endzeitstimmung zu erzeugen. Das Ende des Films wird – direkt oder indirekt – mit dem Ende der Zivilisation, der Menschheit gleichgesetzt. Das Spektrum der Möglichkeiten ist ziemlich weit: Es reicht von Andeutungen wie etwa in Antonionis *L'eclisse* bis zu manifesten Implikationen wie in Stanley Kubricks *Dr. Strangelove or: How I Learned to Stop Worrying and Love the Bomb* (GB 1963), in dem ein aus Versehen ausgelöster Atomkrieg die letzten Minuten beherrscht. Ähnlich wie in *L'eclisse* entwickelt sich hier eine Art autonomer Sequenz, in der Menschen völlig fehlen und die aus dokumentarischem Material besteht. Ironisch gebrochen wird die Serie von künstlichen Sonnen, von riesigen Atompilzen, die keinen Schaden anzurichten scheinen, durch den Schlager auf der Tonspur, der ein Wiedersehen an einem sonnigen Tag besingt,[19] und natürlich durch den Kon-

19 Das Lied mit dem Titel «We'll Meet Again Someday» wird von Vera Lynn gesungen und heisst im Refain «We'll meet again, don't know where, don't know when, but I

text, aus dem sich all dies entwickelt. Deutlich geben diese letzten Einstellungen zu verstehen, dass danach keine Fortsetzung zu erwarten ist.

In die Zeit des Kalten Krieges fallen eine ganze Anzahl von Filmen, die mit Anspielungen auf die Apokalypse oder den Tag des Jüngsten Gerichts enden.[20] Zu ihnen gehört der späte Film Noir *Kiss Me Deadly* (USA 1955) von Robert Wise. Die Jagd auf den geheimnisvollen Koffer endet in einem Strandhaus. Das Öffnen der «Büchse der Pandora» zeigt fatale Folgen, die Anspielung auf die Atombombe ist unübersehbar. Zwar können Detektiv Hammer und seine Sekretärin das Haus rechtzeitig verlassen, bevor es in Flammen aufgeht, doch ihr Schicksal bleibt ungewiss. In der ursprünglichen Version des Films fehlte sogar der Hinweis auf die geglückte Flucht. Doch auch die mildere Variante mag kaum zu beruhigen, der grelle Feuerschein und irritierende Geräusche lassen Schlimmes erahnen. So endet der Film mit einem beunruhigenden Paukenschlag, mit Bildern der Bedrohung und Zerstörung, in denen die Protagonisten kaum mehr eine Rolle spielen.

Nicht vor nuklearem Hintergrund, aber ebenfalls mit einem Feuerinferno endet *White Heat* (USA 1949) von Raoul Walsh. Der psychotische Gangster Cody Jarrett steht, von der Polizei in die Enge getrieben, auf dem Kugeltank einer Ölraffinerie, schießt, nachdem er getroffen wurde, wild um sich und bringt damit die ganze Anlage zur Explosion. Diese Bilder des brennenden und explodierenden Kraftstoffs beherrschen das Ende des Films bis in seine letzte Einstellung. Sie zerreißen die Hauptfigur und erinnern zwar nicht an einen Weltenbrand wie *Dr. Strangelove or: How I Learned to Stop Worrying and Love the Bomb*, aber doch an eine infernalische Katastrophe. Cody Jarrett wird nicht nur getötet, sondern entmaterialisiert.

Man mag einwenden, dass die beschriebenen Bilder eher für die Narration von Belang und daher in einem Kontext, der sich primär formalen Fragestellungen, einer formalen Typologie widmet, fehl am Platze seien. Dieser Einwand besitzt eine gewisse Berechtigung, doch ich möchte noch einmal betonen, dass das Abschließen von Filmen mit Bildern, die Zerstörung und Inferno assoziieren, durchaus auch stilistische Mittel betrifft. Sie stehen im weiteren Zusammenhang, die Leinwand am Ende zu leeren oder sogar leerzufegen, bestehende Strukturen aufzulösen – in

know we'll meet again some sunny day. Keep smiling through just like you always do, till the blue skies drive the dark clouds far away»; es erhält im Kontext der Bilder eine völlig neue, untergründige Bedeutung.

20 Für eine weiterführende Diskussion vor allem in einem sozialhistorischen Kontext sei auf das Buch *Dr. Strangelove's America* von Margot A. Henriksen verwiesen, das auch eine Reihe von Filmbeispielen einbezieht.

letzter Konsequenz buchstäblich reinen Tisch zu machen. Das Motiv des großen Knalls lässt sich zwar meistens aus der Story ableiten, in der Endposition aber kann es sich zum Sinnbild verselstständigen. Man kann diese Bilder wohl am ehesten mit dem Paukenschlag vergleichen, der ein Musikstück beendet. In beiden Fällen ist der Überraschungseffekt vorhanden und für ein Nachhallen gesorgt.

In einem knappen Exkurs soll noch auf die Umkehrung des behandelten Verfahrens eingegangen werden. Statt apokalyptischen Visionen bilden solche der Idylle, des Friedens das Ende – Bilder, die oft in starkem Kontrast zum vorangehenden Film stehen und deshalb einen Bruch darstellen. Die Ruhe, die sie ausstrahlen, wirkt wie ein Innehalten und damit eine Überleitung zur Endsetzung. Als Beispiele können Ingmar Bergmans *Viskingar och rop* (Schreie und Flüstern, S 1972) und Alain Resnais' *Providence* (F 1976) genannt werden. Beide produzieren am Ende Bilder, die zu idyllisch sind, um «wahr» zu sein. Während sie bei Bergman als Wunschvorstellung der todkranken Agnes ausgewiesen werden, bleibt ihr Status in *Providence* unklar. Sie wirken mehr als Zeichen denn als Storyelement, mehr als Kontrast denn als Fortentwicklung.

2.3.4.8 Auflösung des Zeit-/Raumkontinuums

Unter der Auflösung des Zeit-/Raumkontinuums werden Eingriffe verstanden, die insofern abschließenden Charakter haben, weil sich innerhalb der Diegese vor allem die zeitlichen Relationen lockern. Sie wirken distanzierend, weil Elemente, die bereits bekannt sind, wiederum verwendet werden oder eine große Zeitspanne übersprungen wird, um uns Konsequenzen in einer – aus der Sicht des ablaufenden Films – weiteren Zukunft mitzuteilen. Es entsteht der Eindruck eines Bruchs, der Erzählfluss wird gestört, stockt, versiegt. Wiederum wollen wir den Versuch unternehmen, vor allem formale Merkmale zu bestimmen, um solche Verfahren zu erklären.

In den einleitenden Sätzen wurden zwei elementare Strategien bereits erwähnt: Wiederholung und Sprung. Wiederholungen, sofern sie nicht als Redundanzen fungieren und damit zur besseren Verständlichkeit beitragen, können signalisieren, dass der Erzählfluss einen Punkt erreicht, an dem er schon einmal gewesen ist. Wenn sich der Erzählstil dabei ebenfalls verändert, indem die Stringenz fallengelassen wird, setzt Regression ein. Die Elemente, die den Film vorantreiben würden, werden ausgesetzt. Eine ähnliche Wirkung erzielt ein großer Zeitsprung, meist gekoppelt mit einem Wechsel des Erzählgestus. Wenn uns am Ende eines Films gesagt wird, was mit den Hauptfiguren in den nächsten Jahren geschehen wird, so entsteht ein Loch, das wir nicht mehr zu füllen vermögen. Zudem rutscht das soeben Gesehene im Zeitbezug gleichsam von einer Sekunde auf die andere dramatisch nach hinten, wird zum Vergangenen, obwohl es uns ja noch frisch in Erinnerung ist.

Indem das zeitliche Kontinuum aufgelöst wird, entsteht eine Phase der Irritation. Erscheinen in solchen Zusammenhängen weitere formale Elemente, die als Signale der Endsetzung verstanden werden können, so ändert sich unsere Rezeptionshaltung grundsätzlich. Wir erwarten keine Fortsetzung mehr, sondern sind uns bewusst, dass ein Abschluss erfolgt. Was abstrakt klingen mag, findet in der Praxis große Verbreitung. Viele Filme greifen in ihrer Endphase noch einmal auf Material zurück, das bereits Verwendung gefunden hatte. Der Film kann dies – etwa im Gegensatz zur Literatur – in der Endposition relativ frei tun, ohne gleich «experimentell» zu wirken. Oft dienen diese Rückgriffe, die manchmal wie eine kurze Erinnerungsphase, bisweilen auch wie eine Zusammenfassung erscheinen oder aber keiner einsehbaren Ordnung folgen, als Hintergrund oder Umfeld für die Credits. Wichtig ist in diesem Zusammenhang, dass sie primär als Bildmaterial fungieren, also in der Regel ihren diegetischen Ton verloren haben. Dieser Umstand sichert, dass sie nicht als weiterführende Storyelemente missverstanden werden.

Große Zeitsprünge dagegen werden meist den Credits vorangestellt und deshalb eigenständiger wahrgenommen als die beschriebenen Rückgriffe. Sie bilden auch durchaus Storyelemente; die große Zeitdifferenz unterbricht aber den Kontakt zur eigentlichen Story. Ihr resümierender Stil, primär realisiert durch Schrifttafeln, Einblendungen oder Kommentarstimme, wirkt nicht nur distanzierend, sondern auch abrundend und abschließend. Auffallend oft kommt ein solches Verfahren zur Anwendung, wenn die erzählte Geschichte nicht völlig fiktiv ist, sondern auf historischen Fakten beruht oder einen sehr genauen Zeitbezug aufweist und den historischen Hintergrund aktiviert. Die Personen können dann fiktiv sein, doch der Film vermittelt den Eindruck des Exemplarischen. Mit einem solchen Zeitsprung stellt die narrative Instanz ihre Kompetenz unter Beweis, indem sie kurz und bündig, in der Regel auch abschließend kundtut, was mit den Figuren im weitern Verlauf geschehen wird, einem Verlauf, der zwar dokumentiert, aber nicht mehr gezeigt wird.

The Long Hot Summer (USA 1958) von Martin Ritt endet mit einem Rückgriff auf frühere Situationen, die den Hintergrund für die Credits bilden. Auffällig ist der serielle Charakter dieser Bilder, sie wirken in diesem fremden Kontext wie eine Fotogalerie. Noch stärker betont diesen Aspekt Orson Welles in *The Magnificent Ambersons* (USA 1942), auf den in Zusammenhang mit der nächsten Haupttypologie (Metasignale als Endsetzung) noch einmal zurückzukommen sein wird. Er reiht die Köpfe seiner Darstellerinnen und Darsteller hintereinander, aufgenommen in je derselben Einstellungsgröße, und spricht die Credits über diesen Bildern, um sich selbst als körperloser großer Dirigent darzustellen. Hier sind es nun eindeutig keine Bilder aus der vorangehenden Handlung, sie wirken wie Probeaufnahmen. Damit wird ein Effekt erreicht, der deutlich die Diegese bricht, falls dies nicht schon durch die vorausgehende Selbstreflexivität geschehen ist. Der Zeitstrang der Handlung ist unterbrochen, die Aufnahmen weisen einen Status auf, der nicht nur zwischen Figuren und Darstellern hin- und herpendelt, sondern auch zeitlich nicht einzuordnen ist.

Thelma & Louise vollzieht nach dem Freeze-Frame und der Weißblende eine Schlaufe, die verschiedene Stationen auf dem Weg der beiden Frauen zeigt. Hier handelt es sich um Einstellungen, die wir schon einmal gesehen haben, der beschriebene Fotogalerie-Effekt entfällt. Mehr punktuelle Erinnerung als Zusammenfassung, reiht der Film Einstellung an Einstellung. Er führt damit eine Einstellungsfolge der Schlusssequenz weiter und zu Ende – den Dialog der beiden Gesichter. In dieser Schlaufe fehlt nicht nur der direkte Ton, sondern jede narrative Struktur. Es gibt keine Entwicklung mehr.

Gleicht die Wiederholung einer Kreisbewegung, die sich selbst schließt, so vollzieht der Zeitsprung am Ende eine Abrückbewegung vom Haupttext und damit eine Distanzierung. Umfasst er mehrere Jahre, ja Jahrzehnte, so wirkt diese Abgrenzung umso stärker. Dabei sind Schrifttafeln ein gängiges Mittel, um einen solchen Effekt zu erreichen. Seltener dagegen sind eigentliche Nachspiele, also zeitlich abgesetzte Teile, die filmisch zeigen, was mit den Hauptfiguren geschehen ist. Die Sprache bietet hier die Möglichkeit einer kurzen und präzisen Zuordnung, die es erlaubt, mit einigen wenigen Sätzen zu umreißen, was mit wenigen Einstellungen kaum zu erreichen wäre.[21]

George Lucas' *American Graffiti* (USA 1973) endet mit einem Abschied. Doch nach dieser ersten Endsetzung liefert der Film noch eine zweite. Fotos und Schrifttafeln informieren uns, welches Schicksal die vier männlichen Hauptfiguren in den nächsten Jahren ereilt hat. Darunter sind zwei Todesfälle, die die Storystränge dieser Personen endgültig beenden. Mit diesen Tafeln stellt der Film auch den Kontakt zu seiner

21 Die Verfilmung des Musicals *Hair* (USA 1979) durch Milos Forman vollzieht am Ende einen solchen Zeitsprung mit rein filmischen Mitteln. Von einer Einstellung zur anderen vergehen Jahre. Der Film bedient sich verschiedener Symbole (Kreuz, Grabstein), um die Folgen visuell darzustellen.

Entstehungszeit her, die ungefähr zehn Jahre nach der Zeit liegt, in der die Handlung spielt. Dem Bild des Flugzeugs, das den Hintergrund für die Einblendungen bildet, wird so plötzlich ein historischer Status zuteil, ja der ganze Film erhält mit einem Schlag den Status des Vergangenen.

Ebenfalls mit einer Verabschiedung und einer Wegbewegung schließt ein anderes Beispiel: Robert Redfords *Quiz Show*. Durch dieses Distanzschaffen wird der Übergang weniger krass zu den fünf Schrifttafeln, die den weiteren Weg der am geschilderten Fernsehskandal Beteiligten beschreibt. Der Hintergrund wechselt langsam in die bereits erwähnte Zeitlupe von lachenden Zuschauern einer Show über. In diesem Fall betonen die Titel noch einmal die Authentizität des Geschehens, das auf Vorfällen basiert, die tatsächlich stattgefunden haben.

2.3.4.9 Textsortenwechsel

Der Wechsel der Textsorte – der Begriff stammt aus der Sprachwissenschaft – bedeutet nicht nur einen Bruch, eine Veränderung, eine Schnittstelle, sondern unter Umständen auch die Aufgabe der textuellen Homogenität. Damit vollzieht sich ein komplexer Vorgang, in dem das Andere, die Differenz zum Ende führt. Wo etwas Neues beginnt, muss etwas Altes enden. Da das Neue aber lediglich angetippt, nicht in die Tiefe weiterentwickelt wird, bleibt die Markierungsfunktion stärker im Vordergrund, die das Abschließen betont.

In Zusammenhang mit dem Farbwechsel am Ende von Tarkowskis *Andrej Rubljow* haben wir bereits erwähnt, dass sich damit auch ein Wechsel des Präsentationsmodus vollzieht: vom Narrativen zum Nonnarrativen, vom Fiktionalen zum Dokumentarischen. Nicht immer verläuft der Wechsel allerdings in so grundsätzlichen Kategorien, manchmal handelt es sich um eine Veränderung des Stils, der Tonart, des Subsystems, innerhalb dessen sich der Film bewegt. Richard Linklaters *Slacker* (USA 1991) wechselt am Ende radikal seinen Stil, parallel zu einer Veränderung des Materials. Auf seiner Fahrt begegnet der Mann mit dem Lautsprecherwagen einer Gruppe von Jugendlichen mit Amateurfilmkameras. Von diesem Augenblick an gerät nicht nur der Mann mit dem Lautsprecher in Vergessenheit, das Ende des Films wird beherrscht vom Stil der Amateurkameras – was heißen will: kein direkter Ton, viele Schwenks, sehr bewegliche, aber holprige Aufnahmen, geringe Bildauflösung, körnige Bilder, unscharfe Passagen – Bewegung, vor allem Bewegung.

Der Kontrast könnte nicht größer sein. Zwar trifft uns der Wechsel nicht ganz unvorbereitet, denn der Film zeigt bereits im vorangehenden

Hauptteil «Ambitionen», die eingefahrenen Bahnen der Konventionalität zu verlassen. Doch der Ausbruch, etwa in die Videoästhetik, war immer nur ein begrenzter, temporärer. Hier am Ende gibt es keine Rückkehr mehr. Zwar erscheint die Veränderung noch erzählerisch motiviert, in der Folge verliert der Film jedoch immer mehr seine narrative Komponente und wird zum freien Spiel von Formen und Farben, zu einem Film mit stark experimentellem Einschlag.

Howard Hawks' *Man's Favorite Sport* (USA 1964) bewegt sich innerhalb der klassischen Ästhetik. Am Ende jedoch vollzieht er einen abrupten Wechsel, indem er nicht nur von Farbe auf Schwarzweiß wechselt, sondern auch den Gestus des Stummfilms imitiert und eine Mischung aus Slapstick, Serial und exotischem Melodrama herstellt. Daneben sind die selbstreferenziellen Signale unübersehbar. Der Film zeigt nicht nur seine eigene Tonspur und die Perforationslöcher, er lässt die Figuren auch noch verkünden, dass er zu Ende ist. Im Schlussdialog sagt die Diva zu ihrem Partner : «Oh John, you shouldn't have done that!». Auf seine verdutzte Frage nach dem Grund antwortet sie: «Because this picture is over. This is the end.»

2.3.5 Kategorie 3: Metasignale als Endsetzung – Selbstreflexivität als Ausstieg

Selbstreflexivität oder Selbstreferenzialität ist ein außerordentlich starkes und effizientes Mittel, um die primäre Diegese nicht nur zu reduzieren, sondern ganz zum Verschwinden zu bringen. Im Verlaufe dieser Arbeit kommt der Themenbereich mehrfach zur Sprache, gerade weil er im Kontext des Werks von Antonioni eine eminent wichtige Rolle spielt. Deshalb will ich mich neben ein paar grundsätzlichen Anmerkungen darauf beschränken zu untersuchen, wie Metasignale als Endsetzung verwendet werden, welche formalen Konsequenzen sich durch den Selbstbezug als Ausstieg ergeben.

Anfang und Ende sind besonders prägnante Stellen, um Referenzen zu sich selbst, zum Wesen des Films einzubringen. Während bei der Initialisierung zu Beginn die zusätzliche Ebene, die durch die Selbstreflexivität entsteht, immerzu mitgedacht wird, kommt es am Ende nicht nur zu einer Konkurrenz mit der primären Diegese, sondern zu einer Verdrängung; es findet keine Rückkehr mehr statt. Die zusätzliche Bedeutungsebene, die in erster Linie weder symbolische noch pragmatische Komponenten umfasst, sondern diskursiver Art ist, bewirkt einen Bruch, der umso stärker wirkt, wenn er nicht mehr aufgehoben wird. Die Selbstreflexivität kann als Teil des bereits unter dem Titel «Reduktion der

Diegese» erläuterten Verfahrens verstanden werden. Ihre spezifische und umfassende Wirkungsweise rechtfertigt es jedoch, ihr den Status eines Sonderfalls zuzubilligen und sie in einer eigenen Kategorie zu besprechen.

In der Regel wird die Selbstreflexivität als Erzählgestus bereits zu Beginn eingeführt. Dabei tendieren Filme des *Art Cinema* wesentlich häufiger zu diesem Mittel als das klassische Kino, das bestrebt ist, alle Spuren des Produktionsprozesses zu beseitigen, alle «Löcher» zu stopfen. Metasignale sind im Prinzip solche Löcher, sie machen Stellen sichtbar, die nicht zur Diegese gehören und aufzeigen, dass hinter ihr noch etwas anderes liegt. Selbstreflexion zeigt den Willen, den Umstand der Gemachtheit, der Künstlichkeit weder zu verschweigen noch zu verschleiern, sondern in das ästhetische Konzept einzubeziehen. Da eine spielerische Komponente enthalten ist, finden wir selbstreflexive Spuren auch in Filmen, die entweder Teil des klassischen Kinos sind oder nach dessen Prinzipien funktionieren – was für die überwiegende Mehrheit der Filmproduktion gilt.

Der Schinderhannes (BRD 1950) von Helmut Käutner verfährt nach den Mustern des klassischen Kinos. Doch sein Ende macht eine selbstreflexive Komponente frei, die der vorangehende Teil kaum enthält. Nach der Hinrichtung des Räubers in der letzten Szene kehrt die Kamera ins angrenzende Gefängnis zur Geliebten mit dem neugeborenen Kind zurück. Doch bald verlässt sie dieses Sujet wieder, steuert aufs offene Fenster zu und zeigt schließlich einen Bildausschnitt, der einer weißen, leeren Leinwand gleicht. Vor dem eigentlichen Ende wird so das Projektionsende antizipiert – eine abgeschwächte Form der Selbstreferenzialität, die keinen eigentlichen Bruch provoziert, aber dennoch elegant aus der filmischen Diegese hinausführt.

Die weiße Leinwand steht in der einen oder anderen Art am Ende vieler Filme – auch von Michael Powells *Peeping Tom* (GB 1960). Dieser Film weist, wie der Titel vermuten lässt und bereits die erste Szene bestätigt, einen engeren Bezug zu sich selbst, zu seinem Status als Film auf: Der Vorgang des Sehens, Beobachtens, Blickens erfährt eine permanente Thematisierung. Am Ende bündelt sich dies in dramatischer Zuspitzung. Die Hauptfigur bringt sich mit ihrem als Kamera getarnten Mordinstrument selbst um, wird vom Täter zum Opfer. Das Filmen des eigenen Todes wird zum Schlusspunkt einer Obsession, die auf traumatischen Kindheitserlebnissen beruht. Die Bilder des Todes – wir werden sie nicht mehr sehen. Mit dem Blick auf die Leinwand, auf der sich der mörderische Voyeur seine gefilmten Taten vorführte und damit verdoppelte, schließt der Film. Sie bleibt nun leer. «Good night, Daddy. Hold my hand», ist auf dem Tonband zu hören, ehe es an sein Ende gelangt. Die Aufnahme des Wissenschaftlers, der sein Kind als Versuchsobjekt missbrauchte, klingt versöhnlich, als wäre mit dem Tod all die Last der Vergangenheit genommen.

Ebenfalls mit dem Tod des Protagonisten und des Filmteams endet *C'est arrivé pres de chez vous* (Belgien 1992) von Rémy Delvaux und André Bonzel, eine beunruhigende, weil in einem Grenzbereich angelegte, im Reportagestil gehaltene Fiktion über einen Berufskiller. Dem erzählerischen Ende folgt durch die Art und Weise der Inszenierung ein zweites, das auf den Materialcharakter des Films verweist, auf das Ende der Filmrolle in der Kamera. Markierungszeichen erscheinen auf der Leinwand, die definitiv nicht zur Diegese gehören.

Ein ähnliches Ende weist *Monty Python and the Holy Grail* (GB 1974) von Graham Chapman auf. Die Kamera wird zunächst abgedeckt, dann umgeworfen, der Filmstreifen springt aus der Perforation. Allerdings wird hier, wie bereits während des ganzen Films, viel stärker mit filmischen Konventionen gespielt. Auch ein Großteil des Humors entsteht auf der Folie des unmöglichen Möglichen. Am Ende ist dies der Zusammenprall zweier Zeitebenen, die partout keine Berührungspunkte haben: nämlich des englischen Mittelalters und der Gegenwart. Die Ritter, die sich zum Angriff gegen ein unfreundliches Schloss rüsten, werden von zeitgenössischen Polizisten gestoppt. Diese Intervention ruft auch den Umstand in Erinnerung, dass Fiktionen keinerlei Realitätsbezug aufweisen müssen. Doch das Spiel mit und die bewusste Durchbrechung von Konventionen geht noch weiter. Zumindest in der Kinofassung[22] erscheint nach dem Herausspringen des Filmstreifens aus der ihm zugedachten Bahn eine Tafel, die sich für den Unterbruch entschuldigt, um Geduld bittet und eine baldige Fortsetzung in Aussicht stellt. Musik auf einer Kinoorgel begleitet den Titel, aber das Warten lohnt sich nicht, es folgt nichts mehr. Das eigentliche Ende erreicht der Film, indem er sein Ende in Abrede stellt.

Kehren wir nach diesen komplexeren, im Rezeptionsbereich auch experimentellen Formen noch einmal zu eher einfachen Formen zurück, um die Bandbreite dieses Typus tiefer auszuloten. Ein einfaches Verfah-

22 Die Videofassung eliminiert diesen letzten, wirklich hintergründigen Gag, wohl im Wissen, dass der Zuschauer vor dem Fernseher anders disponiert ist als im Kino. Denn er verfügt über die Möglichkeit des Schnellvorlaufs, und dies würde den Effekt dieser letzten Einstellung zunichte machen. Erst im Warten-Müssen, im Hin- und Hergerissen-Werden zwischen dem Wunsch, die angekündigte Fortsetzung zu erfahren, und dem Bestreben, den Kinosaal zu verlassen, weil nichts mehr folgen wird, entwickelt sich das Erleben filmischer Macht.

ren, um die Gemachtheit des Films zu demonstrieren und damit die Diegese als solche zu kennzeichnen, besteht darin, dem Zuschauer das «Dahinterstehende» vor Augen zu führen. Im ersten Teil des Endes von Welles *The Magnificent Ambersons*, der bereits in Zusammenhang mit dem Fotogalerie-Effekt Erwähnung fand, wird der Umstand, dass der Film ein Artefakt ist, thematisiert und in Bilder umgesetzt. Da auf Credits im herkömmlichen Sinne verzichtet wird, sondern eine Kommentarstimme die Zuordnungen vornimmt, erscheinen im Bild Gegenstände, die normalerweise nicht an dieser Stelle zu sehen sind: die Buchvorlage, Kameras, Umroller im Schneideraum, Drehbuchseiten, Tonaufnahmegeräte. Nach der Serie von Köpfen der Darsteller folgt bei der Erwähnung der Regie nicht Orson Welles, sondern bildfüllend ein Mikrofon, das an einem Galgen hängt: «I wrote the script and directed it ... My name is Orson Welles ... This is a Mercury Production.» Das Mikrofon wird in den Hintergrund geschwenkt, die Lichtquelle ist von oben sichtbar. Die Story des Films endet einige Sekunden vor seinem Ende. Die letzten Einstellungen werden von selbstrefentiellen Bezügen beherrscht, hier allerdings eingebunden in die Funktion eines eigenwillig gestalteten Nachspanns.

Der Zusammenhang mit Buchvorlage und Skript, den Welles am Ende von *The Magnificent Ambersons* mehr spielerisch anklingen lässt, wird zum Ausstiegsprinzip in *A Star Is Born* (USA 1937) von William Wellman. Esther Blodgett, als Filmstar unter dem Namen Vicki Lester bekannt, tritt zum ersten Mal nach dem Tod ihres Mannes wieder in der Öffentlichkeit auf – an einer Filmpremiere. Vor einem Rundfunkmikrofon begrüßt sie die Zuhörer. Das Bild überblendet langsam auf die Seite des Skripts, welche die eben beschriebene Szene enthält. Eine Verdoppelung findet statt. Wir sehen zunächst eine Einstellung und danach die Vorlage dieser Einstellung – das Drehbuch, das nicht nur Dialoge und Handlungsbeschreibungen, sondern auch technische Anweisungen zur Umsetzung enthält (CAMERA MOVES IN TO BIG CLOSEUP OF ESTHER ... The music swells up. FADE OUT). Mit diesem Blick hinter die «Fassade» endet der Film.

Eine weitere Möglichkeit solcher Selbstbezüge wird ebenfalls in *The Magnificent Ambersons* mit der Serie von fotoähnlichen Aufnahmen angedeutet. Diese sprengen den Rahmen der Diegese, weil sie einem anderen Kontext anzugehören scheinen, den wir mit Probe- oder Testaufnahme umschrieben haben, und zudem auf die Rollenträger, die Schauspieler verweisen. Diese Aufhebung der Identität von Rolle und Schauspieler stellt ein weiteres Mittel dar, die Diegese zu beenden oder zumindest mit einer zweiten, außerfilmischen Ebene konkurrieren zu lassen. *La femme publique* (F 1984) von Andrzej Zulawski besinnt sich auf eine Theatertradition. Die Protagonisten wenden sich am Ende zur Kamera und verbeugen sich, als befänden sie sich auf der Bühne. Was dort zum Ritual einer Aufführung gehört, wirkt im Film zunächst einmal befremdend, da dieser direkte Kontakt zwischen Zuschauer und Schauspieler hier nicht existiert. In beiden Fällen wird signalisiert, dass wir die Welt der Fiktion verlassen. Die Protagonisten «fallen» aus ihrer Rolle, die Kluft zwischen Diegese und Welt außerhalb ist nicht mehr zu beheben und erleichtert den Ausstieg.

Ein ähnlicher Effekt wird erreicht, wenn die Figuren mit uns Zuschauern zu sprechen beginnen oder sich an eine «Instanz» wenden, die nicht Teil ihrer Welt ist. In Schukschins *Petschki-lawotschki* stellt dies nicht nur eine Alternative zum traditionellen Ende-Titel dar, der noch nachgeliefert wird, sondern ist Teil einer Strategie der Desillusionierung, die in diesem Fall nur am Ende angewandt wird. Durch eine Variation des konventionellen Ende-Titels eröffnet Jean-Luc Godard eine Dimension, die den einzelnen Film weit hinter sich lässt, wenn er in *Weekend* (F 1967) nicht nur vom Ende dieses Films, sondern des Films an sich, des Kinos spricht. «Fin de conte» – «fin de cinéma» heißen die Endtitel.

Mit Godards Film wären wir wieder bei den komplexeren Beispielen angelangt. Ihnen ist gemeinsam, dass sie nicht nur den Ausstieg aus der Diegese primär durch den Selbstbezug vornehmen, sondern auch eine Irritation zurücklassen. Die Selbstreflexivität ist nicht einfach ein Mittel unter anderen, sondern wird zum zentralen Bauprinzip, das den gesamten Film durchzieht, um am Ende noch einmal in konzentrierter Form zum Ausdruck zu kommen. Zu dieser umfassenden Strategie gehört auch, eher Fragen zu stellen als Antworten zu geben. Auf diese Weise erreicht der filmische Text eine Offenheit, die besonders am Ende augenfällig zu Bewusstsein kommt. Ingmar Bergmans *Persona* (S 1966) wirkt wie eine Zusammenfassung der Möglichkeiten, die ein Selbstbezug zu realisieren imstande ist. Dazu gehören auch konventionellere Verfahren wie das Zusammenpacken am Ende des Films, das Schließen von Türen und Läden. Allerdings liegen dann die scheinbar kommunizierenden Bilder zwischen der Krankenschwester Alma und der Schauspielerin Elisabeth Vogler nicht mehr auf der gleichen zeitlichen Ebene. In einem weiteren Schritt wird die Situation der Inszenierung, des Produktionsprozesses bewusst gemacht, indem wir die Kamera samt Equipe erblicken. Das Spiel mit verschiedenen Ebenen setzt sich fort, indem der Film eine weitere Diegese einführt, die einen Jungen zeigt, der nach überlebensgroßen Bildern der Gesichter der beiden Darstellerinnen zu greifen scheint. Mit dieser zweiten Diegese wird auch der Bezug zum

Anfang hergestellt, der Kreis schließt sich. Nach dem Schauspielerverweis und der Thematisierung des Produktions- und Rezeptionsvorgangs wird auch die Vorführung angesprochen. Wir sehen einen Projektor, durch den ein Filmstreifen läuft, der sein Ende erreicht. Ganz am Schluss – das Ende des Lichts. Die Kohlenstäbe, die in früheren Zeiten die gleißende Helligkeit erzeugten und damit die Projektion der bewegten Bilder ermöglichten, werden mit einem zischenden Geräusch getrennt. Das Licht erstirbt, die Leinwand wird dunkel...

2.3.6 Übersichtsschema: Formale Verfahren der Endmarkierung

ikonografische Verfahren:
- Bewegung weg von der Kamera
- Distanzierung durch Kamera
- Anonymisierung
- Imitation des Schließens: Fenster, Türen, Vorhänge, Bücher etc.
- Rahmung
- Erstarrung/Einfrieren: Freeze-Frame

Reduktion der Diegese:
einfachere Verfahren: parametrisch
- Titel: Ende-Titel, Credits
- Licht: Abblende/Weißblende
- Ton: Ausblenden des diegetischen Tons
- Schärfe
- Farbe/Schwarzweiß
- Geschwindigkeit
- Bildgröße/-fläche
- Verschwinden von Personen/Personal

komplexere Formen:
- Auflösung des Raum-/Zeitkontinuums
- Textsortenwechsel

Selbstreflexivität

2.4 Stereotypen formaler Endstrategien: Der Western als Beispiel

Nachdem in einem ersten Schritt die formalen Verfahren der Endsetzung unter drei verschiedenen Gesichtspunkten in eine Typologie gebracht wurden, die sich am Spektrum der Möglichkeiten und nicht an der realen Häufigkeit orientierte, sollen nun gleichsam verfestigte, sehr häufig angewandte Mittel gesucht werden. Was läge in einem solchen Kontext näher, als sich auf ein bestimmtes Genre zu konzentrieren und dabei jenes auszuwählen, das sich durch besondere Konsistenz und geringe Varianz auszeichnet: den Western. Im folgenden geht es um die exemplarische Suche nach Stereotypen der Endsetzung anhand einer Auswahl, die sich durch einen gewissen Grad an Repräsentativität innerhalb des Genres auszeichnet.

2.4.1 Grundsätze der Auswahl, Darstellung des Samples und Ausgangsthesen

Die Auswahl lehnt sich primär an jene an, die Will Wright in seinem Buch *Sixguns and Society: a Structural Study of the Western* vorgenommen hat. Diese berühmte Analyse der Erzählstrukturen des Western, 1975 erschienen, nimmt als erstes Auswahlkriterium den Erfolg eines Films beim Publikum. So entsteht eine Liste von 64 Werken zwischen 1931 und 1972, die bei ihrer Erstauswertung in den USA und Kanada über vier Millionen Dollar eingespielt haben. Diese Filme werden nach vier narrativen Haupttypen unterteilt: *classical plot, vengeance variation, transition theme* und *professional plot*.

Für meine Untersuchung benutze ich Wrights Auswahl als ersten Analyseraster, ergänze sie jedoch mit einer fünften Kategorie: dem Italowestern. Diese Ausweitung scheint legitim, da wir weniger nach erzählerischen denn nach formalen Konstanten oder Variationen suchen. Somit spielt in unserer Fragestellung der historische Hintergrund und der Bezug zu Nordamerika eine bedeutend geringere Rolle. Der Italowestern wird als Neuinterpretation des Western aus europäischer Perspektive verstanden, die mit dem Material spielt und deshalb auch Stereotypen bricht und parodiert.[23]

Somit ergibt sich folgende Auswahl, die insgesamt 25 Filme enthält:

23 Diese neue Kategorie stützt sich im wesentlichen auf jene Auswahl, die der von Edward Buscombe für das British Film Institute herausgegebene *BFI Companion to the Western* vornimmt.

1. Classical plot

SHANE (1953, R.: George Stevens)
DODGE CITY (1939, R.: Michael Curtiz)
DUEL IN THE SUN (1947, R.: King Vidor)
BEND OF THE RIVER (1952, R.: Anthony Mann)
YELLOW SKY (1948, R.: William A. Wellman)
VERA CRUZ (1955, R.: Robert Aldrich)

2. Vengeance variation

STAGECOACH (1939, R.: John Ford)
THE MAN FROM LARAMIE (1955, R.: Anthony Mann)
NEVADA SMITH (1966, R.: Henry Hathaway)
RED RIVER (1949, R.: John Ford)
ONE-EYED JACKS (1960, R.: Marlon Brando)

3. Transition theme

HIGH NOON (1952, R.: Fred Zinnemann)
BROKEN ARROW (1950, R.: Delmer Daves)
JOHNNY GUITAR (1954, R.: Nicholas Ray)

4. Professional plot

RIO BRAVO (1959, R.: Howard Hawks)
THE WILD BUNCH (1969, R.: Sam Peckinpah)
BUTCH CASSIDY AND THE SUNDANCE KID (1970, R.: George Roy Hill)
THE PROFESSIONALS (1966, R.: Richard Brooks)
TWO MULES FOR SISTER SARA (1969, R. : Don Siegel)

5. Italowestern

PER UN PUGNO DI DOLLARI (1964, R.: Sergio Leone)
DJANGO (1965, R.: Sergio Corbucci)
QUIEN SABE? (1966, R.: Damiano Damiani)
IL BUONO, IL BRUTTO, IL CATTIVO (1966, R.: Sergio Leone)
IL MERCENARIO (1968, R.: Sergio Corbucci)
C'ERA UNA VOLTA IL WEST (1968, R.: Sergio Leone)

Ich benutze also ein bereits vorhandenes Forschungsdesign, in dem es primär um die Analyse erzählerischer Strukturen und Muster ging, um es auch auf formale Stereotypen zu überprüfen. Zugleich enge ich diese Fragestellung ganz auf unser Thema ein: das Ende der Filme. Ausgangsthese für die Untersuchung ist, dass sich die Stabilität des Genres auch in den formalen Verfahren zur Beendigung der Filme zeigen sollte und sich diese Stereotypen quer durch alle von Wright benutzten Kategorien finden. Zudem wird behauptet, dass der Italowestern sich bei dieser Fragestellung insofern unterscheidet, als er das Erzählmaterial des Western spielerisch oder parodistisch verwendet, formal vielfältiger und «unkonventioneller» ist. Deshalb ist zu erwarten, dass die stereotypen Endfiguren des amerikanischen Western, falls sich solche finden lassen, in der italienischen Variante zumindest ansatzweise aufgebrochen werden. Falls dies nicht zutreffen sollte, wäre damit auf die große Integrationskraft des Genres hingewiesen, die keinen wesentlichen Spielraum zuließe.

2.4.2 Stereotyp 1: Und sie ritten davon

Ein elementares Stereotyp des Western quer durch alle Typen bilden der dem Showdown – der finalen Auseinandersetzung – folgende Rückzug des oder der Helden, das Weiterziehen nach getaner Arbeit, das Suchen nach neuen Herausforderungen und Abenteuern. Der Gunfight beendet mehrheitlich den Hauptstrang der Handlung, beseitigt die Störung, stellt den Zustand der Ruhe wieder her. Der Topos des Wegreitens lässt sich aus der Plotstruktur des klassischen Western ableiten, den Wright (1977, S. 32) folgendermaßen beschreibt: «It is the story of the lone stranger who rides into a troubled town and cleans it up, winning the respect of the townsfolk and the love of the schoolmarm.» Erfolgt zu Beginn der Eintritt in die «Zivilisation», so steht am Ende wieder der Rückzug in die Wildnis, in die Einsamkeit – oder zumindest das Weiterziehen an einen anderen Ort. Wenn wir die Kategorien 1 bis 4 zusammen betrachten, so wird ersichtlich, dass dieses Muster nicht nur für den klassischen Plot gilt, sondern auch in allen anderen Variationen dominant ist.

Aus dem Handlungsstereotyp entwickelt sich auch ein formales. Es entspricht jenem Verfahren, das wir zu Beginn dieses Kapitels mit «Weggehen» beschrieben haben. Im Western wird am Ende weggeritten, normalerweise in die Bildtiefe. Rund zwei Drittel aller untersuchten Werke aus den ersten vier Kategorien zeigen dieses Motiv in den letzten Bildern. Nicht immer ist es ein einsamer Ritt wie in *Shane* oder *One-Eyed Jacks*, manchmal zeigen sich bereits im klassischen Plot Abweichungen, während es im *professional plot* fast zur Regel wird, dass eine Gruppe weiterzieht.

Auch diese Verschiebung lässt sich aus der Weiterentwicklung der Handlungsstruktur ableiten, denn es ist ein Merkmal des *professional plot*, dass nicht mehr idealistische Einzelgänger, sondern bezahlte Söldner die Aufgabe übernehmen, Schwierigkeiten zu beheben. Es muss aber betont werden, dass es auch im klassischen Plot bereits diese Paar- oder Gruppenbildung gibt, was sich in der Gestaltung der Endbilder niederschlägt – so beispielsweise in *Dodge City*, in welchem die Gruppe nach Virginia City weiterzieht, in *Yellow Sky* sowie in *Stagecoach* und *High Noon*. Im letztgenannten steht die geplante Abreise von Ex-Sheriff Kane und seiner Frau eigentlich schon zu Beginn fest, sie wird durch die Rückkehr der Verbrecherbande lediglich aufgeschoben.

Ein knappes Drittel weicht jedoch klar von diesem Schema der Endsetzung ab. Im klassischen Plot sind dies *Duel in the Sun* und *Vera Cruz*, innerhalb der *vengeance variation* lediglich *Red River*, während in der Kategorie *transition theme Johnny Guitar* und beim *professional plot Rio Bravo* und *Butch Cassidy and the Sundance Kid* abweichen. Dies kann in allen Fällen aus dem Plot abgeleitet werden und reduziert sich auf zwei Grundmuster: Entweder werden die Protagonisten sesshaft (*Red River* und *Rio Bravo*), oder der Tod der Protagonisten beendet den Film (*Duel in the Sun* und *Butch Cassidy and the Sundance Kid*). *Vera Cruz* arbeitet dagegen mit den Mitteln der Distanzierung und Anonymisierung in den letzten Bildern nach dem Duell. Verwirrend und irritierend ist die Schuss/Gegenschuss-Konstruktion zwischen dem «Sieger» Ben und der mexikanischen Frau, die keine Auflösung findet. Das letzte Bild zeigt in der Totale die Gefallenen der Kämpfe zwischen Soldaten und Aufständischen, lässt Ben verschwinden und zeichnet sich durch Unübersichtlichkeit und Ambivalenz aus.

Das Ende von *Butch Cassidy and the Sundance Kid* wurde bereits in Zusammenhang mit dem Freeze-Frame besprochen. Während das Bild in dem Moment anhält, in dem Butch und Kid einen chancenlosen Ausbruch aus der Falle versuchen, und schließlich auch noch monochrom wird, läuft der Ton weiter. Wir hören die vielen Schüsse, die kaum zur Hoffnung berechtigen, dass es für die beiden Titelhelden ein Überleben geben wird. Das Ende des Films hält jedoch diese Konsequenz bildlich von uns fern und eröffnet damit nicht nur das Feld der Legendenbildung, sondern vollzieht – und thematisiert – diese Bewegung von der Aktualität zum Historischen gleich selbst, macht die Transformation zum Mythos erfahrbar.

Duel in the Sun endet damit, dass Pearl und Lewt sich gegenseitig am Squaw's Head Rock erschießen. Tödlich verwundet schließt sich das Paar zum Sterben in die Arme. Am Ende des Amour fou steht die Vereinigung im Tod, am Ende des Films ganz klar die Distanzierung. Die Kamera zeigt einen immer größeren Kontext, bis die Personen schließlich völlig marginalisiert sind und das Bild von einem Himmel beherrscht wird, den die Sonne wie ausgebrannt erscheinen lässt. Das Zentrum des letzten Bildes dieses melodramatischen Western ist weiß, leer, fast durchsichtig. Das Motiv der leeren Leinwand wurde bereits thematisiert. Das Schlussbild stellt aber auch das Ende einer Kette von Einstellungen dar, die immer wieder diesen Blick in die Sonne, dieses Verschwinden jeglicher Strukturen gezeigt haben.

Red River und *Rio Bravo* stellen das Motiv des Sesshaftwerdens ganz in den Mittelpunkt des Endes. In beiden Fällen spielen Frauen eine gewichtige Rolle. In *Red River* ist es eine Frau, die die beiden Streithähne trennt und durch ihre emotionale Reaktion, an der das Schießeisen auch seinen Anteil hat, die Starrköpfigen zur Einsicht bringt; das neue Brandzeichen, im Sand entworfen, bildet das Schlussbild. In *Rio Bravo* gibt Sheriff Chance am Ende symbolisch seinen Revolver ab, während Feathers sich ihrer Reizwäsche entledigt, um eine bürgerliche Existenz zu beginnen.

Das vielleicht merkwürdigste Beispiel in diesem Kontext bietet *Johnny Guitar*. Das eigentliche Schlussduell findet zwischen den beiden Frauen Vienna und Emma statt. Am Ende sehen wir die verwundete Saloon-Inhaberin Vienna zusammen mit dem Titelhelden unter einem Wasserfall. Das Wasser erscheint hier als Symbol, das alles wegwäscht, und zugleich wie ein zauberhafter Vorhang, der die Liebenden vor der durch Neid und Gier geprägten Welt schützt. *Johnny Guitar* ist ein Spätwestern mit stark melodramatischen Zügen, der die Zeit eines Übergangs beschreibt und dabei am Ende einen Umschwung vornimmt, der wie aus dem Märchen entlehnt erscheint. Es ist ein Schlussbild mit symbolischer Konnotation, jedoch nicht in jene Richtung, die viele Western aufweisen und die mit dem Stereotyp «Präsenz der Landschaft» bezeichnet werden könnte. Vielmehr handelt es sich um einen Ausläufer des Stereotyps «symbolische Geste», den wir auch in anderen Filmen unseres Samples in der einen oder anderen Weise wiederfinden.

2.4.3 Stereotyp 2: Symbolische Geste

Obwohl die Geste Bestandteil einer Handlung ist, kann man sie, vor allem wenn sie in einem symbolischen Kontext erscheint, auch als formales Verfahren betrachten. Sie hebt sich von den übrigen Handlungen der Charaktere durch ihren Symbolcharakter ab, der in dieser Position eine Brücke zwischen dem Plot und dem, was in Zukunft geschehen wird und nicht mehr Gegenstand des Films ist, bildet. Einer symbolischen Geste am Ende oder innerhalb der Endsequenz kommt deshalb besondere Bedeutung zu. Im Kontext des Western bestehen solche Gesten am häufigsten im Wegwerfen der Waffe. Damit wird signalisiert, dass die Gewalt nicht weiterhin Mittel zur Lösung von Konflikten sein darf – zumindest auf die Figur bezogen, die diese Geste vornimmt. Die Bedeutung ihrer Symbolik erweitert sich, so dass sie auch als allgemeine Schlussbotschaft verstanden werden kann.

Beispiele aus unserem Sample sind *Vera Cruz, Nevada Smith, Red River* und *Johnny Guitar. High Noon* dagegen endet mit einer anderen symbolischen Geste. Kane wirft seinen Sheriffstern nach getaner Arbeit in den Staub und demonstriert damit seine Verachtung gegenüber der Bevölkerung, die ihn in der Zeit der Bedrohung feige im Stich gelassen hat. Hier liegt der Symbolgehalt auf einer anderen Ebene. Deutet das Wegwerfen der Waffe auf einen Prozess in eine zivilisierte Gesellschaft hin, so ist das Wegwerfen des Sheriffsterns eher als Rückzug aus dieser Zivilisation zu lesen – als Kritik an einer Gemeinschaft, die sich unter der Bedrohung nicht solidarisiert und zusammenschließt, sondern «unsozial» auf partikulare Interessen ausgerichtet verhält.

2.4.4 Stereotyp 3: Präsenz der Landschaft

Neben der symbolischen Geste bildet auch die Präsenz der Landschaft ein Stereotyp der Endsetzung im amerikanischen Western, das zwar nicht dominant, aber doch weit verbreitet ist und sich bis zu einem gewissen Grade aus Stereotyp 1 ableiten lässt oder in Kombination mit ihm auftritt. Die Bewegung der Protagonisten von der Kamera weg in die Raumtiefe schafft Gelegenheit, die Landschaft nicht nur als Hintergrund zu präsentieren, sondern so ins Bild zu setzen, dass sie die Aufmerksamkeit ganz auf sich zieht und am Ende des Films zum Ersatz für den oder die Protagonisten wird. *Stagecoach* und *Broken Arrow* sind in diesem Zusammenhang beispielhaft. Die Landschaft in der Ferne wirkt weitläufig, eindrücklich, geheimnisvoll, unergründlich. Es ist schwer zu sagen, was die Protagonisten dort erwartet – auf jeden Fall präsentiert sich die Ferne als Projektionsfläche von Wünschen und Sehnsüchten. Am Ende bleibt als letzter Eindruck eine monumentale, überwältigende Landschaft, die für die Größe und Weite des Landes steht.

Als Übergang zum nächsten Unterkapitel kehren wir noch einmal zum ersten Stereotyp zurück und betrachten in diesem Zusammenhang einen Film etwas genauer, der zwar das Motiv des Davonreitens enthält, in der Ausgestaltung jedoch zur Parodie gerät. Es ist Don Siegels *Two Mules for Sister Sara* mit Clint Eastwood und Shirley MacLaine in den

Hauptrollen. Beide, der Söldner und die falsche Nonne, ziehen am Ende weiter. Vor allem Sara mit ihrem grellen Kleid und Sonnenschirm wirkt deplaziert auf ihrem Esel – insbesondere wenn wir zum Vergleich die Würde und Ernsthaftigkeit heranziehen, mit der etwa *Stagecoach* einen analogen Vorgang in Szene setzt, oder mit dem Optimismus und Tatendrang vergleichen, der in *Yellow Sky* oder *Dodge City* herrscht. *Two Mules for Sister Sara* verweigert jede Zukunftsperspektive für das ungleiche Paar.

Der Film erscheint wie ein Reflex auf die italienische Variante des Western – und tatsächlich bildet Clint Eastwood ein Bindeglied, errang er doch erst über seine Rollen im Italowestern internationale Anerkennung. Als europäische Variante, entstanden in einer Zeit, als der amerikanische Western Zeichen von Erschöpfung und Krise zeigte, steht dieses Subgenre weniger stark im Kontext nationaler Selbstfindung und Selbstdefinition und geht dementsprechend freier mit den Konventionen um. Es ist zu untersuchen, ob sich in der Endsetzung manifeste Brechungen und Neuinterpretationen auch im formalen Bereich zeigen oder ob sich die neuen Akzente auf den Inhalt beschränken.

2.4.5 Der Italowestern: Weiterentwicklung, Neuansatz oder Kontinuität?

Unser Sample enthält sechs Beispiele dieser Kategorie. Sergio Leones *Per un pugno di dollari* (1964) und *C'era una volta il west* (1968) markieren dabei Anfangs- und Endpunkt. Der erstgenannte ist eine Billigproduktion und ein Überraschungserfolg, der einen eigentlichen Boom auslöste, der zweite ist schon beinahe als klassisch zu bezeichnen, ein Epos, das sich viel Zeit nimmt, um seine Geschichte zu erzählen, die wie ein Kompendium der bisherigen Western erscheint. Was unsere Fragestellung anbelangt, so ist ein erster Blick ernüchternd. Fünf der sechs Filme verwenden ebenfalls das Stereotyp «Wegbewegung von der Kamera». Doch einige Differenzen ergeben sich schon. Nicht immer realisiert sich diese Bewegung zu Pferd – in *Quien sabe?* und *Django* verlässt der Protagonist zu Fuß den Schauplatz. Im letztgenannten Film ist er außerdem so lädiert, dass er sich nur graduell von seinen niedergeschossenen Gegnern unterscheidet. *C'era una volta il west* setzt am Ende ganz auf das Stereotyp «Präsenz der Landschaft», verbunden mit den ebenfalls bekannten Verfahren der Distanzierung und Anonymisierung. Formal also nichts Neues, ganz konventionell? Ja und nein – die Differenzen liegen in Details und in der Ausführung.

Bereits in Leones *Per un pugno di dollari*, der in Bezug auf die Schlussbilder dem Stereotyp 1 am nächsten liegt, wird in der finalen

Auseinandersetzung die Differenz augenfällig. Die Auseinandersetzung erscheint zerdehnt, nimmt barocke Züge an, indem sich der Zeitpunkt der Entscheidung immer wieder hinauszögert. Die Montage zerfällt in viele kleine Schnipsel, Detailaufnahmen gemischt mit Totalen, die den Effekt der Retardierung verstärken. Als der Böse endlich besiegt ist, übernimmt die Kamera sogar den subjektiven Blick des Sterbenden – torkelt, fällt. Eine solche Umsetzung erscheint im traditionellen amerikanischen Western völlig undenkbar. Das Konzept des unsichtbaren Schnitts, ein Merkmal des klassischen Kinos, wird hier über den Haufen geworfen, der Film weist sich klar als konstruiert aus. Das Genre selbst wird zur Diskussion gestellt – inhaltlich wie formal.

Wenn Leone im Schlussbild von *Per un pugno di dollari* das formale Stereotyp scheinbar ohne Hinterfragen, ohne Brechung wieder übernimmt, so kann Sergio Corbuccis *Il mercenario* als Gegenbeispiel gelten. Auch dieser Film endet mit dem Stereotyp «Wegreiten», aber der Regisseur stellt es durch das Mittel der Reihung und Wiederholung auf den Kopf. *Il mercenario* produziert in den letzten Minuten ständig Situationen, die erwarten lassen, dass der Film nun sein Ende findet. Aber er geht immer wieder weiter. Die Multiplikation des sonst Einmaligen, das Spiel mit den Erwartungen der Zuschauer und die Enttäuschung wirken zunächst irritierend, lassen aber bald die Wirkmechanismen des Western im besonderen und des Films im Allgemeinen erahnen.

Oberflächlich folgt *Il mercenario* dem Stereotyp, in Wirklichkeit zerstört er es aber, indem er es durch Vervielfältigung ad absurdum führt. Wolf Lepenies (1972, S. 16) spricht in Zusammenhang mit *Il mercenario* von «einem Film gegen die konventionellen Dramaturgien» – vor allem des amerikanischen Western, müsste man ergänzen:

> Corbucci hat in seinem Film den Zuschauer bereits mit einbezogen, die Verzögerungstechnik des endlosen Schlusses richtet sich auf einen Betrachter, der immer gezwungen wird, genau zu wissen, wann Schluss ist. So entlarvt Corbucci die Berechnung der Filme, die man vor *Il Mercenario* gesehen hat; die Reaktionen der Besucher, die sich immer wieder als die «falschen» erweisen, verraten, wie verstümmelt Spontaneität bei denen geworden ist, die sie nur noch vor der Leinwand erleben können. Corbuccis Terror richtet sich gegen Sehgewohnheiten, seine Gewalt, die den Zuschauer düpiert, verrät die Gewalt, die dem Zuschauer immer schon angetan wird, ohne dass er es weiß.

Lepenies' Beobachtungen sind präzise, seine Schlüsse und Ableitungen allerdings einseitig. Denn die angesprochenen Konventionen erweisen sich nicht nur als negativ und einengend; sie geben dem Zuschauer Sicherheit. Formale «Leitplanken» sind durchaus sinnvoll, ohne dass dies zu «Verstümmelungen» führen würde. Filme wie *Il mercenario* profitieren von der Einmaligkeit des Spiels mit Konventionen, vom Umstand, dass es in neunundneunzig von hundert Fällen anders läuft. Und sie funktionieren nur, weil Stereotypen vorhanden sind, und nur dort, wo das Gefäß des Genres mit einem Set an Regeln einen solchen Verstoß zulässt. *Il mercenario* ist kein Film, der die Regeln in Frage stellt, sondern die Ausnahme, die die Regel bestätigt.

Auf *C'era una volta il west* passt die Bezeichnung «Weiterentwicklung» am ehesten, auch wenn er am Ende auf das Stereotyp «Präsenz der Landschaft» zurückgreift. Von der Großaufnahme des Gesichtes von Harmonica vollzieht die Kamera eine Fahrt nach oben, die Landschaft im Hintergrund wird zur Dominanten. Doch es ist keine unberührte Natur mehr, die ins Bild kommt, sondern eine Welt, die sich im Umbruch befindet. Die Zivilisation frisst sich wie die Eisenbahn unaufhaltsam in sie hinein. Die hektische Betriebsamkeit erinnert an einen Ameisenhaufen. Harmonica und auch Jill werden zwar nicht aus dem Film verbannt, erscheinen aber in der Folge nur noch als Teilchen eines unübersichtlichen Ganzen. In seinen letzten Bildern hat Leone eine Form gefunden, die ihm erlaubt, sich bewusst von seinen Handlungsträgern zu verabschieden, ohne dass dies so experimentell wie in Antonionis *L'eclisse* oder *Professione: reporter* realisiert würde. An ihre Stelle tritt die Landschaft, die bald von Zivilisation und Technik (Eisenbahn und Telegrafie) erschlossen sein wird. Es wird enger in dieser Welt werden und der Raum für ein Wegreiten immer kleiner. Am Ende des Films wird nicht nur eine Geschichte abgeschlossen, auch der Raum, in dem sie angesiedelt ist, erfährt ein Vermessen, Erschließen, eine Unterwerfung.

Die Analyse einer repräsentativen Auswahl von amerikanischen Western bezüglich ihrer formalen Endgestaltung und der Vergleich mit den Italowestern haben gezeigt, dass das Genre von einigen wenigen Stereotypen dominiert wird, denen auch die alternativen Ansätze des Italowestern folgen. Das primäre Stereotyp konnte dabei aus der eingangs dieses Kapitels erstellten Typologie abgeleitet werden. Von den übrigen dort aufgezeigten Möglichkeiten finden im Western relativ wenige Verwendung. Dieser Sachverhalt und der Umstand, dass in dieser Fragestellung auch der Italowestern nicht zu einer eigentlichen Gegenfolie wird, beweisen die Stabilität und den geringen Spielraum des Genres. Für die Schlusssetzung, den Ausstieg aus der Fiktion stehen hier zwar wesentlich weniger Möglichkeiten zur Verfügung, allerdings stellt sich auch kaum Ambivalenz ein. Innovationen – so könnte eine Schlussfolgerung lauten, die noch einer breiteren Überprüfung bedürfte – zeigen sich in Filmen, die eine Genrebindung aufweisen, andernorts, nicht am Ende.

3 Das Ende bei Antonioni: eine Fallstudie

> All of Antonioni's films end in sequences without parallel for their power and design. Where a lesser artist would wrap up the strands of the plot in a final verbal exposition, Antonioni gives each film a true coda of images that not only concludes the film but states its import in visual terms that cannot be adequately expressed in words.
>
> *(Ted Perry in: Arrowsmith, 1995, S. 8)*

3.1 Einleitung, Problemstellung, Forschungsstrategie

Stehen in den Kapiteln «Elemente einer Theorie des Film-Endes» und «Formale Typologie/Ikonografie des Endes im Film» Makroansätze im Vordergrund, die eine Gesamtschau der Thematik ermöglichen sollen, so wollen wir in diesem Kapitel eine gegenteilige Strategie wählen. Das Gesamtwerk eines bestimmten Regisseurs gibt die Möglichkeit zu einer detaillierten Analyse, ohne sich dabei zu stark in Einzelaussagen zu verlieren. In einem solch überschaubaren Rahmen erhält die Annäherung an eine Fragestellung hohe Relevanz, die sich innerhalb eines Makroansatzes nur schwer einbringen lässt: das Verhältnis von Ende zum übrigen Film, insbesondere zum Anfang. Kann man den Filmanfang noch eher isoliert betrachten, weil er eben am Anfang steht und vorerst im leeren Raum operiert – der Anfang[1] kann grundsätzlich als jener Teil definiert werden, dem nichts vorausgeht, aber in der Regel etwas folgt –, so lässt sich eine solche Beschränkung beim Ende nur aus pragmatischen Überlegungen rechtfertigen. Ein kleines, überschaubares und homogenes Korpus von Filmen ermöglicht solche Betrachtungen.

Zunächst muss die Wahl des Untersuchungsgegenstandes begründet werden. Folgende Überlegungen können zur Legitimierung meines

1 Vgl. zu dieser Problematik die Überlegung von Wieslaw Godzic in *Semotics of Film Beginnings*, in: MovEast (Budapest), 2, 1992, S. 67.

Vorhabens dienen: Michelangelo Antonionis Schaffen umfasst eine längere Zeitspanne. Wenn wir uns auf die langen Spielfilme beschränken, also die Episodenfilme und Beiträge zu solchen weglassen, ebenso das Videoexperiment *Il mistero di Oberwald*, so umgreift das Werk über dreißig Jahre. Die Spannweite reicht dabei vom scheinbar konventionellen Erstling *Cronaca di un amore* (1950) bis zu *Identificazione di una donna* (1982). Weitaus wichtiger als die lange Zeitspanne ist jedoch die Entwicklung, die das Werk aufweist: Sie kann als Entwicklung von einem mehr oder weniger geschlossenen Konstruktionsprinzip zu einem extrem offenen beschrieben werden. Der Film *L'avventura* erscheint innerhalb dieses Werks als Scheidepunkt, auch wenn – wie wir sehen werden – die Geschlossenheit der Filme bis und mit *Il grido* nur eine partielle ist und sich spätere Erzählstrategien auch im Frühwerk finden, allerdings nicht in gleicher Konsequenz und Radikalität. Antonionis Filme ab *L'avventura* gelten dagegen als Musterbeispiele eines filmischen Modernismus und eines offenen Konstruktionsprinzips.

Antonioni ist ein Grenzgänger zwischen einem kommerziell ausgerichteten, die Bedürfnisse eines großen Publikums nicht völlig ignorierenden und einem experimentellen, die Möglichkeiten des Mediums auslotenden und vorwärtstreibenden Kinos. Tomasulo (1983, S. 133) charakterisiert die Filme auf ähnliche Weise, wenn er sie als «part traditionalist and part modernist» bezeichnet. Zwar wurde lediglich *Blow-Up* ein veritabler Kassenerfolg, doch die meisten der Filme konnten ein großes Publikum erreichen, auch wenn sie es bisweilen vor den Kopf gestoßen haben, wie etwa die berühmt gewordene Uraufführung von *L'avventura* am Festival von Cannes zeigt. Die Schnittlinie von Konventionalität und Experimentierfreudigkeit gibt sich, so könnte eine Ausgangsthese formuliert werden, besonders in der Gestaltung der Enden als Punkt der Terminierung zu erkennen.

Antonioni selbst verfügt über eine besondere Sensibilität gegenüber dem Ende. In einem Unterkapitel soll dieses Eigenverständnis des Regisseurs detaillierter dargestellt und diskutiert werden. Innerhalb des Sammelbandes *Quel bowling sul Tevere* (1983; Dt.: *Bowling am Tiber*, 1985) kommt der Regisseur mehrfach auf das Problem des Endes einer Geschichte zu sprechen. Dabei geht es nicht nur um das Finden des «richtigen» Endes, sondern um den Zwang, überhaupt ein Ende zu setzen. Antonioni betont in diesem Zusammenhang die Wichtigkeit des Endes und formuliert den Wunsch, seine Filme möchten sich trotz der Notwendigkeit zu enden in die Welt des Zuschauers hinüberretten. Die bewusste Wahl eines Nicht-Endes respektive eines unkonventionellen, nicht abschließenden stellt für ihn die Möglichkeit dar, Filmwelt und Welt des

Zuschauers miteinander zu verbinden. Solche Gedanken reizen zu einer genaueren Überprüfung, wie die gewünschte Offenheit zu realisieren sei.[2]

Es ist aufschlussreich, dass in filmwissenschaftlichen Texten mit einführendem oder Überblicks-Charakter Antonionis Filme, insbesondere jene nach dem bereits skizzierten Kristallisationspunkt, den *L'avventura* darstellt, oft im Zusammenhang mit narratologischen Fragestellungen Erwähnung finden und dass seine Enden immer wieder herangezogen werden, um die Abweichung von der Norm oder das Unkonventionelle zu illustrieren. So schreiben David Bordwell und Kristin Thompson in ihrem *Film Art: an Introduction* (1997, S. 101):

> A few narratives, however, are deliberately anticlimactic. Having created expectations about how the cause-effect chain will be resolved, the film scotches them by refusing to settle things definitely. One famous example is the last shot of *The 400 Blows* [...]. Another can be seen in Michelangelo Antonioni's *L'Eclisse* [...], in which the two lovers vow to meet for a final reconciliation but in fact never do.

Das Provozierende an Antonionis Filmen, jene Mischung aus erweckten und unerfüllten Hoffnungen und Erwartungen, lässt sich besonders anschaulich von den Enden her erklären und aus ihnen ableiten. Das erwähnte Ende von *L'eclisse* ist tatsächlich unkonventionell, beim ersten Sehen außerordentlich befremdend und verstörend, aber auch faszinierend. Ted Perry ortet ebenfalls eine besondere Seherfahrung: «Antonioni's most phenomenal images often occur at the end of his films.» Zugleich nimmt er eine Konstante wahr, die wir im 3. Unterkapitel unter «Erste Annäherung: Gemeinsamkeiten» aufnehmen und am Schluss dieses Kapitels weiterentwickeln wollen. Das Ende realisiert sich primär mit filmischen Mitteln: «Nothing is said [...], the image tells everything.» (Perry in: Arrowsmith, 1995, S. 7).

Auch in technischer Hinsicht sind mindestens zwei Enden von Antonioni-Filmen zu ihrer Zeit bahnbrechend und heute zu Klassikern geworden: dasjenige von *Zabriskie Point* mit seinen extremen Zeitlupen und die zweitletzte Sequenz von *Professione: reporter* mit der langen und sehr komplexen Kamerafahrt.

2 Im Wunsch, den Zuschauer stärker einzubeziehen, zeigt sich wiederum die bereits erwähnte Mittelstellung des Regisseurs. Radikalere Vertreter machen sich oft keine Gedanken über den Publikumsbezug oder sehen sich als Provokateur. Antonionis Position könnte auch im Lichte formalistischer oder neoformalistischer Theorien beschrieben werden, die als primäre Funktion des Kunstwerks das Fremdmachen von Bekanntem sehen.

Die Problemstellung und die gewählte Forschungsstrategie lassen sich folgendermaßen umreißen: Anhand des Werks von Michelangelo Antonioni soll eine weitere Annäherung an Fragestellungen des Film-Endes unternommen werden. Diesmal wird ein Mikroansatz gewählt, der ein kleines, homogenes Korpus umfasst. Im Mittelpunkt steht die genaue Analyse und Diskussion der von Antonioni gewählten Verfahren, einen Film zu Ende zu bringen, um daraus übergreifende und allgemeine Schlüsse zu ziehen. Vor allem im späteren Werk soll dabei eine intensive Auseinandersetzung mit den aus der Offenheit resultierenden Kompositionsprinzipien erfolgen und die Möglichkeit genutzt werden, die restlichen Teile des Films, insbesondere den Anfang in die Überlegungen einzubeziehen. In den früheren Werken wird hinter der Konventionalität nach Spuren der späteren Offenheit gesucht, die Antonionis Filme in eine Entwicklungslinie stellen.

3.2 Antonionis Konzeption Endes

> I don't have anything to *say* but perhaps something to *show*.
>
> *Michelangelo Antonioni*[3]

Die Aussage könnte nicht klarer sein und jedes Ansinnen, ein Unterkapitel wie das unsere zu gestalten, zum Scheitern verurteilen. In Antonionis Äußerungen über Film allgemein und seine eigenen Werke im besonderen lässt sich immer wieder ein grundsätzliches Infragestellen der eigenen Kompetenz in dieser Beziehung finden: «I don't believe that what an author says about himself and his work helps in understanding his work itself.» (Antonioni, 1996, S. 57; ursprünglich als Vorwort zur Ausgabe *Sei film*, 1964). «My films are there and they speak – in the literal sense of the term – for themselves.» (Antonioni, 1996, S. 60). «I am not a theoretician of the cinema. If you ask me what directing is, the first answer which comes to mind is: I don't know. The second is this: My opinions on that are all in my films.» (Antonioni, 1996, S. 136). Die Häufigkeit solcher Äußerungen lässt an ein Ritual denken, mit dem sich der Regisseur dagegen wehrt, zum Interpreten seiner eigenen Filme gemacht zu werden und den Journalisten nicht nur den Gegenstand, sondern auch noch dessen Interpretation liefern zu müssen. Der deklarierten Unfähigkeit, über Film und Filme zu sprechen, steht jedoch der Umstand entgegen, dass

3 *Antonioni Discusses The Passenger*, in: Filmmakers Newsletter 8 (9), July 1975, zit. nach: Antonioni (1996, S. 342).

Antonioni selbst über zehn Jahre als Filmkritiker gearbeitet hat, bevor er an die Realisation eigener Filme ging.

Lassen wir uns nicht entmutigen. Carlo di Carlo, der Herausgeber des für unsere Fragestellung besonders relevanten Sammelbandes mit Aufsätzen und Interviews von Antonioni,[4] betont im Vorwort den Widerspruch zwischen dessen Beteuerung, dass er eigentlich über seine Filme nichts zu sagen habe und diese für sich selbst sprechen müssten, und der hohen Relevanz seiner Aussagen. Zudem wollen wir den Novellenband *Quel bowling sul Tevere* beiziehen, der zwar auf den ersten Blick wie eine Sammlung nicht realisierter Filme erscheint, in Wahrheit aber manch theoretische Überlegungen und viele Selbstreflexionen enthält.

In der Erzählung «Einfach nur zusammen sein» wird eine kurze Geschichte skizziert, die den Ausgangspunkt für einige Gedanken zu Anfang und Ende bilden. Spielerisch spricht Antonioni von einem Filmanfang, der eigentlich der ganze Film sei, vom fehlenden Ende, um schließlich dieses Fehlen zum Gestaltungsprinzip zu deklarieren und zum Kern unserer Thematik vorzudringen:

> Ich habe mich stets gefragt, ob es richtig sei, den Geschichten, ob in der Literatur, im Theater oder im Film, immer ein Ende zu geben. Einmal in ihrem Flussbett eingeschlossen, läuft eine Geschichte Gefahr, darin zu versickern, wenn man ihr nicht eine andere Dimension gibt, wenn man nicht zulässt, dass sich ihre Zeit nach außen hin verlängert, dorthin, wo wir, die Protagonisten aller Geschichten, leben. Wo nichts abgeschlossen ist.
> «Gebt mir neue Schlüsse», hat Tschechow einmal gesagt, «und ich erfinde euch die Literatur neu.»
>
> *(Antonioni, 1985, S. 128)*

Die Charakterisierung «stets» im ersten Satz des Zitats kann als Hinweis darauf gewertet werden, dass wir mit unserer Fragestellung bei Antonioni nicht fehl am Platz sind. Auch seine Filme können sich nicht dem Zwang entziehen, enden zu müssen. Wenn der Regisseur von einem fehlenden Ende spricht, meint er wohl eher eine fehlende Abgeschlossenheit, einen Endzustand, in dem nicht alles Grundlegende geklärt, alle offenen Fragen beantwortet, alle Lücken geschlossen wurden.

Was erhofft sich Antonioni von einer solchen Strategie? Der Anspruch ist nicht unbescheiden: Die Trennung zwischen der Welt der filmischen Fiktion und der Welt des Zuschauers soll aufgehoben werden. Die

4 Unter dem Titel *Fare un film per me è vivre* 1995 in Italien erschienen. Ich stütze mich auf die englische Übersetzung mit dem Titel *The Architecture of Vision: Writings and Interviews on Cinema.*

Fiktion soll die Chance erhalten, Teil unserer Welt zu werden. Damit ist ein Rezeptionsverhalten angesprochen, in dem die Möglichkeit gegeben sein soll, dass ein Film nicht mit dem Ende der Vorstellung endet, sondern im Alltag des Publikums weiterlebt. In einem Interview kommentiert Antonioni genau diese Stelle seiner Erzählung und bringt die Aussagen in Zusammenhang mit dem Ende von *L'eclisse,* das die Produzenten für die Kinoauswertung ohne seine Einwilligung teilweise kürzen ließen:

> I mean that it is necessary for the film to have a longer life than its physical projection time. It needs to stay with the viewer and the viewer should take it away with him. Then, if the film remains inside the viewer, it means that the experience that the viewer had while watching the film was worthwhile.
> *(Antonioni, 1996, S. 218f.)*

Antonioni lässt keinen Zweifel offen, dass eine solche Endkonstellation nur das Resultat einer veränderten, einer anderen Dramaturgie sein kann. An einer Stelle (Antonioni, 1996, S. 211) spricht er von seiner Bewunderung für Robert Bressons *Les dames du Bois de Boulogne,* weil er die Hauptszenen gewissermaßen auslasse und sich nur auf ihre Konsequenzen beschränke, während er an anderer Stelle sich gänzlich gegen einen konventionellen dramaturgischen Aufbau wendet:

> What people ordinarily call the «dramatic line» doesn't interest me. One device is no better than another, *a priori.* And I don't believe that the old laws of drama have validity any more. Today stories are what they are, with neither a beginning nor an end necessarily, without key scenes, without a dramatic arc, without catharsis. They can be made up of tatters, of fragments, as unbalanced as the lives we lead.
> *(Antonioni, 1996, S. 141f.)*

Geschichten ohne (richtigen) Anfang und (richtiges) Ende, ohne dramaturgischen Bogen, ohne Katharsis, fragmentarisch wie das Leben selbst. Die zumindest partielle Gleichsetzung von Filmerfahrung und Alltagserfahrung wirkt etwas überzogen, denn Erzählungen, Geschichten zeichnen sich gerade durch das grundlegende Merkmal aus, dass sie Anfang und Ende besitzen. Aber der Regisseur meint wohl eher eine Orientierungsperspektive, nach der sich der Film richten, die er aber nie erreichen könne. Diese Perspektive besagt, dass es neben einem weiten Spektrum an Normativem («the old laws of drama») andere Möglichkeiten gibt, wobei diese nicht grundsätzlich anders sind, sondern sich von der Differenz nähren.

Eine Möglichkeit zur Formulierung einer alternativen Dramaturgie besteht darin, die Hierarchie der Ereignisse durch die Betonung des Sekundären zu sprengen. Antonioni (1996, S. 9) spricht von «less important moments», denen sein besonderes Augenmerk gilt. Sie werden «eingefangen», indem eine Einstellung, eine Szene etwas länger dauert, als sie eigentlich dauern sollte. Als Alternative wäre auch die Umkehrung denkbar: dass sie abbricht, bevor ihr Höhepunkt erreicht ist. Antonioni spricht nur vom ersten Verfahren. Auf das Endes des Films bezogen würde dies heißen: eine Ausdehnung, die den Zeigecharakter und damit auch die selbstreferenzielle Komponente betont. Das Ende von *L'avventura*, *Blow-Up* oder *Professione: reporter* wird unter dieser Perspektive zu betrachten sein.

Eine dritte Strategie – neben den bereits beschriebenen, die mit den Stichwörtern «Verlängerung in die Welt des Zuschauers» und «Durchbrechung konventioneller Dramaturgie» charakterisiert werden können – zeichnet sich darin ab, dass der Regisseur keine grundlegende Differenz in der Wichtigkeit von Protagonisten und (leblosen) Objekten sieht. Daraus resultiert – wie bei der Beachtung «weniger wichtiger Momente» – eine Enthierarchisierung. Es wird nachvollziehbar, dass Protagonisten verschwinden, verlorengehen können. «I have always given a lot of importance to objects. Within a frame, the object can be as important as the characters. What is important is to influence the viewers to become aware of the objects as they are of the characters.» (Antonioni, 1996, S. 213). In Zusammenhang mit seinem Film *Zabriskie Point* geht der Regisseur sogar noch einen Schritt weiter: «America is the real protagonist of the film. The characters are just a pretext.» (Antonioni, 1996, S. 298).

Der Zusammenhang mit unserem Thema wird evident, wenn wir uns vergegenwärtigen, was eine solche Gleichwertigkeit zwischen Protagonisten und Dingen am Ende eines Films bedeutet. Das Verschwinden, das Verlorengehen erhält einen definitiven Status. Wenn die Protagonisten auf der Leinwand «ausfallen», wird der Zuschauer – neben den Objekten – zum Protagonisten. In der Schlusssequenz von *L'eclisse* oder in der zweitletzten Einstellung von *Professione: reporter* erscheint dies wie ein Programm. Fallen am Ende die Protagonisten aus, wird der Zuschauer zum «Akteur» und macht sich «seinen» Film oder nimmt das Gesehene als Artefakt wahr. Neben dem von Antonioni gewünschten Verbleiben des Films im Zuschauer, dem «Mitnehmen» aus dem Kinosaal, resultiert auch eine Auseinandersetzung mit dem Wesen des Films an sich.

In mehreren anderen Interviews geht der Regisseur konkret auf einzelne Enden seiner Filme ein. Zum Abschluss dieses Unterkapitels werden die wichtigsten Aussagen zusammengetragen, um sie zur Analyse beiziehen zu können. Sie betreffen alle seine späteren Werke. In Zusammenhang mit *L'eclisse* spricht Antonioni von einem Gefühl des Innehaltens, der Rekapitulation, das die letzten Bilder ohne Protagonisten im Zuschauer hervorrufen: «The ending might have seemed a little too long, but it actually worked because it left in the viewer certain feelings, a lingering sense of the whole story that had just been told.» (Antonioni, 1996, S. 218). Über *Il deserto rosso* erfahren wir, dass ursprünglich ein anderes Ende geplant war, aber nicht realisiert werden konnte, weil der Darsteller Richard Harris verlorenging, indem er vorzeitig abreiste. Antonioni erwähnt zwar, dass im ursprünglich geplanten Ende alle drei Hauptfiguren – Frau, Ehemann und der von Harris verkörperte Ingenieur – Anteil gehabt hätten, unterlässt es aber, deren Ablauf zu erzählen, wohl auch deshalb, weil er den gewählten Ersatz als besser gelungen einschätzt.

Zum Ende von *Blow-Up* ist kein Kommentar des Regisseurs zu finden, jedoch gibt es einen Hinweis darauf, dass die Schlusssequenz von *Zabriskie Point* offenbar verschiedene widersprüchliche Reaktionen provozierte. Antonioni stellt in diesem Zusammenhang klar, dass es sich hier um eine «mental reaction» (1996, S. 322) der Frau handle, deren Liebhaber eben ohne ersichtlichen Grund erschossen wurde. Vor dem Hintergrund der oben erwähnten Äußerung, dass die Charaktere hier eigentlich nur Vorwand gewesen seien (und in ihrer Oberflächlichkeit und Eindimensionalität, in ihrem darstellerischen Unvermögen auch so wirken), erscheint eine solche Psychologisierung fehl am Platze und kann wohl als Indiz gewertet werden, welches Potenzial an Missverständnissen der Film und sein Ende damals in sich bargen. Die Schwäche der gewählten Lösung dürfte gerade in der letzten Einstellung liegen, die diese Psychologisierung noch einmal betont. Daria steht – nun mit einem Lächeln im Gesicht – immer noch dort, wo sie sich vor Beginn der Explosionsszene aufgehalten hat, steigt schließlich in ihren Wagen und fährt in die untergehende Sonne. Das wirkt so, als würde Anna in der letzten Einstellung von *L'avventura* plötzlich auftauchen, oder die Liebenden würden sich am Ende von *L'eclisse* doch noch auf der Piazza treffen. Der kühne narrative Konstruktionsentwurf, mit dem sich der Regisseur allmählich ganz vom erzählerischen Hauptstrang und seinen Protagonisten entfernte, wird wieder zurückgenommen.

Fruchtbarer erscheinen dagegen zwei Äußerungen bezüglich des Endes von *Professione: reporter* und *Identificazione di una donna*. Die erste gibt zudem einen genauen Hinweis auf Antonionis Arbeitsweise, die Gilberto Perez als eine Umkehrung der gängigen Praxis sieht und als «working backward» (1994, S. 44) charakterisiert. Der Regisseur findet einzelne Bilder, geht von diesen aus und erfindet dazu eine Story, anstatt von einer solchen auszugehen und diese in Bilder zu kleiden. Das Fenster, der Blick durch das Fenster, die Nachmittagssonne waren Ausgangspunkt für die Schlusssequenz von *Professione: reporter*: «For a second, just for a fraction – Hemingway crossed my mind: *Death in the Afternoon*. And the arena. We found the arena and immediately realized this was the place.» (Antonioni, 1996, S. 338). Die Erwähnung von Hemingway und der Stierkampfarena beschwört eine Atmosphäre des bevorstehenden Todes, welche die gewählte Entdramatisierung der Erschießung von Locke plausibel macht. Auch wenn die Killer nicht kämen, wäre der Reporter, der die Identität eines Waffenhändlers angenommen hat, am Ende. So spielt es keine Rolle, dass die Vorgängeweit gehend im Off stattfinden.

Die Dominanz der Bilder über die Story, ihre Ursprünglichkeit vermag auch zu erklären, weshalb Antonionis Endsequenzen einerseits rätselhaft wirken, andrerseits den Zuschauer nicht derart irritieren, dass er resigniert. Denn er ist in ihnen dazu angehalten, einen ähnlichen Prozess wie der Regisseur durchzumachen: aus einer Folge von Bildern eine Story zu entwickeln. Antonionis Äußerung bezüglich *Identificazione di una donna* weist in eine völlig andere Richtung, als sie der Interviewer einnimmt, indem er das Ende als Scheitern des Regisseurs Niccolò deutet. Mit Recht weist der Befragte auf die allerletzten Bilder, die in der Konsequenz ein Wiedergewinnen der schöpferischen Kraft bedeuten: «But then there's the sequence about science fiction. In that he takes control of the film again and writes his screenplay.» (Antonioni, 1996, S. 377). «Das Ende als Neubeginn» – so werde ich diese Figur nennen.

3.3 Erste Annäherung: Gemeinsamkeiten

Frank Tomasulos Aufsatz *The Rhetoric of Anti-Closure: Antonioni and the Open Ending*, als Kongressbeitrag der siebten Annual Conference on Film der Purdue University 1983 realisiert und in eine spezielle Sektion mit dem Thema «closure in film» eingebettet, stellt nicht nur den Ausgangspunkt unserer analytischen Betrachtung dar, sondern liefert bereits in der Titelgebung zwei zentrale Begriffe: «anti-closure» und «open ending». Beide verweisen auf eine Strategie, die sich einer traditionellen Dramaturgie insofern verweigert, als sie die Handlung nicht «auf den Punkt» bringt, also keine «strong *dramatic* resolution» wählt (Tomasulo, 1983, S. 134). Es entstehe eine Art Stillstand, allerdings nicht dadurch, dass alle erzählerischen Stränge zu einem Ende gebracht, alle relevanten Probleme gelöst wären, sondern durch den Umstand, dass – vom erzählerischen Standpunkt – nichts Neues mehr hinzukomme. Tomasulo (1983, S. 134) spricht in diesem Zusammenhang von «hidden closure», ein Begriff, den er von Barbara Herrnstein Smith aus dem Bereich des literarischen Poems übernimmt. Das Ende als Stillstand, erreicht durch Kappung der Zufuhr neuer Erzählelemente – ein solcher Eingriff wirkt willkürlich und künstlich und markiert in starkem Maße Selbstreflexivität, weil er den Aspekt des Gestaltetseins betont und nicht eine Finalität, die sich wie von selbst ergibt, in den Vordergrund stellt.

Wie lässt sich ein solches Verfahren einbringen, ohne den Zuschauer zu frustrieren? Die Bezeichnung «hidden closure» vereinigt zwei Komponenten, die sich gegenseitig stören könnten. Denn der Begriff impliziert, dass das Ende sich allmählich, fast unbemerkt einstelle, weil deutliche inhaltliche und dramaturgische Signale fehlen. Diese Sanftheit vermag zwar einerseits die Konfrontation mit dem Umstand, dass der Film doch zu Ende ist, zu bremsen. Andrerseits besteht die Gefahr, dass die letzten Bilder doch überraschend erscheinen. Tomasulo (1983, S. 134) erkennt, dass dies nicht genügt, und diagnostiziert formale Mittel, die am Ende des Films dessen Integrität sicherstellen. Dabei treten vor allem zwei, die nicht voneinander unabhängig sind, in den Vordergrund: Repetition und Zirkularität.

Zunächst gilt es aber, die stärker thematisch ausgerichteten Konstanten zu betrachten, denen Tomasulo mehr Platz einräumt, und zudem eine Einschränkung einzubringen, die wir selbst für unsere Arbeit nicht vornehmen wollen, die aber für die Interpretationsergebnisse des Autors wichtig ist. Tomasulo beschränkt sich auf die späteren Filme von Antonioni und setzt die Trennlinie zwischen *Il grido* und *L'avventura*: «The post-Il Grido cinema of Michelangelo Antonioni can mark a site for more rigorous analysis of closural systems.» (Tomasulo, 1983, S. 133). Impliziert wird mit einer solchen Auswahl, dass die Filme von *Cronaca di un amore* bis und mit *Il grido* konventioneller sind, sich stärker an herkömmlichen Verfahren der Schlusssetzung orientieren.

Auf den ersten Blick erscheint eine solche Annahme plausibel. *Cronaca di un amore* endet mit der erneuten Trennung des Paares, *Le amiche* mit der Rückreise der einen Hauptfigur, *Il grido* mit dem Tod des Protagonisten. Relativ klar erfolgt der Abschluss einer dramatischen Linie, eine Richtung wird aufgezeigt, in die eine zukünftige Entwicklung gehen könnte (*Cronaca di un amore* und *Le amiche*: Neuanfang), oder das Ende der Entwicklungsmöglichkeit ist erreicht (*Il grido*: Tod). Bei genauerer Betrachtung, die wir im anschließenden Unterkapitel vornehmen wollen und in die wir auch diese drei Filme einbeziehen wollen, sind allerdings bereits Spuren der späteren Offenheit auszumachen. *Cronaca di un amore* und *Le amiche* sind dabei bezüglich des Endes in eine Linie mit *L'eclisse* zu setzen. In beiden geht es um eine Verabredung, die – so wissen wir als Zuschauer – nicht eingehalten wird. Konventionell ist dabei, dass die beiden Filme die Ambivalenz nicht aufkommen lassen, die in *L'eclisse* breiten Raum einnimmt. *Il grido* dagegen vermeidet die Ambivalenz nicht. Die Frage, ob sich Guido am Schluss selbst vom Turm stürzt oder fällt, bleibt unbeantwortet. Allerdings handelt es sich hier mehr um eine inhaltliche, moralisch-ethische Fragestellung, die zu ihrer Zeit zwar Anlass zu Diskussionen bot, letztlich aber wesentlich vordergründiger bleibt als das Ende von *Professione: reporter*, in dem der Tod des Protagonisten zur Nebensache wird.

Tomasulo nennt im wesentlichen vier Konstanten, die Antonionis Endsequenzen gemeinsam sind, sowohl inhaltliche wie formale Aspekte betreffen und sich in allen Filmen nach *Il grido* mehr oder weniger ausgeprägt finden:

1. Das Ende ereignet sich an einem Punkt des Übergangs. Bezüglich Tageszeit heißt dies, dass es entweder in der Morgen- oder Abenddämmerung angesiedelt ist. Dieselbe Konstante lässt sich auch für den Filmanfang finden. Der Übergang von Tag zu Nacht oder umgekehrt ist ein optisch (und damit filmisch) reizvolles Motiv, ein Zwischenstadium, in dem eine Veränderung stattfindet. Diese Veränderung steht in starkem Gegensatz zur Entwicklung in den Filmen Antonionis, die sich oft dadurch kennzeichnen lässt, dass wir am Ende nicht (viel) weiter sind als am Anfang, dass (fast) keine Entwicklung stattgefunden hat. Der Gegensatz ist aber nur ein scheinbarer, wenn wir uns vergegenwärtigen, dass der Übergang auch Wiederholung, auch Zirkularität bedeutet, um Tomasulos bereits eingebrachte formale Begriffe zu verwenden. *Blow-Up* zum Beispiel beginnt am frühen Morgen und endet in der Morgendämmerung des nächsten Tages. Der Film verfügt über eine perfekte Symmetrie, in welcher der Spiegelpunkt seine Referenz aufhebt, so dass am Ende buchstäblich «Nichts» zurückbleibt.
2. Das Ende der Filme nach *Il grido* thematisiert Levi-Strauss' Oppositionspaar «Natur» und «Zivilisation». Diese Oppositionsstruktur signalisiert einen Zustand der Disharmonie, der Instabilität und arbeitet deshalb den Intentionen eines klassischen Endes entgegen. Obwohl sich diese thematische Konstante tatsächlich in allen neun Filmen von *L'avventura* bis *Identificazione di una donna* finden lässt, erscheint sie mir in der Materialität nicht immer überzeugend, wohl aber in der Schlussfolgerung. Sie kann allerdings auch aus der ersten Konstante abgeleitet werden. Das Transitorische steht für das noch nicht Beende-

te, noch nicht Stabilisierte. Dass dies am Ende des Films derart betont wird, kann als Bruch mit den Konventionen herkömmlicher Narration und Dramaturgie verstanden werden. Das Transitorische steht aber auch, wie unter dem ersten Punkt erläutert, für die Repetition. Das Ende wird dann erreicht, wenn sich eine Wiederholung einstellt, wenn eine Rückkehr zum Anfang stattfindet. Damit ist eine äußerst wirksame Endfigur benannt, die auch in der klassischen Narration weite Verwendung findet.

Das Ende kann als Rückkehr zur narrativen Ausgangssituation oder gar an den Schauplatz der ersten Bilder verstanden werden. Auch Antonionis frühe Filme passen in diesen Raster: *Cronaca di un amore* endet, als sich die erste, frühere Geschichte, deren Erforschung die Handlung in Gang setzte, in der Wiederholung vollzogen hat: das gleiche Ergebnis (der Tod jener Person, die zwischen Paola und Guido steht), die gleiche Ambivalenz über die Mitschuld des Paares, die gleiche Konsequenz (Trennung). Manchmal wiederholen sich Geschichten eben doch, besonders bei Antonioni. *Le amiche* beginnt mit dem missglückten Selbstmordversuch von Rosanna und endet mit der Wiederholung dieses Vorhabens.

In *Il grido* wird die zirkuläre Struktur, die diesem Wiederholungsraster zu Grunde liegt, besonders deutlich, weil sie sich auch formal niederschlägt. Das Ende ist eine Rückkehr an den Schauplatz des Anfangs. Der Turm, von dem Aldo schließlich stürzt, ist derselbe, von dem er zu Beginn des Films gestiegen war, um Irma zur Rede zu stellen. In *Il deserto rosso* gleichen sich Anfangs- und Schlussbilder wohl am auffälligsten, weil ihr Zusammenhang sich weniger aus inhaltlichen denn formalen Bezügen ergibt. Dies gilt auch für *Blow-Up*, in dem nicht nur der grüne Rasen sich am Ende wiederholt, sondern auch die identische Pantomimengruppe diesen Signalcharakter verstärkt. Am Ende von *Professione: reporter* stirbt David Locke, nachdem er am Anfang die Identität eines Toten übernommen hat. *L'eclisse* endet mit einer dem Anfang analogen Situation: das Liebespaar trennt sich. In *Identificazione di una donna* schließlich steht sowohl am Anfang wie am Ende die Rückkehr des Regisseurs Niccolò in seine Wohnung.

3. Die meisten der betrachteten Filme enden in einem Zustand der Stille. Die Protagonisten schweigen nicht nur in der letzten Einstellung, oft setzt dieses Schweigen schon früher ein und erstreckt sich über mehrere Minuten. Das Verstummen kann auch in einen größeren Zusammenhang gestellt werden, den Tomasulo unter der vierten Konstante vereinigt und «Änderung der Erzählperspektive am Ende» nennt. Ohne diesen Punkt vorwegzunehmen, soll ein möglicher Grund für

das Verstummen am Ende genannt werden: das Verschwinden oder zumindest die Marginalisierung der Protagonisten und die damit verbundene Präsenz der Dingwelt, vor allem der Landschaft.

Blow-Up ist ein treffendes Beispiel für ein Ende in Stille, fällt doch in der Schlusssequenz kein Wort. Das Auftauchen der Pantomimengruppe und ihr imaginäres Tennisspiel verstärkt das Motiv der Welt ohne Sprache, der Kommunikation, die nur auf Gesten beruht. Umso stärker wirkt die Hörbarkeit der aufschlagenden Tennisbälle, nachdem der Fotograf den unsichtbaren Ball zurück ins Spiel geworfen hat. In *L'avventura* ist die Sprachlosigkeit der letzten Minuten stärker aus der Filmhandlung motiviert, aus dem Zusammenbruch der Kommunikation, der daraus resultiert, dass sich das Paar nichts mehr zu sagen hat. *La notte* besitzt eine vergleichbare Konstellation, das Ende in Schweigen ist kürzer angelegt, wird jedoch abrupt erzwungen, wenn Giovanni nach dem Vorlesen des Briefes durch Lidia immer wieder «Sta' zitta» wiederholt.

L'eclisse und *Zabriskie Point* verfügen über minutenlange Passagen am Schluss, in denen kein Wort fällt. Selbst der Film *Identificazione di una donna*, der kurz vor Ende einen neuen narrativen Strang eröffnet, lässt diesen abbrechen und konzentriert sich ganz auf das Bild und die Musik. Tatsächlich geht es eher um das menschliche Verstummen, um die Stille innerhalb der Diegese, was nicht ausschließt, dass beispielsweise Musik zu hören ist. Geradezu standardmäßig lässt Antonioni ein paar Takte zu den letzten Bildern einspielen, oft werden dabei Elemente der Titelmusik wiederholt.

Die Betonung liegt auf dem Verstummen, das wiederum als ein Element der finalen Leere gesehen werden kann. Wie sich oft Antonionis Bilder in der Schlussphase entleeren, sich nicht mehr für die Protagonisten interessieren, so geschieht dies auch auf der Tonebene. Wo keine Dialoge oder Monologe mehr stattfinden, werden keine neuen Informationen gegeben. Hier zeigt sich wiederum die Technik des «verborgenen Schlusses», der erreicht werden kann, wenn die Protagonisten verstummen. Die Stille als radikalere Form ist nicht nur eine einleuchtende Endfigur, die sich – im Falle von Antonioni – durch Sanftheit auszeichnet, sie lässt sich ebenso als Einstieg in die Fiktion verwenden, am Filmanfang.

4. Das Ende als Entleerung – was Tomasulo (1983, S. 134) als «major change in narrative voice» beschreibt – meint eigentlich das Marginalisieren oder in äußerster Konsequenz das Verschwindenlassen der Protagonisten. Das wohl berühmteste Beispiel in diesem Zusammenhang ist die Schlusssequenz von *L'eclisse*. Nach der Verabredung für

den Abend am gewohnten Platz scheint die Kamera dort vergeblich auf Vittoria und Piero zu warten. Die Schlusssequenz gestaltet sich ohne die beiden Hauptprotagonisten. Eine andere Interpretationsmöglichkeit besteht darin, dass der Film sich gar nicht mehr für seine ehemaligen Hauptfiguren interessiert, dass er sie rund sieben Minuten vor dem Ende entlässt.

Eine solche Sichtweise lässt sich in *L'eclisse* nicht zwingend herleiten, auch wenn das Moment der Entleerung unbestreitbar vorhanden ist. Doch der vorangehende und vor allem die nachfolgenden Filme des Regisseurs untermauern das Prinzip des Verschwindenlassens oder Marginalisierens. Bereits in *La notte* wendet sich die Kamera in den letzten Bildern demonstrativ von Giovanni und Lidia ab, scheint von der Weite des Parks fasziniert. In *Blow-Up* wird der Fotograf exemplarisch ausgeblendet, nachdem er bereits vorher zum Zuschauer des Spiels ohne Ball gemacht wurde. Die vorletzte Einstellung ist in dieser Hinsicht aufschlussreich. Der Blick des Fotografen wendet sich, nachdem er den imaginären Ball zurückgeworfen hat und die Aufschläge zu hören beginnt, plötzlich nach innen, sein Gesicht drückt eine Traurigkeit aus, als ob er weniger das Auseinanderbrechen von visueller und auditiver Wahrnehmung bedauerte als den Umstand, dass er nun bald aus dem Film geworfen wird. In der Schlusssequenz von *Il deserto rosso* leert sich das Bild immer wieder. Ganz am Ende verharrt der Film schließlich bei den Fabrikansichten, folgt Vittoria und ihrem Sohn nicht mehr.

Eine mehrminütige «Pause» kurz vor dem letzten Bild enthält *Zabriskie Point*. Die von Daria imaginierte Explosion des Hauses verselstständigt sich, die Explosionen wiederholen sich, fallen damit aus einem realistischen Zusammenhang. Ein Ballett der Gegenstände entsteht durch extreme Zeitlupe, bis schließlich nur noch Formen, Farben und Bewegung dominieren. Der Film stellt am Ende das Chaos wieder her, aus dem er sich zu Beginn entwickelt hat. Neben *L'eclisse* ist *Professione: reporter* das eindrücklichste Beispiel eines solchen Verschwindenlassens des Protagonisten. Die lange und komplexe Kamerafahrt in der zweitletzten Einstellung hat bald zur Folge, dass der auf dem Hotelbett liegende Locke aus dem Rahmen fällt und nicht mehr interessiert. Erst gegen Ende kehrt die Kamera an ihren Ausgangspunkt zurück und zeigt, wie er tot aufgefunden wird. In diesem Film geschieht die Marginalisierung der Hauptfigur auf derart demonstrative Weise, dass wir auch von einem Akt der Autonomie der Form über den Inhalt sprechen können.

Identificazione di una donna endet mit dem Beginn eines anderen Films, eines Films, dessen Bilder ein meteoritenähnliches Raumschiff zeigen, das zur Sonne fliegt. Auch hier könnte der Bruch nicht größer sein. Das einzige verbindende Element besteht darin, dass wir wissen, dass der Regisseur auf der Suche nach einer Geschichte nun offenbar einen radikalen Bruch vollzieht, sich vom Thema «Frau» abwendet und sein Glück in der weniger schwierigen Thematik «Science-fiction» sucht. Die Tatsache, dass Niccolòs Neffe sich brennend dafür interessiert, verstärkt diesen Eindruck. Doch nach wenigen Sätzen, gleichsam nach der Exposition bricht die Geschichte ab. Die Protagonisten des «alten» Films werden verdrängt, sind nur noch auf der Tonspur präsent, diejenigen des «neuen» nehmen gar nie Gestalt an, ihnen wird die bildliche Präsenz verweigert.

Die Reduktion narrativer Elemente lässt sich in den Schlusssequenzen besonders deutlich erkennen, aber auch im Rest des Films treten immer wieder Stellen hervor, die diese Entleerung vorbereiten oder antizipieren. Gilles Deleuze spricht einerseits von einer «beachtlichen Ausschöpfung der toten Zeit des Alltags» (1991, S. 16), andrerseits beobachtet er vor allem in den Filmen ab *L'eclisse* eine Absorption der Figuren und Handlungen durch menschenleere Landschaften und entleerte Räume: «Der eigentliche Gegenstand des Kinos von Antonioni ist es, durch eine kleine Geschichte, die mit dem Verblassen des Gesichts, dem Verschwinden der Person endet, beim Nicht-Figurativen anzukommen» (Pascal Bonitzer, zit. nach Deleuze (1989, S. 165f.)). Unsere Charakterisierung «Entleerung» könnte damit um den Aspekt des «Nicht-Figurativen» ergänzt werden. Verweisen Verschwinden oder Entleerung auf einen Mangel, so beschreibt die Transformation zum Nicht-Figurativen den Wechsel in ein anderes formales System.[5] So kann das Ende von *L'eclisse* als Wechsel vom narrativen zum kategorialen und schließlich sogar zum abstrakten Film verstanden werden. Wir werden später auf dieses Modell zurückkommen.

3.4 Mikroanalyse: Bestimmung des Endes, Deskription und Ableitungen

Im Folgenden soll das Verfahren zur Bestimmung des Film-Endes erläutert und problematisiert werden. In einem zweiten Schritt geht es darum,

5 Der Begriff wird hier in dem Sinne verstanden, wie David Bordwell und Kristin Thompson ihn als «formal system» beispielsweise in *Film Art: an Introduction*. 5th ed. New York: McGraw-Hill, 1997, S. 89ff. und 128ff. verwenden.

Endsequenzen der elf ausgewählten Antonioni-Filme exakt zu beschreiben, zu analysieren und erste vergleichende Ableitungen vorzunehmen. Dabei wird es notwendig sein, im Falle von *Professione: reporter* und *Identificazione di una donna* die beiden letzten Sequenzen zu berücksichtigen. Der dritte Teil des Vorgehens dient als Grundlage für die nächsten Unterkapitel, die dem Verhältnis von Ende und übrigem Film sowie vier ausgewählten Endfiguren des offenen Strukturtypus gewidmet sind.

Wenn wir, wie im Kapitel «Elemente einer Theorie des Film-Endes», das Ende pragmatisch als letzte Sequenz eines Films betrachten, so stellt sich damit trotz aller Fassbarkeit ein Problem: Wir wissen zwar, wo der Endpunkt zu setzen ist, weniger allerdings, wo die Endsequenz beginnt. Denn der Begriff «Sequenz» ist stärker auf erzählerische Aspekte ausgerichtet als beispielsweise derjenige der Szene als «Handlungseinheit [...], (meist) an einem Ort spielend und zeitlich kontinuierlich wiedergegeben» (Rother, 1997, S. 289). Die Sequenz besitzt diese Einschränkungen nicht, sondern umfasst einen Handlungsabschnitt vollständig.

Um bei der Analyse nicht zu kleine Elemente zu erhalten, verwenden wir in unserem Fall den unschärferen Begriff «Sequenz», auch wenn bisweilen Schwierigkeiten zu erwarten sind, wie dies Francis Vanoye (1993, S. 127) beschreibt: «L'appréciation de la tranche narrative est parfois difficile à décider et dépend des divers constituants du récit: action, temps, lieu, personages...». Die Schwierigkeiten bei der Bestimmung der Endsequenz treten besonders dann auf, wenn die Handlungselemente dicht ineinander verwoben sind und der Film zudem eine episodenhafte Struktur aufweist, diese jedoch geschickt maskiert und den Eindruck von Kontinuität erzeugt, so dass sich der exakte Anfang der letzten Sequenz schwer bestimmen lässt. Diese Schwierigkeiten sind durchaus aussagekräftig. Es handelt sich um jene Filme, die entweder eine konsequente Reise-Struktur aufweisen, wie *Il grido, L'avventura, Zabriskie Point* oder *Professione: reporter*, oder das Flanieren, Umherstreifen zum Erzählprinzip machen wie *La notte*. Um die Interpretation der Endsequenz zu präzisieren, empfiehlt es sich bisweilen, auch den unmittelbaren Übergang, die Anschlussstelle zu berücksichtigen.

Bestimmen wir zunächst die elf verschiedenen Endsequenzen im Überblick[6]:

6 Alle Zeiten sind Videozeiten. Zur Bestimmung der Filmzeiten ist die Angabe mit dem Faktor 1.04 zu multiplizieren.

Film-Titel	Dauer	Anzahl Einst.	Beginn – Ende
Cronaca di un amore (1950)	4'38"	10	Guido und Paola treffen sich vor Guidos Pension, nachdem Paola vor der Polizei, die ihr den Tod ihres Mannes mitteilen wollte, geflüchtet ist. Aussprache. Guido bringt sie zurück in ihr Haus. Versprechen, am nächsten Morgen zu telefonieren. Guido lässt sich von einem Taxi zum Bahnhof bringen.
Le amiche (1955)	2'10"	7	Clelia wartet vergeblich am Bahnhof auf Carlo. Dieser erscheint zwar, gibt sich jedoch nicht zu erkennen. Der Zug mit Clelia verlässt den Bahnhof von Mailand in Richtung Rom.
Il grido (1957)	10'27"	35	Aldo kehrt ins Dorf zurück, das er zu Beginn des Films verlassen hat. Das Dorf ist abgesperrt, da eine Kundgebung gegen einen geplanten Flugplatz im Gange ist. Aldo gelingt es dennoch, die Sperre zu durchdringen. Er sieht, wie Irma ihr Baby pflegt. Das Ende bildet Aldos Sturz vom Turm vor den Augen der entsetzten Irma.
L'avventura (1960)	9'40"	32	Claudia sucht im Morgengrauen nach Sandro, entdeckt ihn in den Armen einer Prostituierten. Claudia stürzt ins Freie, Sandro folgt ihr. Ende mit zweigeteiltem Bild im Hintergrund: links der Aetna, rechts eine Hausmauer.
La notte (1961)	12'26"	37	Nach der Verabschiedung von Valentina verlassen Lidia und Giovanni das Haus der Gherardini im Morgengrauen. Im Park kommt es zur Aussprache, nachdem Lidia Giovanni von Tommasos Tod unterrichtet hat. Giovanni erkennt seinen eigenen Liebessbrief nicht mehr, bittet Lidia zu schweigen und erzwingt einen Sexualakt.
L'eclisse (1962)	5'24"	44	An der Piazza, wo die Verabredung zwischen Vittoria und Piero stattfinden soll. Das Paar erscheint nicht. Der Tag geht zu Ende. Am Schluss zeigt die Kamera in Großaufnahme den Lichtbogen einer Straßenlaterne in der Nacht.
Il deserto rosso (1964)	1'55"	12	Giuliana und ihr Sohn vor der Fabrik. Sie erklärt ihm, dass die Vögel nicht in den giftigen Rauch der Fabriken fliegen, weil sie um die Gefahren wüssten.
Blow-Up (1966)	7'40"	52	Am nächsten Morgen erwacht der Fotograf, geht in den Park zurück und findet die Leiche nicht mehr. Eine Gruppe von Pantomimen spielt einen imaginären Tennismatch. Der Fotograf kommt der Aufforderung nach, den «Ball» ins Spiel zurückzuwerfen. Anschließend werden die Aufschläge hörbar. Am Ende bleibt der grüne Rasen, nachdem der Fotograf ausgeblendet wurde.

Zabriskie Point *(1970)*	18'38"	113	Daria hört im Radio von Marks Tod, fährt anschließend zur Villa ihres Chefs in der Wüste. Angewidert verlässt sie den Ort, an dem gerade eine geschäftliche Besprechung stattfindet. Die Villa explodiert, immer und immer wieder. Am Ende sehen wir Daria lächeln, ins Auto steigen und in die untergehende Sonne fahren.
Professione: reporter *(1975)*	13'44"	17 (zweitl.)	Zweitletzte Sequenz: Locke erreicht mit dem Taxi das Hotel de la Gloria, wo die junge Frau auf ihn wartet. Er legt sich schlafen. Die Kamera fährt durch das Zimmer, überwindet das vergitterte Fenster, um schließlich von außen wieder hineinzublicken. Während dieser Fahrt wird Locke erschossen. Seine Ex-Frau, die Polizei und seine letzte Begleiterin entdecken die Leiche.
	6'15"	1 (letzte)	Letzte Sequenz: Hotel de la Gloria in der Abenddämmerung. Endtitel.
Identificazione di una donna *(1982)*	2'13"	7 (zweitl.)	Zweitletzte Sequenz: Der Regisseur Niccolò kehrt von Venedig in seine Wohnung zurück. Er setzt sich ans Fenster und blickt in die untergehende Sonne.
	3'40"	3 (letzte)	Letzte Sequenz: Wir sehen die Umsetzung des vorgestellten Films: ein Raumschiff in einem Meteoriten, das zur Sonne fliegt.

Unter den elf in die Analyse einbezogenen Enden sind große äußerliche Unterschiede festzustellen, sowohl in Bezug auf die Länge wie die Anzahl der Einstellungen: *Il deserto rosso* besitzt die kürzeste Endsequenz, *Professione: reporter* (wenn wir die beiden letzten Sequenzen als Einheit betrachten) und *Zabriskie Point* die längsten. Vergleicht man die beiden letztgenannten Endsequenzen, so könnte der Unterschied auch bezüglich der Anzahl der Einstellungen nicht größer sein. Die Endsequenz von *Zabriskie Point* besteht aus 113 Einstellungen, jene von *Professione: reporter* bei ungefähr gleicher Dauer aus nur gerade 18. Zwei davon weisen zudem eine außerordentliche Länge auf – die vorletzte und letzte Einstellung von *Professione: reporter* sind über sechs Minuten lang.

Überblicksmäßig lassen sich folgende Aussagen ableiten:

Zwei der elf Endsequenzen sind nicht einheitlich, bestehen eigentlich aus zwei Teilen. Im Falle von *Professione: reporter* besitzt die letzte Sequenz (oder die zweite Hälfte der Endsequenz) kaum noch narrative Funktion. Zudem hat zwischen den beiden letzten Einstellungen ein beträchtlicher Zeitsprung stattgefunden. Ein größerer Teil der allerletzten Einstellung wird als Hintergrund für die Endtitel verwendet.

In *Identificazione di una donna* findet dagegen ein Wechsel der Erzählebene statt. Die letzte Sequenz schließt zwar nahtlos an die zweitletzte an, ist aber als relativ abstrakte Umsetzung von Niccolòs Filmplänen zu verstehen. Von der narrativen Struktur aus betrachtet, beginnt an dieser Stelle eigentlich ein neuer Film. Von diesem ist zwar seit Beginn von *Identificazione di una donna* die Rede, doch das ursprüngliche Projekt hat sich außerordentlich stark verändert, ist nicht wiederzuerkennen. Im ganzen vorangegangenen Film wurde zudem nie auch nur eine Einstellung dieses Projekts visualisiert.

Von den elf Endsequenzen weisen lediglich fünf einen hohen Grad an Abgeschlossenheit und damit Trennschärfe zum vorangegangenen Teil auf: *Le amiche, L'eclisse, Il deserto rosso, Blow-Up* und *Identificazione di una donna*. Dies ist deshalb der Fall, weil ein deutlicher Zeitsprung und/oder Ortswechsel erkennbar ist. In den übrigen sechs dagegen ist die Setzung des Beginns der Endsequenz nicht ganz unproblematisch, ja willkürlich, weil die verschiedenen Handlungsteile oft fast unmerklich ineinander übergehen. Am auffälligsten erscheint dies in *La notte*; zwischen der Verabschiedung von Valentina und dem Verlassen des Hauses existiert keinerlei Trennung, der Übergang ist fließend, die Abgrenzung kann einzig narrativ – Weggehen: Erzählung erhält eine neue Wendung – oder durch den Wechsel von innen nach außen begründet werden. Diese fließenden Übergänge und die verwobene Struktur charakterisieren den gesamten Film, in dem knapp vierundzwanzig auf rund zwei Stunden komprimiert werden. Die episodische Struktur ohne klare Höhepunkte charakterisiert auch *Professione: reporter*. Das Reise-Motiv, das hier einen zentralen Stellenwert einnimmt,[7] unterstützt den fließenden Erzählstil. Aus der Dedramatisierung und Enthierarchisierung von Storyelementen resultiert ein narrativer Stil, der den Versuch einer klaren Strukturierung unterläuft. Es ist wohl kaum ein Zufall, dass drei der vier übrigen Endsequenzen mit unklarer Abgrenzung ebenfalls Reise-Filme sind: *Il grido, L'avventura* und *Zabriskie Point*. Die episodenhafte Struktur verwischt die Grenzen, ein narrativer Sprung ist oft erst im Nachhinein als solcher zu erkennen. Trotz (oder wegen) der Lockerung, ja starken Verminderung und Abschwächung der Kausalketten entsteht eine Dynamik, welche die Grenzlinien – zumindest während ihrer Überschreitung – unsichtbar werden lässt.

Die Endsetzung, worunter die letzte, terminierende Einstellung verstanden wird, verläuft in allen untersuchten Filmen Antonionis relativ

7 Der englische Titel des Films heisst *The Passenger* und drückt damit bereits im Titel das Motiv aus.

stereotyp. In den neun ersten Beispielen geschieht dies in der Regel durch Einblendung des Begriffs «Fine» respektive «The End» in die letzte Einstellung. Einzig *L'avventura* weicht von diesem konventionellen Verfahren ab, um ein noch konventionelleres zu wählen: Das Wort «Fine« erscheint auf schwarzem Hintergrund. In den meisten Fällen wird der Endtitel mit Musik kombiniert. Vielfach ist damit auch eine Verbindung zu den Anfangstiteln hergestellt, indem die dort verwendete Musik wiederholt oder variiert wird. Ich werde bei der Einzelbesprechung auf den einen oder anderen Fall zurückkommen. Die letzten beiden untersuchten Filme weichen von diesem Schema insofern ab, als sie eigentliche Titelnachspänne besitzen.

In einer Übersicht werden im folgenden die untersuchten Endsequenzen in der Reihenfolge ihrer Entstehung beschrieben und analysiert. Dabei sollen Eigenarten hervorgehoben und weitere Gemeinsamkeiten festgestellt werden – Gemeinsamkeiten allerdings, die nicht immer alle Filme betreffen. Damit wird es auch möglich sein, die Entwicklung von Motiven und Verfahren festzuhalten.

3.4.1 *Cronaca di un amore*: Wiederholung, Trennung – «un giallo in reverse»[8]

Die Endsequenz von *Cronaca di un amore* beginnt mit Paolas Eintreffen vor dem Haus, in dem Guido zur Untermiete wohnt; er ist eben daran, dieses Haus mit einem Koffer zu verlassen. Seine ruhige Art steht in scharfem Gegensatz zur Hektik und Aufgelöstheit von Paola – ein Unterschied, der aus der Wissensdifferenz zwischen Guido (und uns Zuschauern) und seiner Geliebten resultiert. Paola glaubt, dass der geplante Mord tatsächlich geschehen ist, und wundert sich nun, dass die Polizei sie sucht (und nicht Guido). Guido klärt sie darüber auf, dass er die Tat gar nicht begehen musste, ihr Ehemann ohne sein Mitwirken verunglückt ist. Antonioni erledigt diese «Aufklärung» außerordentlich ökonomisch und benötig dafür zwei Einstellungen, von denen allerdings die zweite recht komplex und anderthalb Minuten lang ist. Sie erinnert mit ihrem Zusammenspiel von Schwenks und Fahrten und dem daraus resultierenden ständigen Neuaufbau der Komposition an die erste Aussprache am Fluss oder die berühmte Brückensequenz, in der Guido und Paola die Möglichkeit eines Mordes «durchspielen».

8 Antonionis eigene Charakterisierung von *Cronaca di un amore*, etwa als ein auf den Kopf gestellter Krimi im Sinne eines vom Schwanz her aufgezäumten Pferdes. Zit. nach: Chatman (1985, S. 16).

Auf der Rückfahrt zu Paolas Haus fällt jene Frage, die am Ende vieler Filme Antonionis steht: Und jetzt? Hier besitzt sie direkten Bezug zur eigentlichen Geschichte. Der Film beantwortet sie indirekt, indem er sagt, was nicht geschehen wird. Paola erzwingt von Guido das Versprechen, sie am nächsten Tag anzurufen, nachdem er ihr klargemacht hat, dass sie sich eine Weile nicht sehen können. Gleich in der folgenden Einstellung wird dieses Versprechen allem Anschein nach gebrochen, indem Guido sich zum Bahnhof fahren lässt. Eine kleine Parallelmontage zwischen der schluchzenden Paola und dem in der Dunkelheit verschwindenden Wagen beendet den Film. Natürlich kann an dieser Stelle eingewendet werden, dass der Bruch der Verabredung gar nicht so sicher sei, da Guido auch von anderswo anrufen könnte. Doch die Frage «Und jetzt?» erinnert an jene andere Geschichte zwischen beiden, ebenfalls eine Dreiecksgeschichte mit tödlichem Ausgang, die außerhalb des Plots stattgefunden hat, als vor sieben Jahren Guidos damalige Freundin in einen Liftschacht stürzte. Damit schließt sich der Kreis, und zugleich verzahnt sich die frühere Geschichte mit derjenigen der Gegenwart. Denn am Ende dieser früheren Geschichte stand die Trennung.

Die Endsequenz von *Cronaca di un amore* wirkt auf den ersten Blick konventionell und verfährt nach dem bekannten Muster «Ende = Wegfahren». Doch eine tiefergehende Analyse zeigt, dass sich nicht nur eine ungeahnte Komplexität eröffnet, sondern eine Vielzahl von Endmotiven der späteren Werke des Regisseurs gleichsam im Kern angelegt ist: die Verdoppelung der Geschichte, die Frage nach dem «Wie weiter», die nicht beantwortet wird, die Verabredung, die man nicht einhält. Gerade dieses Motiv taucht bereits in *Le amiche* wieder auf, erfährt eine Steigerung durch den Umstand, dass der Mann zwar erscheint, sich aber nicht zu erkennen gibt, bis schließlich *L'eclisse* eine für dieses Motiv abstrakte Form erreicht, in der zur Verabredung niemand erscheint oder der Film sich nicht mehr dafür interessiert. Das letzte Bild von *Cronaca di un amore* zeigt die regennasse Nacht, die das davonfahrende Auto förmlich verschluckt. Das Motiv des Verschwindens scheint hier bereits angelegt.

Das Ende von *Cronaca di un amore* muss aber auch im Kontext des übrigen Films gesehen und interpretiert werden. Relevant sind in diesem Zusammenhang vor allem die enttäuschten Erwartungen des Zuschauers. Die kurze Beschreibung des Ausgangs macht deutlich, dass damit die zu Beginn suggerierte Zugehörigkeit zum Genre des Kriminalfilms gründlich auf den Kopf gestellt wird: Der Mordplan erübrigt sich, weil das Opfer in dem Moment, als er umgesetzt werden sollte, entweder verunglückt oder sich umbringt. Das Paar fühlt sich trotzdem schuldig und trennt sich. Der Schlüssel liegt in einer sieben Jahre zurückliegenden, ähnlichen Geschichte. Die Nachforschungen zu dieser früheren Geschichte, angeordnet vom Verdacht schöpfenden Ehemann, führen ausgerechnet zur Neuauflage des Verhältnisses.

Francesco Casetti (1986, S. 74) verweist auf dieses Paradox und konstatiert die Vorwegnahme der Trennung bereits durch die visuelle Gestaltung der ersten (Wieder-)Begegnung zwischen Paola und Guido vor der Mailänder Scala: «Each is framed from the other's point of view – but in long shot or in a long, long shot, whereas a medium shot would be more in harmony with reality». Tatsächlich kommen sie sich in dieser Wiederbegegnung nicht näher. Paola und Guido sind in der ersten und letzten gemeinsamen Szene identisch gekleidet, von Interesse ist dabei die Variation, die Antonioni vornimmt – sie betrifft Paola. Während sie bei ihrem ersten Auftritt durch die Kleidung umhüllt und geschützt erscheint, wirkt sie im letzten Teil der Schlusssequenz in ihrer weißen Stola und dem Abendkleid entblößt und schutzlos. In den letzten Bildern wird sie von der Kamera verlassen, die scheinbar Guido folgt, ohne dass er jedoch ins Bild kommt. Die Narration des Films entfernt sich somit zunächst von Paola, «entlässt» aber in Wirklichkeit beide Hauptfiguren, ohne sich auf etwas Neues zu konzentrieren. Die letzten Bilder von *Cronaca di un amore* wirken unfokussiert und verweisen damit wiederum auf den Filmanfang, in dem es rund zwölf Minuten dauert, bis die Narration sich bündelt, um an den wesentlichen Punkt, nämlich zu den Hauptprotagonisten vorzustoßen. Die Konformität der Story von *Cronaca di un amore*, wie wir sie aus Dutzenden von Krimis kennen, ist nur eine scheinbare.

Noël Burch (1973, S. 75) bezeichnet *Cronaca di un amore* als «one of the most perfectly and completely structured films in the entire history of cinema». Ein Grundprinzip dieser Struktur bestehe im Auseinanderlaufen von Bild und Ton – allerdings nicht gemeint als mangelnde Synchronität, sondern in einem abstrakteren Sinn: «The spoken word is no longer the action. Rather, it is a narrative vehicle that *describes* all of the action that has already occurred or will (perhaps) occur» (Burch, 1973, S. 76). Durch ein solches Auseinanderlaufen, durch das Fehlen einer rigorosen, ja sklavischen Verknüpfung von Bild und Ton sei eine Autonomie vor allem der Bildkomponente möglich.

In *Cronaca di un amore* zeigt sich dieses Gestaltungsprinzip auch innerhalb der Endsequenz. Das Schlussbild weist in eine andere Richtung als die verbalen Äußerungen. Burch (1973, S. 76f.) verwendet in diesem Zusammenhang die auf den ersten Blick irritierenden Begriffe «ballet» und «choreography» und suggeriert damit nicht nur die Nähe zu Musical oder Tanzfilm, sondern das Primat des Bildes und der Bewegung im

Bild über das gesprochene Wort. Mit einer solchen Charakterisierung assoziiert man unmittelbar die Schlusssequenzen von *L'eclisse*, *Blow-Up*, *Zabriskie Point* und vor allem *Professione: reporter*. Doch auch ein weiteres narratives Grundprinzip, das Burch zur Charakterisierung von *Cronaca di un amore* verwendet, findet sich noch einmal in der Endsequenz: Die Narration sei bestrebt, jegliche Handlung von der Leinwand, das heißt aus dem sichtbaren Feld zu verbannen, zugleich aber den Schauwert zu betonen. Er erwähnt in diesem Zusammenhang die Szene, die dem unmittelbaren Ende vorausgeht: Der Unfall, dem Fontana zum Opfer fällt, findet außerhalb des Bildrahmens statt, die Folgen sehen wir aber außerordentlich plastisch durch die Nahaufnahme des Toten (Burch, 1973, S. 79f.).

Es ist eine Dramaturgie des Zu-früh-Seins oder Zu-spät-Kommens, die hier zentralen Stellenwert einnimmt. Ganz am Ende vollzieht der Film ein narratives Splitting. Nicht nur das Paar Paola und Guido trennt sich, auch ihre Bewertung fällt unterschiedlich aus. Paola erscheint als passiv, verharrend, während Guido immerhin die Konsequenzen zieht und weggeht. Doch dieser Umstand, so wichtig er erscheinen mag, interessiert bald nicht mehr; vielmehr löst sich der Handlungsstrang am Ende auf. Der Schluss erscheint hier weniger als Punkt, an dem eine Handlung nicht mehr weitergeht (wie zum Beispiel im tragischen Ende von *Il grido)*, noch weniger als Ort, an dem das Problem gelöst, der Zustand der Ruhe wieder hergestellt ist, sondern vielmehr als Punkt, an dem der Film sich nicht mehr für seine Protagonisten interessiert. Dabei werden zumindest ansatzweise Perspektiven einer möglichen Weiterentwicklung aufgezeigt. Indem der Film sie nicht ausführt, werden sie zwar von der Narration unterschlagen, aber zur weiteren Auseinandersetzung dem Zuschauer überlassen.

3.4.2 *Le amiche*: Wegfahren

In *Le amiche* erhält das Motiv der nichteingehaltenen Verabredung erstmals seine volle Ausgestaltung. Was für *Cronaca di un amore* noch als mögliche Weiterentwicklung – nach dem Ende des Films – erscheint, wird hier zur Gewissheit. Clelia, die in der letzten Sequenz nach Rom zurückfährt, wartet auf dem Bahnhof vergeblich auf Carlo. Im letzten Moment erscheint er zwar auf dem Bahnsteig, doch er hält sich versteckt. Damit entsteht eine merkwürdig asymmetrische Doppelperspektive. Clelia vermag Carlo nicht zu sehen, dieser dagegen sieht sie sehr wohl, hält sich aber im Hintergrund. In diesem Film ist es die Frau, die am Ende als handelnder Part gekennzeichnet ist – wiederum in Form einer Abreise –, während der Mann verharrt und sich zurückzieht. Endet *Cronaca di un amore* in einer Art Schwebezustand zwischen den sich trennenden Protagonisten und folgt zunächst der aktiven Person, um sie dann auch zu verlieren, so bleibt in *Le amiche* die Kamera zurück, während der Zug in der Dunkelheit des Tunnels verschwindet.

Die hier gewählte Endfigur erscheint wie in *Cronaca di un amore* als eine konventionelle: Ende = Weggehen. Doch in der Ausgestaltung ist Antonionis Film weit von der Konventionalität entfernt. Was ein Abschied unter Tränen werden könnte, vermeidet der Regisseur, indem er den Abschied nicht stattfinden lässt. In diesem erzählerischen Vakuum, in dem die Zufuhr neuer Elemente gedrosselt ist, erhalten scheinbare Nebensächlichkeiten plötzlich eine Bedeutung, die ihnen eigentlich nicht zusteht. In *L'eclisse* werden diese Nebensächlichkeiten schließlich zum Zentrum, das Ende besteht nur noch aus «unwichtigen» Begebenheiten. In *Le amiche* finden wir diese Konstellation ansatzweise in der Figur des älteren Mannes, der mit Clelia anbandeln will, während sie in der Telefonkabine Carlo zu erreichen sucht. Diese Figur, die nie zuvor im Film erschienen ist, hat im Gesamtkontext keine Bedeutung, doch ihr kurzer Auftritt bleibt beeindruckend und seltsam berührend.

Die gewählten «Lösungen» von *Cronaca di un amore* und *Le amiche* ähneln sich in einem weiteren Punkt, den es hervorzuheben gilt sowohl als Abgrenzung gegenüber dem nachfolgenden *Il grido*, der vom Plot her eine gewisse Geschlossenheit aufweist, als auch in Bezug auf das Merkmal der offenen Komposition. Beide Filme erreichen am Ende eine Art Schwebezustand zwischen (Ab-)Geschlossenheit und Offenheit. In der dem Ende vorangehenden Sequenz stirbt jeweils eine Figur, in beiden Fällen zwar nicht eine Nebenfigur, aber doch keine zentrale. In *Cronaca di un amore* ist es der Ehemann von Paola, in *Le amiche* Rosanna, beide Todesfälle beenden dramaturgisch gesprochen einen Erzählstrang. Trotz (oder wegen) diesem definitiven Status bricht jeweils die bisherige Konstellation auseinander: Guido und Paola trennen sich, Clelia verlässt die Gruppe, zu der auch Rosanna gehörte, und kehrt nach Rom zurück. Auf diese Weise entsteht der angesprochene Schwebezustand. Die Geschlossenheit, die die zweitletzte Sequenz erwarten lässt, wird durch das eigentliche Ende partiell wieder aufgehoben. Die Endfigur ist in beiden Fällen eine konventionelle, die Art und Weise, wie sie realisiert wird, jedoch nicht.

3.4.3 *Il grido*: Rückkehr, Tod, Ambivalenz

In *Il grido* rückt die beschriebene Terminierung eines Erzählstranges durch den Tod ins Zentrum. Der Film ist unter den zur Diskussion stehenden Beispielen der erste mit einem geschlossenen, tragischen Ende. Er endet mit dem Sturz Aldos vom Fabrikturm, Irmas Schrei und dem Blick von oben auf die Leiche und die daneben kniende Frau. Im Gegensatz zu den beiden vorangehenden Filmen ist das Ende hier so gesetzt, dass die Paarbeziehung keine weitere Entwicklung mehr erfahren kann. Von dieser Konstellation her bildet sich eine Linie von *Il grido* zu *Professione: reporter* mit einer (abgeschwächten) Zwischenstation bei *Zabriskie Point*.

Besteht über den Ausgang des Films kein Zweifel, so bleiben die genauen Umstände ambivalent. Fällt Aldo nach der Rückkehr in sein Heimatdorf, an seinen früheren Arbeitsort, vom Turm, als er nach monatelanger Abwesenheit Irma erblickt, oder stürzt er sich in selbstmörderischer Absicht in die Tiefe? Der Film beantwortet diese Frage nicht eindeutig, und an ihr entzündeten sich kontroverse Beurteilungen der zeitgenössischen Kritik.[9] Damit war auch die Provokation einer Gesellschaft verbunden, die moralische Leitsätze hochhielt und sich durch eine solche Verweigerung von Eindeutigkeit irritiert fühlte. Auch heute scheint die Fragestellung nicht aus dem Brennpunkt des Interesses von Antonioni-Interpreten verschwunden zu sein. So widmet sich ihr Chatman (1985, S. 39ff)[10] mit großer Ausführlichkeit und versucht im Detail

9 Interessant ist in diesem Zusammenhang eine nicht-filmkritische, sondern literarische Interpretation, die die Geschichte von *Il grido* in einem Roman verwendet und dabei die Ambivalenz beseitigt. Es handelt sich um Alfred Anderschs Roman «Die Rote», der in der ersten Fassung 1958/59, also unmittelbar unter dem Eindruck der Erstaufführung des Films entstand. In der bezugnehmenden Episode «Das Meer» heisst es: «Als Aldo erkannte, was mit Andreina los war, trat er aus der Hütte und ging lange in den ‚Foci' umher, auf Steppen und Sandbänken, von denen aus er das Meer erblickte. Dann fuhr er nach Francolino zurück und tötete sich vor Irmas Augen, indem er sich von einem Turm stürzte. Sein Fall endete in dem Schrei der Frau, die er geliebt hatte.» (Alfred Andersch: Die Rote. Neue Fassung. Zürich: Diogenes, 1974. (Detebe ; I/V). S. 175f.)

10 Im von Chatman zitierten Drehbuch von Antonioni ist an der fraglichen Stelle von einem «plötzlichen Schwindel» die Rede. Chatman (1985, S. 40-42) fährt weiter: «I quote the screenplay because many critics have interpreted Aldo's death as suicide. Whatever one may think of Steve Cochran's success in communicating Aldo's vertigo, which apparently is brought on by his 'state of complete exhaustion' and the sudden appearance of Irma, neither his movements nor the context suggests that his conscious intention is suicide. [...] When the film is run in slow motion, one can clearly see Aldo rock on his heels and topple over. He does not jump. [...] Aldo does not climb the tower in order to commit suicide but simply to recapture something of the pleasure that he once took in surveying the landscape and seeing his family's place in it.» Vielleicht wäre es am besten, man würde in dieser Fragestellung eine Haltung einnehmen, wie sie sich Antonioni zu eigen machte, als er in Bezug auf *L'avventura* nach dem Verbleiben von Anna gefragt wurde: Wie soll ich das wissen, ich bin doch nur der Regisseur?

die Behauptung von Aldos Selbstmord zu widerlegen. Er zieht dabei auch Drehbuchfassungen und Äußerungen des Regisseurs bei, die tatsächlich eher auf einen momentanen Schwächeanfall als Grund für Aldos Sturz schließen lassen. Allerdings ritzt eine solche Fragestellung nur an der Oberfläche. Klammern wir sie deshalb in unserem Kontext aus oder qualifizieren sie als nicht eindeutig beantwortbar, letztlich aber auch von sekundärer Bedeutung und versuchen, in tiefere Schichten vor allem der spezifischen Endgestaltung von *Il grido* einzudringen.

Aldo kehrt am Ende an den Ort des Filmanfangs zurück. Damit schließt sich der Kreis einer langen Irrfahrt. Zweitletzte Station ist die Tankstellenbesitzerin Virginia, mit der er eine Zeitlang zusammengelebt und -gearbeitet hat. Die Frau erwähnt eine Postkarte, die für ihn gekommen sei, kann sich aber nicht mehr genau daran erinnern. Damit erhält Aldo den letzten Impuls zur Rückkehr in sein Dorf. Die Art und Weise, wie Antonioni dies gestaltet, ist bemerkenswert – vor allem die formale Umsetzung des Schlussteils. Systematisch baut der Film Barrieren auf, um Aldo an der Rückkehr zu hindern und zu isolieren. Das Dorf ist abgeriegelt, es findet eine Demonstration gegen den Bau eines Militärflugplatzes statt, an der sich die meisten Bewohner beteiligen. Visuell sind es zwei verschiedene Mittel, die eine solche Ausgrenzung fassbar machen: einerseits die horizontalen Hindernisse in Form von Menschenketten, Fabriktoren, Gittern, andrerseits die unterschiedlichen Bewegungsrichtungen. Aldo bewegt sich immer gegen die Masse der Bevölkerung: Er will ins Dorf zurück, während die Menschen hinausdrängen; er geht in die Fabrik, nachdem die Arbeiter sie verlassen haben, um an der Demonstration teilzunehmen. Öffentliches und Privates stehen sich in diesem Fall konträr gegenüber und lassen sich nicht zur Deckung bringen. Indem der Regisseur diese öffentliche Sphäre in die Narration einbringt und sie mit der privaten kollidieren lässt, wirkt Aldos inneres Drama um so intensiver.

Eine Hauptstrategie der Schlusssequenz von *Il grido* besteht also in der allmählichen Isolierung des Protagonisten. Er wirkt, da er an der momentanen Konfliktsituation der Dorfgemeinschaft nicht teilhat, wie ein Schlafwandler, nach innen gekehrt. Die Vertikale des Fabrikturms beherrscht die Landschaft, die ansonsten von der Horizontale dominiert wird. Erneut baut der Film ein visuelles Spannungsfeld auf. Der Turm ragt aus der flachen Landschaft und steht für Aldos früheren Arbeitsort. Von ihm stieg er am Anfang des Films, um Irma zur Rede zu stellen; nun steigt er wieder hinauf. Die Richtung hat sich – auch hier – umgekehrt: Irma folgt nun Aldo, nachdem sie gesehen hat, wie er in ihre Wohnung geblickt hat, als sie ihr Baby pflegte.

Die Frage nach dem Grund für Aldos Sturz vom Raffinerie-Turm erscheint deshalb sekundär, weil er – und der Verlauf des Films zeigt dies in aller Deutlichkeit – eigentlich schon am Anfang, das heißt nach Irmas Verweigerung, am Ende ist. Er setzt sich zwar äußerlich in Bewegung, doch nur um seine innere Leere zu überdecken. Aldo ist dermaßen auf Irma fixiert, dass er zu einer neuen Beziehung nicht fähig ist – das zeigt sich in den Stationen seiner Reise, die alle mit einer Frauenbekanntschaft verbunden sind. Aldo, so könnten wir zugespitzt formulieren, ist zu Beginn schon der Tote, der er am Ende auch physisch sein wird. Der Film zeigt dieses Nicht-mehr-sich-entwickeln-Können und findet die großartigen Bilder der Schlusssequenz. In den letzten zwanzig Einstellungen erzählt er rein visuell, benötigt keine Worte mehr, wenn wir von Irmas Zurufen und ihrem Schrei absehen.

Mit dieser Konstruktion, die im Ende die Erfüllung des Anfangs sieht – was durchaus einer konventionellen Erzählstruktur entsprechen würde –, zwischen Anfang und Ende aber für die Hauptfigur keine Entwicklung folgen lässt, grenzt sich der Regisseur von seinen vorangehenden Werken ab. Zugleich verweist *Il grido* (1957) auf ein viel späteres Werk, das – in noch radikalerer Ausformung – genau dasselbe narrative Grundgerüst aufweist: *Professione: reporter* (1975). Auch dort ist der Endpunkt mit dem Steckenbleiben im Wüstensand kurz nach Beginn bereits erreicht. Die Übernahme der Identität des toten Waffenhändlers verstärkt nur die Ausweglosigkeit: Locke hat seinen eigenen Tod inszeniert und damit seine Identität verloren. Aldo hat mit der Trennung von Irma seine Selbstdefinition verloren. In Zusammenhang mit *Il grido* wird bisweilen der Begriff *Existentialismus* verwendet. Falls damit die Unerbittlichkeit, Unentrinnbarkeit gemeint ist, mit der die Dinge ihren Lauf nehmen, ohne dass dabei ein «Spielführer» erkennbar wird, so könnte diese Charakterisierung auch das Wesen von *Il grido* erhellen.

Wenn wir *Il grido* und *Professione: reporter* bezüglich ihrer Endgestaltung vergleichen, so fällt eine bereits beschriebene Ähnlichkeit auf der inhaltlichen, aber auch narrativen Ebene auf. Die formale Umsetzung ist allerdings so verschieden wie überhaupt möglich. *Il grido* bewegt sich in einem konventionelleren Rahmen, der Zuschauer sieht, was er sehen muss, um eine einigermaßen logische Kette von Storyelementen zu erhalten. In die Figur selbst, ihr Tun und Handeln, in die Motive hat er allerdings keinen Einblick. So bleibt die Frage, was eigentlich in den letzten Bildern am Raffinierie-Turm geschieht, nicht eindeutig beantwortbar. Das Resultat ist eindeutig, der Weg zu diesem Schlusspunkt bleibt in Ambivalenz gehüllt.

Auch *Professione: reporter*, rund zwanzig Jahre später entstanden, wählt ein geschlossenes Ende. Auch hier ist der Protagonist am Schluss tot, ermordet von Geschäftspartnern, die sich vom Waffenhändler, dessen Identität er übernommen hat, betrogen fühlen. Doch welch ein Unterschied: keine sich steigernde Parallelmontage, keine «Verfolgungsjagd»; stattdessen Entdramatisierung bis ins Extrem. Die eigentliche Ermordung ereignet sich außerhalb des sichtbaren Fensters, stattdessen erkundet die mobil gewordene Kamera die Umgebung, um nach dem «Hauptereignis» die Folgen zu zeigen.[11] Wir werden im Zusammenhang mit der Charakterisierung des Filmschlusses von *Professione: reporter* ausführlicher auf die Mise-en-Scène zu sprechen kommen. An dieser Stelle soll der Hinweis auf die inhaltliche Verwandtschaft, jedoch verschiedenartige Form der Auflösung des Films genügen, verbunden mit der Skizzierung einer Entwicklung hin zu den Figuren des Verschwindens, der Selbstreferenzialität und Autonomie der Form über den Inhalt, des Spannungsfelds zwischen Sichtbarem und sich außerhalb des Bildfensters Befindlichem. In *Il grido* lassen sich solche Konstellationen[12] auch finden, allerdings nicht an so prominenter Stelle. Der Film endet auf dem Höhe- und am Endpunkt einer Geschichte, die nur eine schwache Entwicklung aufweist. Er unterschlägt dieses Ende nicht, lässt auch für einen kurzen Moment – mit Irmas Schrei und dem dumpfen Aufprall von Aldos Körper – emotionale Betroffenheit entstehen, um sogleich wieder in die Totale zu gehen. Diese Totale erinnert mit ihrem Sinnbildcharakter an den Schluss des nächsten Films: *L'avventura*.

3.4.4 *L'avventura*: Verschwinden ohne Aufklärung

Mit dem 1960 in die Kinos gekommenen *L'avventura* vollzieht Antonioni den bereits in seinen früheren Filmen angedeuteten Bruch mit dem klassischen Erzählkino auf eine für ihn typische Weise. Er geht durchaus von einer narrativen Konstellation aus, die dem klassischen Modell gehorcht. Der Bruch mit der Konvention ist nicht so radikal wie in den gleichzeitig entstehenden Werken der Neuen Wellen, die Entfernung nicht so weit und unüberbrückbar. Um so größer wird jedoch die Reibfläche zwischen dem, was der Film zu sein scheint, und dem, was er schlussendlich ist.

Eine Gesellschaft unternimmt eine Schiffsfahrt. Eine Frau verschwindet. Nach anfänglich erfolgloser Suche auf einer Insel gehen der

11 Erinnern wir uns an die erwähnte Begeisterung Antonionis für Bressons *Les dames du Bois de Boulogne*.

12 Vgl. etwa das Bootsrennen in der ersten Hälfte des Films, als Aldo nach dem Verlassen des Dorfes eine frühere Geliebte besucht. Die Hierarchie zwischen Haupt- und Nebenelementen gerät für einige Zeit ins Rutschen, denn der Film manifestiert starkes Interesse an den – für die Geschichte unwesentlichen – Motorbooten.

Geliebte der Verschwundenen Sandro und ihre Freundin Claudia den vermeintlichen Spuren von Anna nach – eine Reise, die sie an verschiedene Orte führt. Doch die Suche gerät bald in den Hintergrund, die Suchenden werden zum Paar. Am Ende betrügt Sandro Claudia mit einer Prostituierten. Anna bleibt verschwunden.

Der Film entfachte bei seiner Uraufführung an den Filmfestspielen von Cannes einen Skandal. Vom Premierenpublikum ausgebuht, von den anwesenden Regiekolleginnen und -kollegen und der Presse verteidigt, trat er anschließend eine Kinoauswertung an, die vor allem in Frankreich beachtliche Erfolge zeigte. Die kontroversen Reaktionen deuten – aus heutiger Sicht – darauf hin, dass *L'avventura* in der Entwicklung des modernen Films gleichsam eine Schnittstelle darstellt, gemeinsam mit dem auf dem gleichen Festival gezeigten *La dolce vita* von Federico Fellini, der zwar mit weitaus mehr «Schauwerten» aufwartet, jedoch mit seiner episodischen Struktur und seiner Weigerung, Storyteile weiter auszuführen und aufgegriffene Geschichten zu Ende zu erzählen, ebenfalls die eingeübten Rezeptionsmuster des Publikums herausforderte.

Das eigentlich Innovative an *L'avventura* liegt auf narrativem Gebiet und zeigt sich besonders in der Schlusssequenz. Damit wird die im Theorieteil konstatierte Funktion der Terminierung einmal mehr deutlich, denn erst in der Endsequenz zeigt sich, dass Anna nicht mehr auftauchen wird. Erst an dieser Stelle wird zur Gewissheit, dass das Verschwinden ohne Aufklärung bleibt. Vergegenwärtigen wir uns die erzählerische Provokation: In *L'avventura* geht nicht nur nach rund 25 Minuten die potenzielle Hauptfigur in einer Schwarzblende verloren, auch zwei Stunden später wissen wir nichts über ihren Verbleib. Im selben Jahr kommt Alfred Hitchcocks *Psycho* in die Kinos, ebenfalls in narrativer Hinsicht innovativ. Ein Vergleich der beiden Filme zeigt auf, wo ihre auf den ersten Blick vielleicht überraschenden Gemeinsamkeiten liegen, wo aber auch die Grenze zwischen dem innerhalb der Filmindustrie operierenden Hitchcock und dem Modernisten Antonioni verläuft.

Auch *Psycho* «verliert» seine Hauptfigur in der ersten Hälfte des Films und muss sich nachher erzählerisch neu orientieren. Doch in *Psycho* gibt es keinen Zweifel, weshalb die Verschwundene nicht mehr auftaucht – wir wissen, dass sie unter der Dusche ermordet und im Sumpf versenkt wurde. Trotzdem war auch diese Konstellation damals ein Schock. In *L'avventura* verschwindet eine Hauptfigur ebenfalls, doch hier hören die Gemeinsamkeiten auf. Es entsteht keine Kriminalgeschichte. Ab und zu werden zwar Fährten gelegt, mögliche Erklärungen angedeutet, doch die Frage nach Annas Verbleiben, mag sie immer wieder erwähnt werden, tritt in den Hintergrund. Am Ende blitzt sie noch einmal auf – in einer grotesken Verdrehung: Claudia äußert in der Morgendämmerung gegenüber Patrizia die Befürchtung, Anna könne eben jetzt zurückgekehrt und mit ihrem früheren Geliebten zusammen sein. Die lebenserfahrene Patrizia warnt vor melodramatischen Ausbrüchen, empfiehlt eine gewisse Coolness und liefert damit indirekt das Motto für den Rest des Films.

In der leeren Hotelhalle überrascht Claudia in der Morgendämmerung Sandro mit einer Prostituierten in einer eindeutig zweideutigen Situation. Claudia flieht nach draußen auf eine Terrasse. In Einstellung 19 der Schlusssequenz finden wir eine irritierende Aufnahme, die sie in Rückenansicht an der rechten Bildseite und als Bildzentrum im Hintergrund einen Baum zeigt, dessen Blätter im Wind rauschen. Für eine kurze Zeit «neutralisiert» die Präsenz der Dinge die aufkommenden Emotionen. Eine ähnliche Einstellung finden wir in der Endsequenz des übernächsten Films – *L'eclisse*. Dort wird eine fast identische Komposition die Schnittstelle markieren, an der die Protagonisten aus der Narration des Films verschwinden. In *L'avventura* geschieht dies jedoch nicht, denn wir sehen, wie Sandro Claudia folgt. In Einstellung 22 wird sie von einem heftigen Weinkrampf erfasst, der um so intensiver wirkt, weil der Film uns die Entwicklung unterschlagen hat, unter anderem durch die Verwendung einer Totalen und der bereits erwähnten Einstellung, in der Claudia der Kamera den Rücken zuwendet.

Schließlich erreicht auch Sandro die Terrasse, setzt sich auf eine Bank und beginnt ebenfalls zu weinen. Während Claudias Schluchzen aus ihrem Innersten zu kommen scheint, wirken Sandros Zeichen von Emotion eher berechnend, sie haben Claudia zum Ziel, die sich von hinten nähert und – nach einem Zögern – die Hand auf sein Haar legt. Die Interpretation dieser Geste ist nicht ganz einfach; oberflächlich und äußerlich enthält sie die Komponente Tröstung, vielleicht sogar Verzeihen, immerhin wird sie in einer Großaufnahme gezeigt und in ihrer Bedeutung durch die Retardierung verstärkt. Im publizierten Drehbuch (Antonioni, 1960, S. 140) wird die Geste Claudias als Ausdruck ihrer Verzweiflung gedeutet: «Claudia allunga una mano. E gli accarezza adagio, con struggente disperazione, i capelli.» Allerdings gibt uns der Film keine verbale Erklärung für Sandros Verhalten, denn er ist seit dessen Entdeckung in den Armen der Prostituierten verstummt.

Doch weniger diese Geste als die anschließende letzte Einstellung vor dem Endtitel hat Anlass zu verschiedenen Deutungen gegeben. Sie ist als Sinnbild zu verstehen, als Bild, das mehrere Bedeutungsschichten enthält. Der Umstand, dass sie die Schlussposition einnimmt, und die Tatsache, dass Erklärungsbedarf herrscht, machen diese letzte Einstellung besonders «anfällig» – auch für Überinterpretationen. Die zweitletzte Einstellung zeigt in einer Totale eine Ansicht, die vorher noch nicht zu sehen war. Im Vordergrund befindet sich nichts, im Mittelgrund die stehende Claudia links, der auf der Bank sitzende Sandro rechts – beide von hinten aufgenommen und deshalb von uns abgewandt. Im Hintergrund sehen wir die Landschaft, auf der linken Seite ist der schneebedeckte Aetna in der Morgendämmerung erkennbar, die rechte Seite wird durch eine Backsteinmauer dominiert, welche die weitere Sicht verdeckt. Diese vertikale Zweiteilung beherrscht die Komposition. Von den beiden Protagonisten geht keinerlei Handlung mehr aus. Das Bild wirkt wie erstarrt.

Verschiedene Interpreten deuten diese Komposition als Aussage über die Zukunft des Paares, das Splitting entspräche somit einer Teilung der Perspektive. Und sie ordnen den linken Raum mit der Fernsicht, mit dem anbrechenden Tag der Frau zu, während Sandros Teil düster, zugemauert bleibt. Eine solche Deutung ist sicherlich bis zu einem gewissen Grad zulässig und auch von Antonioni selbst eingebracht,[13] allerdings bleibt der Verdacht bestehen, dass mit dieser letzten Geste auch die Unentrinnbarkeit ausgedrückt wird. Denn Claudia ist, wie ein Vergleich mit dem Anfang des Films zeigt, von der Beobachterin zur Handelnden geworden.[14] Sie ist nun Teil einer unglücklichen Paarkonstellation, wie sie sich in vielen Filmen Antonionis finden lässt – einer Konstellation, der sich Anna nur durch ihr Verschwinden entziehen konnte.

Somit entsteht zwischen der oben erwähnten Geste und der eigentlichen Schlusseinstellung ein Spannungsverhältnis, das sich nicht so leicht auflösen lässt. Für René Prédal (1991, S. 82) steht außer Zweifel, dass Claudias Handauflegen die Bedeutung des Verzeihens besitzt und damit jegliche Perspektive in Richtung Zukunft dominiert:

> En «pardonnant» à Sandro, Claudia choisit d'assumer tout ce qu'a fui Anna, accepte d'affronter la vie, les autres et cette médiocrité angoissante d'un monde où il ne faut pas mettre la barre trop haut, consiente que l'homme est faible et qu'il est toujours prêt à retomber dans l'erreur. [...] cette main passée dans les cheveux de Sandro prenant l'exact contrepied du happy end classique.

13 Bondanella (1983, S. 213) zitiert den Regisseur mit dem Gegensatzpaar *male figure/wall/pessimism* versus *female protagonist/volcano/optimism*.

14 Das Motiv des Identitätswechsels, wie es in *Professione: reporter* stark zum Ausdruck kommt, wird hier vorweggenommen. Vor dem Verschwinden Annas tauschen die beiden Frauen in der Schiffskabine Kleidungsstücke aus.

Keine Zukunft für Claudia?

Kommen wir deshalb noch einmal auf dieses ungeklärte und uns Zuschauern unerklärte Verschwinden Annas zurück. Denn darin liegt die eigentliche Provokation. Entgegen den Konventionen der klassischen Narration bleibt eine wichtige Lücke bestehen, sie lässt sich nicht füllen – auch im Nachhinein nicht. In diesem Zusammenhang birgt die Produktionsgeschichte des Films einige aussagekräftige Informationen, die aufzeigen, dass sich der Regisseur der Kühnheit dieser Konstruktion durchaus bewusst war – ebenso aber auch die Produzenten ihrer Problematik. Die Produktion von *L'avventura* war begleitet von einer Reihe von Schwierigkeiten, die vor allem die anspruchsvollen Außenaufnahmen stellten, die im Winter realisiert werden mussten. Bei Drehbeginn stand das Ende noch nicht definitiv fest. Genauer: Antonioni und die Produzenten hatten sich nicht geeinigt. Der Regisseur beharrte auf seiner Version eines unerklärten Verschwindens, während die Produzenten verlangten, es müsse vor Ende des Films eine Erklärung folgen. Entweder solle Anna wieder auftauchen – Claudias Befürchtung in der letzten Sequenz erscheint wie ein Schatten dieser Version –, oder aber ihr Tod müsse den Suchenden und uns Zuschauern mitgeteilt werden, damit die Suche, die allerdings längst keine mehr ist, ihr Ende finden könne. Gedacht wurde konkret an ein Telefongespräch, das Claudia erreichen würde, während sich Sandro in der Hotelbar mit der Prostituierten vergnügt, und aus dem sie erführe, dass Annas Leiche gefunden wurde.

Während die Produzenten also eine definitive Lösung – positiv oder negativ – forderten, spielte der Regisseur auf Zeit und reiste ab, um mit den Dreharbeiten zu beginnen, wohlwissend, dass ein solches Definitivum die offene Struktur des Films wenn nicht zerstören, so empfindlich beeinträchtigen würde. Während den Dreharbeiten geriet die Produktionsfirma in Konkurs, das gesamte Projekt war gefährdet. Nur die Übernahme durch die Firma von Cino Del Luca rettete das Unternehmen. Für Antonioni ermöglichte sie nicht nur die Fortführung der Arbeit – der neue Produzent akzeptierte auch die vom Regisseur gewünschte «Lösung».

Guido Fink (in Chatman/Fink, 1989, S. 190) untersuchte die zeitgenössische kritische Rezeption von *L'avventura* und kam zum Ergebnis, dass die damalige Kritik den Wald vor lauter Bäumen nicht sah, das heißt zu viele verschiedene Aspekte im Film suchte und dabei sein Hauptmerkmal verfehlte. *L'avventura* ist in erster Linie die Geschichte eines Verschwindens. Er formuliert damit ein zentrales Motiv aller weiteren Filme Antonionis, auch wenn das Verschwinden künftig nicht so wörtlich zu nehmen sein wird.

«Die Absenz der Protagonisten» werden wir diese Konstellation nennen, die eine wichtige Schlussfigur darstellt. Damit verbunden ist aber auch eine «Präsenz der Dinge», der Landschaften. Sie füllen das Vakuum, das durch das Verschwinden entsteht. So entwickeln sich Passagen, in denen sich nichts ereignet, nichts geschieht, in denen es – narratologisch betrachtet – nicht nur kein Fortschreiten des Plots gibt, sondern die Narration selbst wie aufgehoben, angehalten, eingefroren erscheint. «Temps mort» ist eine Bezeichnung, die im Zusammenhang mit Antonionis Werk immer wieder verwendet wird. Das Schlussbild von *L'avventura* bildet ein eindrucksvolles Beispiel für ein solches Aussetzen der Zeit.

«People disappear every day», lässt Antonioni die namenlose Frau sagen, die den Reporter Locke, der die Identität des verstorbenen Waffenhändlers Robertson angenommen hat, zeitweise auf seiner Reise begleitet, und er unterstreicht damit die Alltäglichkeit dieses an sich gravierenden Vorgangs. Françoise Maunier (1994, S. 19) hat das zentrale Motiv des Verschwindens bei Antonioni mit der Bezeichnung «techniquement douce» versehen und spielt damit auf das unrealisierte Filmprojekt *Tecnicamente dolce* an:

> Cet effacement discret, si élégant dans sa ritualité dédaigneuse de toute explication, semble contenir tout le mystère de la figuration antonionienne. Il est d'abord une figure de récit, un non-événement, comme une sorte de trou qui se referme. Ensuite, articulé à son contraire l'apparition, il concentre en lui toute l'énigme du visuel en posant la question cruciale au cinéma du passage des figures humaines d'un plan à un autre. En définitive cet effacement pourrait bien être appréhendé comme un effet de structure, celle qui régit le sujet antonionien et dont l'éclipse en tant que phénomène d'intermittence est peut-être le modèle le plus adéquat.

Tatsächlich hat das Verschwinden hier nichts Gewalttätiges an sich, sondern eben eine gewisse Sanftheit. Sie lässt sich auch damit erklären, dass die Protagonisten von Antoninis Filmen eben Figuren sind, Konstrukte einer Erzählung, die sich als solche zu erkennen gibt. Und damit erwähnen wir ein weiteres Merkmal, das ab *L'avventura* nicht mehr wegzudenken ist und sich besonders in der Ausgestaltung der Enden manifestiert: die selbstreflexive Komponente.

Ein weiteres wichtiges Charakteristikum der Filmschlüsse Antonionis taucht mit *L'avventura* ebenso prägnant auf. Es besteht aus zwei Komponenten und wird sich in der einen oder anderen Ausprägung in allen späteren Filmen, zumindest den in diesem Zusammenhang diskutierten, finden lassen. Das Ende markiert einen Punkt des Umbruchs, es entsteht ein Zustand des Nicht-Mehr (Sandro hat Claudia betrogen) und des Noch-Nicht (es ist noch nicht klar, wie es weitergehen wird, ob es zum Bruch kommt). Das erstarrte Bild, wie wir es beschrieben haben, ist nur scheinbar stabil. Der erste Eindruck trügt, denn es ist zugleich voll potenzieller Unruhe. Tomasulo (1983, S. 134) charakterisiert Antonionis Enden als «transition points» – Punkte des Übergangs. Der Regisseur findet für diese an sich erzählerische Kategorie eine adäquate formale, indem er sie mit dem tageszeitlichen Übergang verbindet. In *L'avventura* ist es die Morgendämmerung. Tatsächlich enden fast alle folgenden Filme[15] in dieser Zeit des Umbruchs, sei es im Übergang von der Nacht zum Tag (*La notte, Blow-Up*) oder vom Tag zur Nacht (*L'eclisse, Zabriskie Point, Professsione: reporter, Identificazione di una donna*).

Die konsequente Setzung des Endes an einer solchen Stelle beschert uns Zuschauern mindestens zwei generelle Denkanstöße. Zum einen zwingt sie uns, den Faden der Geschichte selbst weiterzuspinnen – außerhalb des Films. Dies entspricht, wie wir eingangs gesehen haben, ganz der Intention des Regisseurs. Andrerseits macht sie auch die Willkürlichkeit und Künstlichkeit einer Endsetzung deutlich. Das Motiv des Übergangs von der Nacht zum Tag und umgekehrt zeigt ja mit aller Deutlichkeit, dass es keinen Schluss, keinen Endpunkt gibt, dass das Ende von etwas zugleich immer auch der Anfang von etwas anderem ist. Geoffrey Nowell-Smith (1997, S. 35) bringt dies bezüglich *L'avventura* auf den Punkt, wenn er schreibt: «It is not a happy end, but not a tragic one either. The flux of life has been halted at a particular moment [...]. Life will resume its flux; it is just the story which has ended at this moment.»

3.4.5 *La notte*: Verlassen

Die dem Film titelgebende Nacht ist zu Ende, als *La notte* zur letzten Sequenz anhebt. Die klaren zeitlichen Strukturen der Handlung sind schwierig zu bestimmen, sie umfasst knapp einen Tag, doch die einzelnen Storyteile fließen fast unmerklich ineinander. Trotzdem kann der Beginn der letzten Sequenz an jenem Punkt angesetzt werden, an dem Giovanni und Lidia sich von Valentina, der Tochter des Gastgebers, verabschieden und ins Freie treten. Wiederum ist es die Zeit der Morgendämmerung, die von jenem diffusen Licht beherrscht wird, das noch kei-

15 Eine Ausnahme bildet *Il deserto rosso*, der mit wolkenverhangenem Himmel endet. Die Tageszeit bleibt unbestimmt, aber mit Sicherheit ist es weder Morgen- noch Abenddämmerung.

ne klaren Konturen schafft, keine Schatten wirft.[16] Und wiederum deutet sich, wie in *L'avventura*, das Ende einer Beziehung an, diesmal einer langjährigen Ehe.

Zwei Motivstränge strukturieren den Film auf eine zwar unauffällige, jedoch deutliche Weise: Tod und Sexualität. Die ersten Bilder nach den Titeln zeigen den sterbenden Tommaso im Krankenhaus, der von Lidia und Giovanni besucht wird. Er ist mit beiden eng befreundet, er ist das Band, das sie zusammenhält – ein Band, das am Zerreißen ist. Ungefähr in der Mitte des Films erfährt Lidia an der nächtlichen Party, dass Tommaso gestorben ist. Ihr Versuch, Giovanni diese Nachricht zu übermitteln, misslingt. Erst in der Schlusssequenz berichtet sie ihm davon. Andrerseits wird Giovanni nach dem den Film einleitenden Besuch bei Tommaso in ein seltsames Abenteuer mit einer hospitalisierten jungen Frau verwickelt, die ihn unter einem Vorwand in ihr Zimmer lockt, um ihn zu verführen. Giovannis Interesse für Valentina macht es Lidia unmöglich, ihn über den Tod des gemeinsamen Freundes zu informieren. Der plötzliche Regen während der Party löst auch ihre Erstarrung, sie wagt ein «Abenteuer» mit einem Fremden.

In der Schlusssequenz werden diese beiden Themenstränge gegeneinander ausgespielt. Lidia versucht zu beweisen, dass mit Tommasos Tod auch ihre Beziehung zerbrochen ist, indem sie ihrem Mann einen Liebesbrief vorliest. Der Schriftsteller erkennt dabei den eigenen Text nicht mehr. Die nun offen zu Tage getretene Entfremdung der Ehepartner erstickt Giovanni durch einen erzwungenen Liebesakt. Reden wird durch Handeln ersetzt. Sexualität erscheint hier als Trostpflaster, als Betäubungs- oder Schmerzmittel, als letzte «Kommunikationsform», wenn alles andere gescheitert ist.

Wie wird diese Endsequenz formal umgesetzt? Der Wechsel von innen nach außen signalisiert seltsamerweise eine gegenteilige Bewegung für Giovanni und Lidia: vom Öffentlichen zum Privaten. Nun sind sie allein, ohne Ablenkung, am Ende einer durchwachten Nacht. Es wird gesagt, was gesagt werden muss. Es wird viel geredet in dieser Schlusssequenz, auch wenn am Ende die Aufforderung zum Schweigen steigt. Neben der Erinnerung an Tommaso steht der Brief im Zentrum – Lidias Reaktion auf Giovannis Bemerkung, dass er sie immer noch liebe. Formal wirkt das Vorlesen des Briefes befremdlich. Nicht nur werden Lidia

16 Der Umstand, dass Antonioni bevorzugt die Zeit des Übergangs als Anfangs- oder Schlusspunkt seiner Filme wählt, weist auf einen bewussten gestalterischen Akt hin, der auch die Schwierigkeiten einer Realisierung in Kauf nimmt, sie sogar sucht. Insbesondere *La notte*, dessen Schlusssequenz über zwölf Minuten dauert, stellte an Schauspieler und Team höchste Ansprüche, um dieses kurze Zwielicht einzufangen.

und Giovanni separiert, sie wirken wie ausgestellt, die Kamera wählt ungewöhnliche Winkel und Sichtweisen. Es entsteht der Eindruck, als interessiere sie sich eigentlich nicht für diesen rund zweieinhalbminütigen Monolog.

Dieses Desinteresse für das Gesagte setzt sich auch im Anschluss fort. Antonioni plaziert das Ehepaar in eines jener Sandlöcher, wie sie auf Golfplätzen üblich sind. Die Gesten und Bewegungen gleichen jenen von Ertrinkenden. Was nun folgt, ist im Kern – wenn auch noch nicht in radikaler Konsequenz – eine Schlussfigur, in der die Kamera, in welcher der Film sich von den Protagonisten abwendet, autonom wird, ein Eigenleben entwickelt, das sich nicht mehr an den großen Linien der Story orientiert. Was geschieht? Mit einer horizontalen Fahrt fallen die sich im Sandloch animalisch Wälzenden aus dem Bildzentrum. Zu Beginn der letzten Einstellung sind sie am rechten Bildrand noch erkennbar, bald verschwinden sie aber aus dem Rahmen, die Kamera zeigt die parkähnliche Landschaft.

Das Wegfahren am Ende ist, wie gezeigt, ein durchaus übliches Verfahren. Es ist das Pendant zum anfänglichen Herankommen und stellt die Protagonisten wieder in die Umgebung. Doch dies geschieht normalerweise nicht auf die hier gewählte Art und Weise, sondern durch eine Fahrt rückwärts mit den Protagonisten im Zentrum. Antonioni setzt in *La notte* bewusst ein anderes Verfahren ein: Er entfernt sich und lässt seine Protagonisten verschwinden. War das Verschwinden Annas in *L'avventura* primär eine inhaltliche Komponente, so muss nun und in den folgenden Filmen von einem formalen Verschwindenlassen gesprochen werden, das nicht mehr durch die Geschichte begründet ist.

3.4.6 *L'eclisse*: Präsenz der Dinge, Absenz der Protagonisten

In *L'eclisse* kommt das beschriebene Verfahren in Vollendung zur Ausführung – es entsteht einer der bemerkenswertesten und beunruhigendsten Filmschlüsse der sechziger Jahre. Bereits in der Eingangssequenz deutet sich Kühnes an. Der Film beginnt auf eine ähnliche Art, wie *La notte* endet. Nach einer durchwachten Nacht, an der wir nicht teilgenommen haben, steht das Ende einer Beziehung. Es gibt nichts mehr zu sagen, die Gemeinsamkeiten sind aufgebraucht, die Entfremdung deutlich spürbar. Wie in *La notte* ist es wiederum die Frau, die zu dieser Einsicht gelangt, während der Mann nichts (oder wenig) begreift und zur Tagesordnung übergehen will. Doch Vittoria läuft davon und lässt Riccardo zurück. Nach einem nochmaligen nächtlichen Auftauchen, als er bei ihr Einlass begehrt, verschwindet Riccardo ganz aus dem Film.

L'eclisse nimmt sich immer wieder die Freiheit zur Gestaltung schwach narrativer Passagen. Zu erwähnen wären in diesem Zusammenhang der Börsen-Crash, die nächtliche Suche nach dem Hund mit den «singenden» Fahnenmasten, Vittorias Flug nach Verona. Am Ende gestaltet der Regisseur eine Sequenz von fünfeinhalb Minuten Dauer, in der die Protagonisten nicht mehr vorkommen, in der es kaum mehr eine Geschichte gibt. Wollte man die Kategorien von Bordwell/Thompson (1997, S. 128) anwenden, so fände an dieser Stelle ein Übergang von der narrativen zur nonnarrativen Form statt, wobei auf das Ende von *L'eclisse* am ehesten die Bezeichnung «categorical» zutreffen würde.

Allerdings ist es nicht so, dass dieses Ende einen eigenständigen Kurzfilm darstellen würde, der etwa den Ausgang eines Tages zum Thema hat, obwohl auch dies geschildert wird. Aber die Bilder der Schlusssequenz sind nicht «unschuldig», sie haben sehr wohl einen Bezug zum vorangehenden Teil. Betrachten wir zunächst den Übergang respektive die Schnittstelle zur Schlusssequenz. Nach einem nachmittäglichen Liebesspiel mit Piero, dem jungen Banker, verlässt Vittoria dessen Büro. Sie verabreden sich für den kommenden Abend – an der gewohnten Stelle, das heißt auf jener Piazza mit dem sich in Renovation befindlichen Haus, die wir bereits kennen.

«Alle otto. Solito posto» – dies sind die letzten Worte von Piero und die letzten des Films überhaupt. Die Kamera bleibt zunächst bei Piero, zeigt wie er ins Büro zurückkehrt, die außer Betrieb gesetzten Telefone wieder aktiviert. Parallel wird aber auch Vittoria gezeigt, wie sie die Treppe heruntergeht, aus dem Haus stürzt und dabei fast mit einer Passantin zusammenstößt. Beide, Vittoria und Piero, wirken somnambul. Schließlich bleibt der Film bei Vittoria. Das Bild jedoch befreit sich sukzessive von ihr; zunächst nimmt uns das Rauschen der Blätter eines Baumes und ihre Bewegungen im Wind mehr gefangen als die Protagonistin, und schließlich geht diese aus dem Bild und kommt nicht wieder.

Die letzte Sequenz beginnt folgerichtig mit der Piazza, dem Verabredungsort. Zunächst wartet man. Doch weder Piero noch Vittoria erscheinen. Lassen sie beide die Verabredung platzen, haben wir uns im Datum geirrt? Solche Fragen treten bald in den Hintergrund, denn die Bilder entwickeln eine eigenartige Faszination, eine zunächst unerklärliche Dynamik. Wenn wir uns *L'eclisse* filmanalytisch nähern, sind wir in der Lage, diese Wirkung zumindest teilweise zu erklären. Denn die ersten dreizehn Einstellungen der Endsequenz bestehen nicht aus «neuen» Bildern, sondern aus solchen, die wir bereits aus den beiden anderen Sequenzen kennen und die Piazza als Schauplatz hatten. Frau mit Kinderwagen, Baumaterialien, Wassertonne, Reiter, Zebrastreifen – alles war bereits zu sehen. Was in den Einstellungen fehlt, sind nicht Menschen an sich, sondern Piero und Vittoria, die Protagonisten. Diese hat der Film verloren – oder sie interessieren ihn nicht mehr.

Die ersten dreizehn Einstellungen der Schlusssequenz erzeugen ein Déjà-vu-Erlebnis. Im Nachhinein scheint es beinahe so, als wolle *L'eclisse* sich noch einmal an seine Protagonisten erinnern oder seine Geschichte in knappster Form resümieren. Man fühlt sich dabei an Filme erinnert, die ein historisches Ereignis, das weder fotografisch noch filmisch festgehalten wurde, darzustellen versuchen, indem sie einfach die Schauplätze, die Orte zeigen und dazu auffordern, sich den Rest zu imaginieren. *L'eclisse* geht in dieser Beziehung aber noch weiter. Einstellung 13 verweist auf beide vorangehenden Piazza-Sequenzen, verfügt also über eine Doppelbindung und enthält eine «Spur» von Vittoria: das Holzstückchen, das sie in die Tonne geworfen (Piazza I) und mit dem sie gespielt hat (Piazza II).

Nr.	Endsequenz: Inhalt der Einstellung	Piazza I	Piazza II
1	Totale Straßenkreuzung. Eine Kinderschwester schiebt einen Kinderwagen. Schwenk nach links auf eine Sprühanlage.		19
2	Backsteinhaufen		1
3	Bauabsperrung	4	
4	Wassertonne. Schwenk nach oben und links auf den Baum an der Ecke. Im Hintergrund Zebrastreifen.		4
5	Außenverkleidung des Hauses, das renoviert wird.		6
6	Teil des Baugerüsts		5
7	Reiter, der die Kreuzung überquert. Schwenk mit ihm nach links. Er kreuzt die Frau mit dem Kinderwagen.		7
8	Zebrastreifen, den ein Fußgänger überquert. Schwenk mit ihm nach links.	2	
9	Bauabsperrung. Im Hintergrund der Fußgänger aus 8, der verschwindet.	4	
10	Blätter und Äste eines Baumes. Sie bewegen sich im Wind.	5	
11	Blick von oben auf die Straße, die zur Kreuzung führt. Schwenk nach links und unten auf die Kreuzung mit dem Haus, das renoviert wird.		8
12	Haus an der Kreuzung, das renoviert wird.		3

13	Wassertonne. Auf der Oberfläche schwimmt ein Stück Holz, das Vittoria hineingeworfen hat (Piazza I). Die Tonne läuft über.	10	15
14	Wasser läuft aus der Tonne in den Straßenabfluss.		
15	Eine Frau wartet an einer Bushaltestelle unter Bäumen.		
16–44	Einstellungen ohne Referenz zur den vorherigen Piazza-Sequenzen mit Ausnahme von 26 (Silhouette eines Sportstadiums mit Kondensstreifen eines Flugzeugs: Referenz Piazza II, 2), 29 (Wassertonne groß mit Holzstückchen und Streichholzschachtel: Referenz Piazza I, 10 + Piazza II, 15), 36 (Silhouette eines Sportstadiums: Referenz Piazza II, 2)		

Nach den ersten dreizehn Einstellungen schlägt die Endsequenz eine neue Richtung ein. Die Bilder zeigen, wie die Zeit vergeht, wie es Nacht wird. Wir sehen wartende Personen, heimkehrende Passanten. Die Bilder besitzen kaum narrativen Gehalt, und trotzdem entsteht eine bedrohliche Atmosphäre, eine Endzeitstimmung, wie bereits die Titelgebung suggeriert.

In der Leere erhalten die kleinsten Hinweise große Bedeutung, weil ein Maßstab fehlt, der ermöglichen würde, sie einzuschätzen. Zudem kann der Zuschauer die Endsequenz von *L'eclisse* nicht vom vorangehenden Teil trennen. Das Narrative überschattet das Kategoriale. Zwei Schlagzeilen einer Zeitung, die ein aus dem Bus steigender Mann liest, sprechen von atomarer Bedrohung und schwachem Frieden[17] und geben der beunruhigenden Stimmung neue Nahrung. Die Bilder werden schließlich so leer, dass das Anzünden einer Straßenlaterne zum Ereignis wird. Die letzte Einstellung zeigt sie in Großaufnahme; der gleißende Lichtbogen lässt das Bild ungegenständlich, abstrakt werden.

Was ist in diesen letzten Minuten des Films geschehen? *L'eclisse* verabschiedet seine Hauptfiguren rund sechs Minuten vor dem eigentlichen Ende; die letzte Sequenz findet ohne sie statt. In Form von identischen Einstellungen aus der vorangegangenen Handlung werden sie zwar zitiert, es wird an sie erinnert, doch sie spielen keine Rolle mehr, sind ausgeschlossen.

Stattdessen entwickelt sich ein mehr oder weniger autonomer Film,[18] der weniger eine narrative denn eine kategoriale, zuletzt sogar

17 Die Kuba-Krise der Großmächte war damals – 1962 – noch in frischer Erinnerung.

18 Diese etwas diffuse Charakterisierung scheint mir deshalb angebracht, weil die Schlusssequenz sich einerseits aus dem vorangehenden Teil entwickelt, schließlich

abstrakte Form aufweist. Dieser Teil schildert den zuende gehenden Tag mit lyrischen, strukturellen, aber auch emotionalen (bedrohlichen) Momenten. Die Story verflüchtigt sich aus dem Film. Das hat zur Folge, dass kleinste Splitter bedeutungsschwer und sinnträchtig werden, obwohl sie es nicht sind. Das Ende von *L'eclisse* lässt sich als Triumph der Form über den Inhalt lesen – der Materialwirkung über den Zwang, Geschichten zu erzählen. *L'eclisse* formuliert mit seinem Ende eine eindrucksvolle Alternative zum konventionellen Erzählkino.

Wiederum taucht das Motiv der nicht eingehaltenen Verabredung auf, das wir bereits von *Cronaca di un amore* und *Le amiche* kennen. Hier hat es sich in eine abstrakte Form transformiert und wird mit dem Motiv des Verschwindens gekoppelt, das nun – ohne kriminalistischen Kontext – als bewusstes Fernhalten, als Akt des Nicht-mehr-Interessierens erscheint. In *L'eclisse* verschwinden nicht nur Protagonisten, auch die Erzählung selbst kommt abhanden.

Das Motiv des Übergangs vom Tag zur Nacht wird fast zum alleinigen Referenzpunkt. Die Abenddämmerung entwickelt sich zum ästhetischen Erlebnis. Die Rasanz und Dynamik, die den Tag zur Nacht machen und sich an einen ersten, eher meditativen Teil anschließen, stehen in scharfem Kontrast zur Story, die schon vor Beginn der Schlusssequenz versiegte.

3.4.7 *Il deserto rosso* und *Blow-Up*: Rahmung, Selbstreflexion

Il deserto rosso und *Blow-Up*, Antonionis erster Farbfilm und seine erste vollständig außerhalb Italiens realisierte und zugleich erfolgreichste Produktion, sollen hier gemeinsam betrachtet und kritisch miteinander verglichen werden. Beide wählen ein auf den ersten Blick konventionelles Verfahren der Schlusssetzung: jenes der Rahmung, der Rückkehr an den Anfangsschauplatz, Variation der Ausgangssituation im Ende. Anfang und Ende erscheinen hier wie eine Klammer, die strukturiert und zusammenhält – ähnlich wie dies in Romanen mit der Überschrift «Erstes Kapitel» und «Letztes Kapitel» möglich ist.

Doch über diese rein formalen werden starke inhaltliche Bezüge zwischen Anfang und Ende konstruiert. Kennen wir allerdings den Regisseur Antonioni näher, kommt die Annahme gar nicht auf, dass es in seinen Filmen so sein könnte. Die formale Klammer wird die inhaltliche

aber tatsächlich eigenständig wird. Einen wirklich autonomen Status erreicht sie jedoch nicht. Dies wäre vermutlich auch nur schwer zu erreichen, lastet doch auf dieser Schlusssequenz die in der zweitletzten geschlossene Verabredung.

dominieren, unter Umständen sogar strangulieren, wie dies in *Blow-Up* geschieht, indem sich die zwar nicht in der ersten Sequenz, doch im Verlaufe des ersten Teils entwickelte Mordgeschichte buchstäblich in Luft auflöst.

In *Il deserto rosso*, in dem diese Rahmung prägnanter vorhanden ist, fällt die formale Symmetrie zwischen Anfangs- und Endsequenz besonders auf. Der Film entwickelt sich während seiner Titelsequenz aus der Unschärfe. Im Hintergrund sind Schemen von Industrieanlagen sichtbar. Ein schmutziges Grün beherrscht die Komposition, manchmal erscheint aber auch das aggressive, bedrohliche Gelb des Feuers aus einer Abfackelungsanlage. Bald nach dem Ende der Titel erscheint Giuliana mit ihrem kleinen Sohn, wartet vor dem umzäunten Industrieareal, in dem gerade ein Arbeitskampf im Gange ist. Giuliana macht einen verstörten, verängstigten Eindruck. Ihr grüner Mantel passt farblich ausgezeichnet zur durch Technik (und den Regisseur) verunstalteten Landschaft: Antonioni beschränkte sich in seinem ersten Farbfilm nicht darauf, Häuser und Innenräume nach seinen Vorstellungen einzufärben, sondern machte auch vor Außenräumen, vor der «Natur» – Wiesen, Sträuchern, Bäumen, ja ganzen Landschaften – nicht halt.

In der Schlusssequenz ist Giuliana wiederum mit ihrem Sohn vor der Fabrik zu sehen, beide in derselben Kleidung wie zu Beginn. Nichts hat sich äußerlich verändert. Giulianas Sohn hantiert unbekümmert an Ventilen und Abschlussrohren herum. Die Wiese vor der Fabrik erscheint wie eine Gegend mit Vulkanaktivität, überall zischt und raucht es. Schließlich stellt der Sohn eine Frage, die Gleichnischarakter besitzt und auch über den – oberflächlichen – Gesundheitszustand oder, vielleicht besser, die Adaptionsfähigkeit der Frau Auskunft gibt. Das Kind fragt, warum die Wolke gelb sei, die da unaufhörlich ausgestoßen wird, und erhält zur Antwort, weil sie Gift enthalte. In seiner Fantasie spinnt das Kind den Faden weiter und reagiert auf die nicht sehr plausible Antwort mit einer neuen Frage: Ob denn der kleine Vogel, der durch diese Wolke fliege, sterben müsse? Der kleine Vogel wisse das und fliege eben nicht durch die gelbe Wolke, lautet die Antwort.

Was nun folgt, ist eine systematische Räumung des Bildes vom menschlichen Personal. Giuliana geht links aus dem Bild, es bleibt für einige Augenblicke leer. Im folgenden wiederholt sich dieser Vorgang immer wieder, bis schließlich die Industrieanlagen alleine das Bild beherrschen. Der Regisseur nimmt zu dieser schönen neuen Industrie-Welt eine zwiespältige Position ein, die sich auch hier zeigt. Denn Antonioni ist begeistert von Form und Farben der Technik, auch wenn er Menschen zeigt, die daran krank werden. Die vielzitierte «Krankheit der Gefühle»[19], die einem Aufsatz den Titel gab, beschreibt die Zerrissenheit des modernen Menschen: gespalten zwischen archaischen, veralteten Gefühlen und einer modernen Umwelt. Dass Antonioni die Lösung dieses Konflikts in der Anpassung an die moderne Zivilisation sieht, daran lässt er in seinen Äußerungen keinen Zweifel. Das Gleichnis von den Vögeln und der giftigen Wolke ist eine Aufforderung dazu. Die Bilder allerdings, die er für seine neue Welt findet, vermögen zwar oberflächlich zu faszinieren – denken wir daran, wie Antonionis Experimentieren mit Tiefenschärfe und großer Brennweite Giulianas gestörte Wahrnehmungsfähigkeit fassbar und erfahrbar werden lässt. Aber zwischen ästhetischem Erleben im Film und Alltagswahrnehmung bestehen wesentliche Unterschiede bezüglich Freiwilligkeit und Dauer. Das Fremdmachen des Alltäglichen funktioniert ja nur, wenn der Alltag nicht allzu fremd ist. Das Fremde in *Il deserto rosso* wirkt nicht nur faszinierend, sondern auch bedrohlich.

Die Rahmung, wie sie in *Il deserto rosso* zu finden ist, besitzt aber auch eine plakative Komponente. Zwar durchbrechen die beschriebene Entleerung des Bildes und der Einsatz elektronischer Musik am Ende die moralisierende Aussage des Gleichnisses, doch der Schrecken der «brave new world» kommt über die letzten Bilder wieder zurück. In diesem Zusammenhang ist von Interesse, dass Antonioni das Ende so nicht geplant hatte: Es ist das Resultat einer Improvisation, die sich dem Umstand verdankt, dass der Darsteller des Corrado, Richard Harris, abreiste, ohne den Regisseur davon zu unterrichten. Eigentlich war, so Antonioni in einem Interview (Antonioni, 1996, S. 343), sein Auftritt in der Schlusssequenz zusammen mit dem Ehepaar Giuliana und Ugo geplant. Der Regisseur wurde also in der Realität von seinem eigenen Hauptmotiv eingeholt – dass eine Person verschwindet.

Dem Verschwinden wird in *Blow-Up* der Prozess des Enthüllens und Entdeckens gegenübergestellt. Diese beiden konträren Kräfte prägen den Film. Was im ersten Teil entdeckt, ans Licht befördert wird, verschwindet im zweiten Teil wieder – Zug um Zug, ganz systematisch. Wie

19 La malattia dei sentimenti. Ursprünglich erschienen in: Bianco e nero (Rom), XXII, 2-3, Februar/März 1961. Deutsche Übersetzung in: Theodor Kotulla (Hrsg.): Der Film: Manifeste, Gespräche, Dokumente. Bd. 2: 1945 bis heute. München: Piper, © 1964, S. 83–110. «Heute ist die Welt bedroht durch ein äusserst schwerwiegendes Missverhältnis zwischen einer Wissenschaft, die bewusst auf die Zukunft ausgerichtet ist, bereit, sich selbst tagtäglich zu verleugnen, nur um ein Bruchstück dieser Zukunft zu erobern, und einer erstarrten, stilisierten moralischen Welt, die wir alle als versteinert erkennen und die aufrecht zu erhalten wir trotzdem alle aus Feigheit oder aus Faulheit wetteifern.» (Kotulla, 1964, S. 96) – Antonioni zitiert hier aus seiner eigenen Erklärung anlässlich der Uraufführung von *L'avventura* in Cannes 1960.

bereits erwähnt, gibt es zur Schlusssequenz im Park nicht nur eine, sondern mehrere Referenzen am Anfang des Films. Eine direkte Rahmung bildet die Titelsequenz, der als Hintergrund der grüne Rasen des Parks dient, während in den Schriftzeichen selbst Bilder von Modeaufnahmen zu sehen sind. Die Pantomimengruppe aus der Schlusssequenz, deren Ankunft den zweiten Teil markiert, finden wir zwar nicht unmittelbar zu Beginn, doch der Fotograf begegnet ihnen auf der Fahrt in sein Atelier. Die Einführung des Parks als Schauplatz erfolgt, außer in der Referenz als «Unterlage» für die Titel, die jedoch erst am Schluss als solche erkannt werden kann, erst nach Filmbeginn. Nach der bereits erwähnten Fahrt ins Atelier nehmen wir an Modeaufnahmen teil, die der Fotograf abrupt abbricht, um Fotos für sein Buch zu schießen. Die letzte Sequenz nimmt somit zwei Motive, Pantomimengruppe und Park, aus dem erweiterten Filmanfang auf.

Die Schlusssequenz gliedert sich thematisch in zwei Phasen, die beide im Park spielen, allerdings in verschiedenen Zonen. Zunächst kehrt der Fotograf an den Ort zurück, an dem er die Fotos von einem Liebespaar geschossen hat, deren Vergrößerung vermeintlich fatale Details von Bedrohung und Mord an Tageslicht brachten. Die Rückkehr in den Park ist nicht die erste. Bereits in der Nacht hatte er die Stelle aufgesucht, an der er aufgrund seiner Vergrößerungen die Leiche vermutete, und sie dort auch gefunden. Nun, in der Morgendämmerung, fehlt jede Spur. Selten hat ein Film mit derartiger Konsequenz und Strenge, aber dennoch ohne unsinnlich und langweilig zu werden, ein Ereignis zunächst konstruiert, um es anschließend wieder zu annullieren.[20]

Zeichnen wir skizzenhaft diese Kette nach: Ein Fotograf schießt in einem Park Bilder, einige davon zeigen ein Liebespaar. Die betroffene Frau fordert energisch die Herausgabe des belichteten Materials, was ihr der Fotograf verweigert. Ein wichtiges Glied der Kette, das beim erstmaligen Sehen wahrscheinlich in Vergessenheit gerät, fehlt in dieser Aufzählung. Bevor der Fotograf den Park betritt, besucht er seinen Nachbarn, den Maler Bill, der nach der tachistischen Methode arbeitet. Er ist fasziniert von dessen rätselhaften Bildern, die er kaufen möchte, was der Maler jedoch ablehnt. Diese beiläufige Szene enthält einen Schlüssel zum

20 *Blow-Up* kann – und das zeigt eine Vielzahl von Publikationen zu diesem Film – ganz verschieden «gelesen» werden. Ich selbst verwende hier eine selbstreflexive Interpretationsfolie, die dementsprechend der eigentlichen Blow-Up-Sequenz und dem Filmende einen zentralen Stellenwert einräumt. Es gibt aber auch zahlreiche psychoanalytisch orientierte Deutungen, die diesen selbstreferentiellen Aspekt stark vernachlässigen, aber trotzdem zu aufschlussreichen Ergebnissen kommen – die etwa den Fotografen in der ersten Parksequenz in einer Urszene-Situation sehen und den «Mord» als ödipales Szenario lesen. Vgl. zusammenfassend dazu Eberwein (1990).

Film, denn der Maler spricht vom «narrativen» Gehalt seiner Bilder. Manchmal könne er lange Zeit nichts mit ihnen anfangen, doch plötzlich zeigten sich Konturen – ein Bein, ein Körper, formten ein Ganzes, erzählten eine Geschichte. Als der Fotograf kurz vor der Schlusssequenz in sein Atelier zurückkehrt und feststellen muss, dass alle bis auf eine seiner Fotografien und Vergrößerungen verschwunden sind, sucht ihn die Frau des Malers auf. Er erzählt ihr seine Geschichte und präsentiert ihr sein letztes Beweisstück. Ihre Reaktion bildet zugleich die Klammer zu den Erläuterungen des Malers und verdeutlicht, wie die Vergrößerungen zu «lesen» sind: «like one of Bill's paintings.»

Obwohl der Film die Fährte, dass der Fotograf eigentlich mit dem Maler konkurriert,[21] bereits kurz nach Beginn einführt, entwickelt sich die Handlungskette zunächst scheinbar realistisch. Als der Fotograf in sein Atelier zurückkehrt, erwartet ihn schon die gegen ihren Willen fotografierte Frau. Erneut versucht sie das Material zu erhalten, ist auch bereit, dafür mit Sex zu bezahlen. Der Fotograf geht zum Schein auf dieses Angebot ein, gibt ihr jedoch den falschen Film. Erst ihr Verhalten erweckt seine Neugier. Ursprünglich suchte er lediglich einen «friedlichen» Abschluss für seinen Fotoband, der Bilder des Elends, der Armut, der Schattenseiten des Lebens enthält. In seinem Atelier gestaltet er über die Vergrößerung der Negative die erste Parksequenz nach, entdeckt im Gebüsch hinter einem Zaun Konturen eines Mannes mit Revolver, auf einem späteren Bild dann die Umrisse eines liegenden Körpers. Diesen Prozess des Entwickelns, Vergrößerns und Kopierens zeigt der Regisseur in einer zweiteiligen, fast wortlosen Sequenz – und sie ist eigentlich die Darstellung eines künstlerisch-kreativen Prozesses. Obwohl er es als Modefotograf besser wissen müsste, glaubt er blind an die Abbildfähigkeit seines Mediums, an die Unbestechlichkeit des fotografischen Auges. In Wirklichkeit kreiert er wie der Maler seine Geschichte, schreibt um, manipuliert so lange, bis «etwas» da ist.

Dieses «Etwas» hat jedoch viel mehr mit ihm selbst zu tun als mit der Wirklichkeit, aus der es herausgefiltert wurde. Die Kamera, das mechanische Auge, das mehr sieht als das menschliche, präziser, unbestechlicher – das Motiv verweist in die Fantastik eines Edgar Allan Poe oder E. T. A. Hoffmann und signalisiert, dass es mehrere Lesarten der Vorgänge gibt, wobei die kriminalistische, realistische eindeutig die unergiebige ist. Mit der Idee, seine «Kreation» auf ihren Realitätsbezug zu überprüfen, verkehrt sich die beschriebene Kette in ihr Gegenteil. Was bisher aufgebaut, kreiert wurde, erfährt eine Dekonstruktion.[22] Zwar findet der

21 Antonioni zeigt, dass diese Konkurrenz auch um die Frau des Malers stattfindet.

Fotograf im Park zur nächtlichern Stunde doch noch eine Leiche, aber bei seiner Rückkehr sind die Bilder verschwunden. Am nächsten Morgen fehlt schließlich auch die Leiche.

Schematisch lässt sich die Entwicklung des Films unter der Perspektive der Konstruktion/Dekonstruktion oder Komposition/Dekomposition folgendermaßen darstellen:

Konstruktion
Einführung des Fotografen –> Gespräch mit Maler –> Parkszene 1: Schießen der Aufnahmen –> Entwickeln und Vergrößern der Aufnahmen, Finden der Story –> Parkszene 2: Finden der Leiche
Dekonstruktion:
Verschwinden der Fotos[23] –> Gespräch mit der Frau des Malers –> Parkszene 3: Verschwinden der Leiche –> Verschwinden des Fotografen

Die laute Ankunft der Pantomimengruppe vertreibt die frühmorgendliche Melancholie und signalisiert den zweiten Teil des Schlusses. Die Mitglieder der Mimengruppe nehmen einen Tennisplatz in Beschlag und beginnen ein Spiel ohne Ball. Sie tun dies derart «realistisch», dass Antonionis Kamera bald mitzuspielen beginnt, hin- und herschwenkt und sich an einem unsichtbaren Zentrum orientiert. Der Fotograf nimmt zunächst leicht amüsiert die Position des Beobachters ein. Als er jedoch aufgefordert wird, den über den Zaun gefallenen «Ball» wieder ins Spiel zu werfen, zögert er zunächst, doch dann spielt auch er mit.

In einer langen Einstellung verharrt die Kamera auf dem Fotografen, allmählich beginnen wir die Aufschläge des Balls zu hören, immer deutlicher. Als ob ihn dies zusammen mit uns Zuschauern irritieren würde, wendet sich sein Blick nach innen; die letzte Einstellung zeigt ihn verloren und isoliert auf der Parkwiese. Die Pantomimengruppe wird nicht mehr gezeigt, und mit dem Ausblenden des Fotografen kurz vor

22 Giorgio Tinazzi sieht dieses Prinzip in den meisten Filmen Antonionis am Werk: das Aufbauen einer Story und zugleich ihre Dekonstruktion, wobei sich in der Regel die letzt- über die erstgenannte durchsetzt: «Each time, two forces set it [= narrative articulation] in motion differently. On the one hand, there is a force that connects events, articulates them – in short, tends to build a story. On the other hand, there is a force that sections off the events and stretches them out of time, that disassembles and penetrates the meshes of the story to amplify them as much as possible, to gather the echo, the refractions, and the eccentric waves of the events.» (Antonioni, 1996, S. XXII).

23 Ein Foto bleibt, nämlich das letzte der Serie von Vergrösßerungen. Dieses sagt jedoch nichts mehr aus ohne den Kontext der anderen.

den Schlusstiteln endet der Prozess des Verschwindenlassens. Auch in *Blow-Up* verliert das Verschwinden den Charakter des Spektakulären, wird fast alltäglich – neu ist der Umstand, dass der Film sich dabei in die Karten schauen lässt und damit selbst thematisiert. *Blow-Up* ist im Kern eine Meditation über das Wesen des Films.

Am Ende interessiert sich niemand mehr für die Leiche im Park. Sie ist verschwunden auf die gleiche Art, wie sie kreiert wurde – durch Manipulation des Mediums. Im Gegensatz zu *L'avventura*, der mit *Blow-Up* den Anschein einer Kriminalgeschichte teilt, kommt diesem Film das Bestreben, des Rätsels Lösung zu suchen, nicht abhanden – es ist gar nie manifest, außer vielleicht beim Zuschauer, der einen Kriminalfilm erwartet. Der Fotograf jedoch interessiert sich nicht für die kriminalistischen Aspekte, er käme nie auf die Idee, etwa die Polizei über seinen Fund zu benachrichtigen. Das Gespräch mit der Frau des benachbarten Malers gegen Ende des Films spiegelt diese Entfernung vom Muster der Kriminalgeschichte eindrücklich:[24]

> *Photographer*: «I saw a man killed this morning.»
> *Wife*: «Where? Was he shot?»
> *P*: «Sort of a park.»
> *W*: «Are you sure?»
> *P*: «He's still there.»
> *W*: «Who was he?»
> *P*: «Someone.»
> *W*: «How did it happen?»
> *P*: «I don,t know. I didn't see.»
> *W*: «You didn't see?»
> *P*: «No.»
> *W*: «Shouldn't you call the police?»
> *P*: «That's the body.»
> *W*: «Looks like one of Bill's paintings. ... Will you help me? I don't know what to do. ... What is it? Hmmmm. I wonder why they shot him.»
> *P*: «I didn't ask.»

Das Tennisspiel der Pantomimengruppe[25] thematisiert noch einmal, worum es in *Blow-Up* eigentlich geht: um das kreative Potenzial, das aus Andeutungen, aus Gestik einen Match entstehen lässt und ein paar Fotos zu einer abgründigen Geschichte montiert. Aus dem Nichts entsteht ein Etwas, aber zugleich muss auch die Umkehrung gedacht werden: Hinter jedem Etwas kann auch das Nichts sein. Antonioni spricht in anderem

24 Zit. nach: Huss (1971, S. 22).

Zusammenhang[26] vom Umstand der Doppelbödigkeit, der Mehrdeutigkeit und Mehrschichtigkeit der Bilder. Hinter jedem Bild befinde sich ein weiteres, hinter diesem wieder ein anderes und so fort. Das Ende von *Blow-Up* besitzt wie jenes von *Il deserto rosso* allegorischen Charakter. In *Blow-Up* wird jedoch dieses Sinnbildhafte allein mit den Mitteln des Films erreicht. Während der ganzen Endsequenz, die rund acht Minuten umfasst, fällt kein Wort. Ein Ende in Schweigen, eine Schlussfigur, die sich beinahe vollständig mit visuellen Mitteln realisiert und deren Gestaltung zum eigentlichen Höhepunkt und gleichzeitig zur Herausforderung wird – ein Charakteristikum aller späteren Filme des Regisseurs, so auch von *Zabriskie Point*.

3.4.8 *Zabriskie Point*: Tabula rasa

Antonionis Aussage zu *Zabriskie Point* ist einerseits verfänglich und anfällig für Missverständnisse, zugleich gibt vor allem der zweite Satz präzise den Umstand wieder, den wir in Bezug auf *L'eclisse* mit «Verschwinden der Protagonisten» beschrieben haben: «America is the real protagonist of the film. The characters are just a pretext.» (Antonioni, 1996, S. 298). *Zabriskie Point* ist jener Film Antonionis, der die Protagonisten am stärksten zurücknimmt, sie marginalisiert. Er ist zugleich der erste und bislang einzige Spielfilm,[27] in dem er die Hauptrollen teilweise mit Laiendarstellern besetzte, mit Jugendlichen.[28] Die Landschaft, die Gebäude, die Ding-

25 Denzin (1995, S. 136) erwähnt in diesem Zusammenhang Fellini («Fellini-like tennis game») und meint natürlich dessen *Otto e mezzo*, der mit einer Zirkusgruppe endet. Dieser Vergleich bringt einen interessanten Gedankengang in die Diskussion, wie Filme ohne eine zielgerichtete Struktur enden können. Wenn es nicht mehr weitergeht, erscheinen – Deus-ex-machina-gleich – Artisten (Clowns, Pantomimen), inszenieren ein Finale, das wenig mit der Story des Films zu tun hat, und sagen damit, dass das Ende da ist.

26 Anlässlich der Herausgabe der Skripts zu sechs Filmen (Sei film: Le amiche, Il grido, L'avventura, La notte, L'eclisse, Deserto rosso. Torino: Einaudi, 1964) formulierte der Regisseur einige Überlegungen zum Wesen des Films neben Erinnerungen an die Entstehung seiner eigenen. In diesem «Prefazione» ist folgende Passage enthalten: «We know that under the revealed image there is another one which is more faithful to reality, and under this one there is yet another, and again another under this last one, down to the true image of that absolute, mysterious reality that nobody will ever see. Or perhaps, not until the decomposition of every image, of every reality. – Therefore, abstract cinema would have its reason for existing.» (zit. nach: Antonioni, 1996, S. 63)

27 Antonionis Beitrag zum neorealistischen Manifest-Film *L'amore in città* (1953), der den Titel *Tentato suicidio* trägt, arbeitet ebenfalls mit Laien, ist jedoch als Dokumentarfilm zu klassifizieren.

28 Chatman (1985, S. 160) spricht von «terrible performances by Frechette and Halprin». Tatsächlich ist das schauspielerische Potenzial der beiden Hauptdarsteller minim. Ich glaube allerdings kaum, dass die Idee, die beiden Hauptrollen mit Laien zu besetzen, nur als Fehlschlag betrachtet werden kann. Sie passt durchaus in die eingangs skiz-

welt nehmen hier eine Wichtigkeit an wie in keinem Film des Regisseurs zuvor. Die Protagonisten wirken kaum ausgearbeitet; sie besitzen keine Vergangenheit, und in ihrer Gegenwärtigkeit erscheinen sie bisweilen nicht nur auf die gleiche Stufe wie die Dingwelt versetzt, sondern ihr untergeordnet.

Die Zufälligkeit der Begegnung von Mark und Daria kennen wir bereits in ähnlicher Form aus *Blow-Up*. Hier treffen sie sich im Niemandsland einer Wüste, sie haben keine gemeinsame Vergangenheit – so fehlt auch der Aspekt des leidenden Paares vollständig – und sie besitzen keine gemeinsame Zukunft. Sie fahren an den Ort, der dem Film den Namen gibt, lieben sich dort. Die Story gleicht mit ihren Unschärfen, ihren Vereinfachungen und Zufälligkeiten, mit ihren unerwarteten Wendungen und abrupten Brüchen einem modernen Märchen, sie interessiert den Film eigentlich nicht. Nicht nur die Charaktere sind lediglich ein Vorwand, auch die erzählte Geschichte ist es. Vielmehr kommen Lebensgefühl und Lebensrhythmus zur Darstellung, die zwar eine Story brauchen, diese aber jederzeit in «Auszeit»[29] setzen können.

Bereits die Titelsequenz signalisiert das Desinteresse an der Geschichte. Aus einem Formen- und Farbenspiel, realisiert mit langer Brennweite und geringer Tiefenschärfe, entwickelt sich eine Diskussion zwischen einer Gruppe Studierender und radikaler Schwarzer über Kampfmaßnahmen. An deren Ende kristallisiert sich als Hauptfigur Mark heraus, der sich plötzlich einmischt, um zu sagen, dass auch er bereit sei zu sterben, aber nicht vor Langeweile. Danach verlässt er die Versammlung. Diese Konkretisierung wirkt derart plakativ, dass sie nicht als ernstgemeintes Element des Plots Bestand haben kann. Vielmehr wird mit der Anfangssequenz ein Verfahren durchgeführt, das lange bei verschwommenen, aufgelösten Strukturen verweilt und damit ein Pendant zur eigentliche Schlusssequenz bildet, in deren Zentrum die Explosion der modernen Villa steht. Hier findet die gegenteilige Bewegung statt: Das Konkrete löst sich auf, wird aus dem üblichen in einen neuen Zusammenhang gestellt, während die Narration minutenlang aussetzt.

Die Schlusssequenz beginnt dort, wo Daria auf dem Weg nach Phoenix von Marks Tod erfährt. Dieser wurde erschossen, als er das gestohlene Kleinflugzeug nach Los Angeles zurückbringen wollte. Von den

zierte Strategie, die Protagonisten möglichst in den Hintergrund zu drängen. Chatman dagegen hält Antonionis Art, Schauspieler einzusetzen, für unverträglich mit der Wahl von Laien, da sie nicht über die nötige Präzision verfügen.

29 Der Begriff «Auszeit» wird primär im Sport verwendet und bezeichnet die von einer Mannschaft vorgenommene Spielunterbrechung zwecks Beratung des weiteren Vorgehens. Die Spieluhr wird angehalten.

zwei Erzählsträngen, die der Film mit der Begegnung in der Wüste zusammenführte und die er bereits vor dieser Endsequenz wieder entflocht, wird damit der eine beendet. Der Film bleibt bei Daria, die in der mitten in die Wüste gebauten Villa ankommt, in der eine Besprechung stattfindet, die ihr Chef leitet. Die Formulierung «bleibt bei Daria» stimmt allerdings nur für den ersten Teil, der zeigt, wie sie das Grundstück und die Villa betritt, von ihrem Vorgesetzten entdeckt wird und schließlich fluchtartig das Anwesen verlässt. Für den zweiten muss sie revidiert werden, denn die Explosionssequenz erringt eine solche Autonomie, dass Daria darin keinen Platz findet. Erst die letzte Einstellung kehrt zu ihr zurück, zeigt, wie sie lächelt, ins Auto steigt und der untergehenden Sonne entgegenfährt. Diese letzte Einstellung relativiert die Autonomie der vorangehenden Bilder, psychologisiert sie, indem sie die Explosionssequenz als Wunschvorstellung markiert.

Ähnlich wie in *L'eclisse* entwickelt sich der autonome Teil innerhalb der Schlusssequenz scheinbar organisch aus dem vorangehenden, in *Zabriskie Point* fehlt sogar der Zeitsprung. Dennoch ist dieser erste Teil der Schlusssequenz nicht frei von Irritationen. Denn die Ankunft, die Begegnung mit den Frauen am Swimmingpool erinnert in der Art und Weise, wie die Menschen ins Bild gesetzt werden, stark an einen Werbefilm, den der Regisseur nach Beginn von *Zabriskie Point* einstreut. Eine zweite Irritation, die den sonst durchaus realistischen Rahmen der Szene aufbricht, vermitteln jene Einstellungen, die der Explosion unmittelbar vorausgehen. Als Daria angewidert das Haus verlässt und mit ihrem Auto ein Stück weit wegfährt, sehen wir das in den Felsen gebaute Haus zunächst in der Totale. In den anschließenden Einstellungen fehlt das menschliche «Personal». Nach einem Zwischenschnitt auf Daria im Auto erscheinen die Gesichter der Geschäftspartner, gespiegelt im Modell des Projektes. Die Szenerie wirkt geisterhaft, denn noch in der Einstellung vor dem Rückschnitt auf Daria sahen wir eben dieses Modell in einem menschenleeren Raum. Nun folgt die erste Explosion, der dazugehörige Ton fehlt. Daria steigt aus dem Auto, bewegt sich in Richtung Haus, das wieder unversehrt ist. Die erste Explosion entpuppt sich als Flashforward. Nun folgt – nach einem Zwischenspiel, das an eine Geisterbeschwörung erinnert und zugleich klarmacht, dass Daria das Haus in ihrer Vorstellung zerstören lässt – die erste realistische Explosion mit Ton.

In der Folge verliert die Szene systematisch jede Wirklichkeitsnähe. Neunmal wiederholt sich die Explosion, dazwischen erscheint das Haus immer wieder intakt. Multiplizieren, Wiederholen – das Serielle nimmt diesem eindrucksvollen Vorgang das Vorwärtstreibende, Zielgerichtete, das erzählerische Moment verschwindet. *Zabriskie Point* entwickelt sich in Richtung Experimentalfilm. Das explodierende Objekt rückt näher. Der erste Teil könnte die feuerfarbene Phase genannt werden, da sie von rot-gelb-braunen Tönen dominiert wird. Zeitlupe zerdehnt die Vorgänge, macht sichtbar, was dem menschlichen Auge verborgen bliebe. Zugleich werden die unaufhörlichen Explosionen zu einem Ballett aus Bewegung, Farbe und Form, nicht unähnlich einem Animationsfilm von Oskar Fischinger, besonders wenn im zweiten Teil, der blauen Phase, die Zeitlupenfrequenz[30] erhöht und der diegetische Ton durch Pink-Floyd-Musik ersetzt wird.

Was fliegt durch die Luft? Nachdem die Hülle – das Haus – beseitigt wurde, sind es vor allem Zivilisationsgüter, die mit großer Verzögerung zerlegt, in die Einzelteile gesprengt werden, durch den blauen Himmel schweben, als sei die Schwerkraft aufgehoben: Möbelstücke, Kleider, Fernsehgerät, Kühlschrank, Lebensmittel, Zeitungen und schließlich auch Bücher. Geht es um ein In-die-Luft-Sprengen der (westlichen) Zivilisation? Wohl nur auf den ersten Blick. Im Kontext von Antonionis anderen Werken entsteht hier ein rund fünfminütiges narratives «Loch» am Ende eines Films, in dem die Form sich verselstständigt, sich von der Pflicht befreit, einen Inhalt, eine Story zu transportieren, oder sich weigert, mehr zu sein als Form, Farbe, Bewegung und Rhythmus. In einem solchen Zusammenhang betrachtet, verliert die Explosion viel von ihrem zerstörerischen, gewalttätigen Potenzial. Sie wird «sanft» wie das Verschwinden der Protagonisten. In der Eingangsphase wird sie von allem Menschlichen «geräumt» – es ist die Dingwelt, die durch die Luft geschleudert, aus ihren ursprünglichen und üblichen Verwertungs- und Gebrauchskontexten gerissen wird.

30 Die technischen Details dieser Explosionsszene sind – ähnlich wie später bei *Professione: reporter* – insofern von Relevanz, als sie das Aussergewöhnliche dieser Szene erst ermöglichen. Dass die Technik nicht selbstzweckhaft eingesetzt, sondern in ein ästhetisches Erlebnis eingebunden wird, unterscheidet Antonioni von Formalisten: «[...] the accusation of being a formalist, which for a long time was imposed on him on the basis of a completely schematic critical formula. Indeed, at that time, critics were speaking of form without differentiating between technical exhibitionism and the ability or necessity of an author to question his own language, thus revealing his own "project".» (Giorgio Tinazzi in: Antonioni, 1996, S. XX). Die Explosionsszene von *Zabriskie Point* wurde mit siebzehn Kameras aufgenommen, ausgestattet mit verschiedenen Objektiven, plaziert in unterschiedlichen Distanzen zur Villa. Die Szene konnte effektiv nur ein einziges Mal gedreht werden. Das «Ballett der Konsumgüter» wurde mit sogenannten «High Speed Cameras» realisiert, Kameras aus dem militärischen und wissenschaftlichen Bereich, die fähig waren, zweitausendfünfhundert bis dreitausend Bilder pro Sekunde zu schiessen. Weitere Details finden sich im Aufsatz *Zabriskie Point: une métaphore de la liberté impossible* von Fernaldo Di Giammatteo, ursprünglich in der Zeitschrift *Bianco e Nero*, 5/6, 1970 erschienen und in der französischen Übersetzung nachzulesen in: Cuccu (1988, S. 227–246).

Dem Mittel der Repetition, der wundersamen Vermehrung begegnen wir am Ende von *Zabriskie Point* nicht ganz unvorbereitet. Nachdem von Anfang an klar ist, dass der Film sich wenig für das Erzählen einer wohlkalkulierten Story interessiert, finden wir rückblickend in der Sequenz, die im Death Valley spielt, eine klare Referenz zum Ende. Als Daria und Mark sich im Wüstensand lieben, verschmelzen sie optisch nicht nur mit der Umgebung und tauchen ein in die Dingwelt, sondern vervielfältigen sich. Aus dem Paar werden viele sich liebende Menschen. Der Film spielt verschiedene Kombinationen durch, es entsteht ein Love-In, das nur noch narrative Reste enthält und dem zweiten Teil der Schlusssequenz ähnelt. Auch hier endet diese Szene mit einer Rückkehr auf Darias Gesicht und suggeriert damit eine Subjektivierung.

Ein Aspekt allerdings blieb bisher unerwähnt und kann als direkte Folge der beschriebenen Schlussfigur gewertet werden. Antonionis Ende in *Zabriskie Point* dürfte zwar in der Art seiner Realisierung einzigartig sein, doch das Verfahren an sich ist nicht so selten. Die Erzählung wird beendet, indem buchstäblich «reiner Tisch» gemacht, indem auf- respektive abgeräumt wird. Nicht selten finden dabei die Protagonisten den Tod. In *Zabriskie Point* geschieht dies allerdings nicht; das Haus wird in die Luft gesprengt, ohne dass jemand sichtbaren Schaden nimmt. Häufiger tritt diese Schlussfigur in einer gewalttätigeren Variante auf. Als Beispiele könnten Raoul Walshs *White Heat* (USA 1949), Sam Peckinpahs *The Wild Bunch* (USA 1969), Arthur Penns *Bonnie and Clyde* (USA 1967), Fassbinders *Die Ehe der Maria Braun* (BRD 1978) oder Assi Dayans *Life According to Agfa* (Israel 1992) genannt werden. Die Erzählung findet ihr Ende, indem die Hauptprotagonisten entfernt, ihre Leinwandleben ausgelöscht werden. Da sich bei *Zabriskie Point* in der Schlusssequenz noch einmal das Interesse von den Menschen zu den Dingen verschiebt, besitzt eine solche Auflösung in die Bestandteile auch Signalcharakter, vor allem wenn sie rund fünf Minuten dauert. Hier geht es nicht weiter, ist kein Fortgang der Handlung mehr zu erwarten, an dieser Stelle ist der Film zu Ende.

Die systematische Entfernung der Menschen vor der Explosion wurde bereits erwähnt, aber auch die Explosion selbst, diese Dekonstruktion der Dinge, verliert bald alles Gewalttätige, Zerstörerische. Spätestens dann, wenn die extremen Zeitlupenaufnahmen folgen, beginnen die Gegenstände ihren Tanz, wirken die Bewegungen ausgesprochen elegant. Stephen Snyder (1994, S. 135) situiert Antonionis Bildrealisationen in der Nähe der kubistischen Malerei – die Objekte würden weniger zerstört, sondern offenbarten vielmehr ihre Realität als Energie:

> And that, it seems to me is one of the exciting features of cubist painting, the explosion of objects, outward, into multi-textured-textures shapes. Cubism tracks reality to the point of explosion and so does Antonioni,s form of cinema, exploding as well any sense of subjectivity as fixed ego or hardened cultural codification.

3.4.9 *Professione: reporter*: Der Kreis schließt sich, oder: Die «entfesselte» Kamera

Die Endsequenz von *Professione: reporter* ist wahrscheinlich Antonionis berühmteste und – neben jener von *L'eclisse* und *Zabriskie Point* – spektakulärste. Während sich für *L'eclisse* das Ausbleiben der Protagonisten und das allmähliche Entwickeln eines autonomen, nur sehr schwach narrativen Filmteils, für *Zabriskie Point* das Zerdehnen und endlose Repetieren als Charakteristika nennen lassen, verwendet Antonioni in *Professione: reporter* eine lange, gleitende Fahrt, in deren Verlauf ein Fenstergitter durchstoßen wird. Was also in den beiden vorher genannten Filmen die Montage leistet, wird hier durch die Kamerabewegung erreicht. Doch nicht in der Komplexität und technischen Aufwändigkeit liegt das wahrhaft Spektakuläre dieser Einstellung, sondern in der scheinbar gänzlichen Missachtung des Handlungsschwerpunktes, die den Zuschauer in einen Zustand außerordentlicher Intensität und Aktivität bringt.

Die Endsequenz beginnt mit der Ankunft von Locke im Hotel de la Gloria. Zu seiner Verblüffung erfährt er vom Verwalter, dass seine Frau bereits eingetroffen sei. Bei dieser Frau handelt es sich um eine Begleiterin, die Locke zufällig getroffen hat und die seither gelegentlich mit ihm reist. Locke ist an einem Endpunkt angelangt. Er wird von Geschäftspartnern gesucht, von denen er Geld genommen hat, ohne die Ware zu liefern. Er wird von seiner Frau und einem Berufskollegen gesucht, die sich von ihm Aufklärung über den (vermeintlichen) Tod von Locke erhoffen. Auch die Polizei hat sich an seine Fersen geheftet. So musste er seinen Mietwagen stehen und sich mit einem Taxi zum Hotel bringen lassen, um nicht in Schwierigkeiten zu geraten. Locke ist nicht Robertson, dafür fehlen ihm die Hintergrundinformationen, die Erfahrungen und Kontakte – aber er ist auch nicht mehr Locke. Die Sackgasse, in die er bereits zu Filmbeginn geraten ist, als sein Jeep mitten in der Wüste steckenblieb, wiederholt sich nun ein zweites Mal, nachdem die Übernahme einer fremden Identität zunächst wie eine Befreiung ausgesehen hatte. Der Kreis schließt sich, Locke ist wieder im Süden, wieder von Wüste, von Staub und Sand umgeben.

In der Folge wird Lockes Gefühl des Am-Ende-Seins durch zweierlei Motive unterstrichen. Einerseits in seiner Resignation, Erstarrung, in seinem Abschließen und Einigeln. Zweimal fragt er die Frau, was sich draußen vor dem Hotel abspiele. Was siehst du? Es scheint, dass er bereits die Fähigkeit der Wahrnehmung eingebüßt hat. Als er sich schließlich auf dem Bett niederlässt, erzählt er eine Parabel. Sie handelt von einem Mann, der vierzig Jahre blind war, danach durch eine Operation sein Augenlicht erlangte und nach anfänglicher Euphorie das Sehen nicht mehr ertragen konnte: die Hässlichkeit, den Schmutz, die Schattenseiten. Diese Geschichte steht in deutlichem Bezug zur Situation, in der sich Locke selbst befindet. Subtil wird damit auch auf seinen eigentlichen Beruf angespielt, der sehr viel mit der Fähigkeit zu sehen und zu beobachten zu tun hat: Reporter.

Während sich Locke und die Frau auf dem Bett umarmen, vollzieht die Kamera einen ersten Ausbruchsversuch. Sie schwenkt vertikal nach oben, folgt einer Verbindungsleitung und zeigt schließlich ein an der Wand hängendes Gemälde. Ein zweites Mal setzt sich die Kamera ab, als Locke zum letzten Mal aus dem vergitterten Fenster seines Hotelzimmers blickt, nachdem er die Frau fortgeschickt hat. Die Kamera folgt einem vorbeilaufenden Mann, interessiert sich für ihn, obwohl Locke sich schon wieder auf sein Bett zurückgezogen hat. Locke zündet sich eine Zigarette an und streckt sich aus. Was nun beginnt, ist die siebzehnte Einstellung dieser zweitletzten Sequenz, die über sechs Minuten dauert.

Ausgangspunkt für die kontinuierliche, bisweilen kaum wahrnehmbare Kamerafahrt ist der Blick auf das vergitterte Fenster des Hotelzimmers. Im linken Vordergrund sehen wir den ausgestreckt auf dem Bett liegenden Locke; im Hintergrund den Platz vor dem Hotel mit einer angrenzenden Stierkampfarena, an deren Außenwand ein älterer Mann mit Hund sitzt. Die Kamera bewegt sich in Richtung Fenster. Locke verschwindet bald aus der Komposition. Da dem Bild ein Zentrum fehlt, setzt eine Intensivierung der Tonspur ein. Neben dem sichtbaren entsteht ein Raum im Off, in dem sich – so wird allmählich klar – wesentliche Dinge abspielen.

Das Hotelfenster wird immer mehr zur Leinwand in der Leinwand. Mit einer kontinuierlichen Vorwärtsbewegung dringt die Kamera auf den Platz vor, ignoriert das Gitter. Inzwischen ereignen sich verschiedene Vorgänge sowohl im sichtbaren wie im unsichtbaren Bereich. Der Bildrahmen, die Leinwandbegrenzung wird erfahrbar. Zunächst geschieht Alltägliches auf dem Arenavorplatz. Ein Fahrschul-Auto durchquert das Bild; dann erkennen wir, dass sich Lockes Begleiterin auf diesem Vorplatz befindet. Ein Junge wirft Steine nach dem Hund, der Alte schimpft. In der Arena ist eine Stierkampfveranstaltung im Gange, wie Trompetensoli andeuten. Schließlich durchquert der weiße Citroën das Bild, den wir schon einige Male zuvor in Zusammenhang mit den Waffenkäufern gesehen haben. Tatsächlich steigen zwei Personen aus – ein Weißer und ein Schwarzer. Sie besprechen sich kurz, dann wendet sich der Schwarze entschlossenen Schrittes zum Hoteleingang. Der andere späht durch das Fenster in Lockes Zimmer und geht in die Bildtiefe, um die Frau abzulenken, die sich nähert. Wir hören, dass jemand das Zimmer betritt.

Das Geräusch eines nicht sichtbaren Motorrollers leitet den Höhepunkt der dramatischen Ereignisse im Off ein. Kurz vor Ende ist so etwas wie ein Schuss hörbar. Dann folgt ein fernes Trompetensolo aus der Arena, welches das Ende einer Corrida signalisiert. Anschließend hören wir eine zuschlagende Türe, während das Bildfenster immer leerer wird und die Kamera nahe daran ist, durch das Gitter zu stoßen, und sehen, wie der weiße Citroën mit großer Geschwindigkeit davonfährt. Nach diesen Vorgängen herrscht für einen Moment Ruhe. Die Frau bewegt sich unschlüssig gegen die Mitte des Arenavorplatzes. Wiederum ist es der Ton, der die Aufmerksamkeit lenkt: Polizeisirenen sind hörbar, lange bevor die dazugehörigen Wagen auftauchen. Die Kamera, die das Gitter überwunden hat, schwenkt zunächst mit dem einen Auto nach links, dann mit dem heranrückenden Polizisten nach rechts. Von rechts erscheint ein zweites Polizeiauto, dem Lockes Frau Rachel und ein Polizeibeamter entsteigen. Sie rennen zusammen mit Lockes Begleiterin Richtung Hoteleingang, bis schließlich die Kamera genau in die entgegengesetzte Richtung blickt. Sie zeigt den Ort, an dem die Kamera sich anfangs befunden hat.

Rachel, ein Polizeibeamter, der Hotelverwalter und Lockes letzte Gefährtin treten ins Zimmer. Er liegt regungslos auf dem Bett. Ein doppelbödiger Dialog beendet diese lange Einstellung. Der Polizist fragt Rachel: «Is this David Robertson? Do you recognize him?», worauf sie antwortet: «I never knew him.» Dies ist zwar formal richtig, denn sie ist dem Waffenhändler Robertson nie begegnet, aber zugleich sollte sie eigentlich die Leiche ihres Mannes identifizieren. Die Begleiterin – «The girl» – von Locke, die ihn nur unter dem Namen Robertson gekannt hat, antwortet dagegen auf die Frage «Do you recognize him?« folgerichtig mit «Yes».

Nach dieser langen, zweitletzten Einstellung folgt eine weitere, die ebenso lang ist, aber eine weitaus geringere Komplexität aufweist. Da ein Zeitsprung stattgefunden hat, müssen wir eigentlich von einer eigenen Sequenz sprechen. Der Schluss von *Professione: reporter* umfasst somit zwei Sequenzen: die 43. und 44., wenn wir der Einteilung von Vanoye (1993, S. 23-31) folgen. Die Sonne geht unter, es wird Nacht. Der bereits bekannte Wagen der Fahrschule zieht eine Schlaufe und fährt davon. Die Kamera schwenkt mit und zeigt in einer starren Einstellung die Vorderfront des Hotels. Der Verwalter erscheint im hell erleuchteten Eingang und schlendert die Straße hinunter. Eine Frau blickt ihm nach und setzt sich auf die Eingangstreppe. Gitarrenklänge ertönen, die das tragische Ende der letzten Einstellung kontrastieren und eine versöhnliche, abgeklärte Stimmung hinterlassen. Den letzten Teil dieser letzten Einstellung nehmen die Credits ein.

Wenn wir diese Schilderung des Übergangs von Tag und Nacht mit jener von *L'eclisse* vergleichen, so könnte die Stimmung nicht gegensätzlicher sein. In *L'eclisse* findet eine Verabredung nicht statt, eigentlich ereignet sich nichts, doch die Schilderung des Verschwindens entwickelt durch die Montage und die Wahl der Bildausschnitte einerseits, durch die Erwartungshaltung bezüglich der Storyentwicklung andrerseits eine Endzeitstimmung, die durch den Musikeinsatz verstärkt wird. In *Professione: reporter* nun das genaue Gegenteil: eine fast starre, lange Einstellung vermittelt eine gelöste, heitere, auf jeden Fall abgeklärte Stimmung, obwohl unmittelbar vorher ein Mord passiert ist, die Hauptfigur getötet wurde. In *L'eclisse* dagegen entsteht durch das Ausbleiben von Vittoria und Piero eine Bedeutungslücke, die gefüllt werden muss. Das gewählte Verfahren, das in erster Linie das Zu-Ende-Gehen eines Tages zeigt, enthält aber Bilder, die zu Assoziationen anregen. Zum einen tauchen die bereits beschriebenen Déjà-vu-Bilder auf, die irritieren. Zum anderen werden in die Einstellungen, die an sich nichts zur Weiterentwicklung des Hauptstranges der Story beitragen, winzige Details eingestreut, die sich zu einer Kette zusammenschließen und mangels Alternativen an Bedeutung gewinnen. Das unangekündigte Abbrechen des Erzählstranges, verbunden mit der Möglichkeit, seinen Assoziationen freien Lauf zu lassen – daraus resultiert dieses außerordentlich beunruhigende Ende.

In *Professione: reporter* ist der Haupterzählstrang abgeschlossen, die Hauptfigur tot, auch wenn wir nicht – oder nur akustisch – dabeigewesen sind. Spannung entsteht durch das Zusammenspiel von Sichtbarem und Nichtsichtbarem, von Sehbarem und Hörbarem. Diese Spannung, getragen von einer Einstellung, die sich organisch als Plansequenz entwickelt, findet ihren Höhepunkt und zugleich ihre Auflösung in den letzten Bildern der Einstellung, die zeigen, dass Locke tot ist. Die letzte Einstellung dagegen wird davon befreit, eine Auflösung anbieten zu müssen. Sie dient in der zweiten Hälfte als Hintergrund für den Titelabspann. Zunächst besitzt sie ästhetische und stimmungsmäßige Funktionen, sie ist kein Sinnbild wie in *L'avventura*. Nach dem Drama herrscht wieder Ruhe, fast eine gereinigte, entspannte Atmosphäre. Hierin liegt die größte Differenz zu *L'eclisse*. Dieser Film endet auf dem Höhepunkt einer selbst aufgebauten emotionalen Spannung, während die Spannung in *Professione: reporter* eine Auflösung erfährt.

Die zweitletzte Einstellung von *Professione: reporter* charakterisierte ich mit der Bezeichnung «Schule des Sehens und Hörens»[31]. Darin wird eine Schlussfigur sichtbar, die sich in vielen Filmen Antonionis auf die eine oder andere Weise findet und am Ende dieses Kapitels gesondert dargestellt werden soll. Das Verschwinden, Außer-Acht-Lassen der Figuren eröffnet Raum nicht nur für die Präsenz der Dinge, sondern für die Selbstthematisierung des Films. Er reflektiert über sein Wesen und seine Möglichkeiten. In *Professione: reporter* ist dieser Bezug durch den Beruf des Protagonisten sogar direkt vorhanden, zumindest zu Beginn, als er ihn noch ausübt, und an jenen Stellen, in denen seine Frau sich das früher von ihm gestaltete Filmmaterial ansieht. Bereits in diesen Passagen werden Fragen nach dem Verhältnis von Film und Realität, von Ereignis und Aufzeichnung thematisiert.

Die zweitletzte Einstellung des Films erweitert diesen Aspekt, indem sich die Kamera davon befreit, gleichsam sklavisch der Handlung zu folgen. Anstelle des Erlebens von Handlung tritt, ausgelöst durch die demonstrative Bewegung der Kamera, das Erleben von vergehender Zeit, vor allem der Komponente Dauer. Am Ende der rund sechsminütigen Einstellung blickt sie auf ihren eigenen Ausgangspunkt. Es ist, als blicke sie auf die andere Seite des Spiegels, als gäbe sie einen Teil von dem preis, was ihr Wesen ausmacht.

In dieser zweitletzten Einstellung zeigt die Kamera zentrale Elemente der Handlung nicht. Sie verweigert sich damit einer Maxime des klassischen Films, der diese Situation wahrscheinlich durch eine alternierende Montage zwischen Opfer und Täter aufgelöst, in jedem Fall aber die Montage als Gestaltungsmittel verwendet hätte. Antonioni dagegen verweigert sich hier der Montage. Aber es wäre falsch, die Bewegung der Kamera zufällig zu nennen. Es trifft nicht zu, dass sich der Film überhaupt nicht um das abrollende Drama kümmert; doch er etabliert durch den selbstreflexiven Duktus ein Signal, das auf die Künstlichkeit, auf die Gestaltung geradezu schmerzhaft aufmerksam macht. Falls sich der Zuschauer auf das Spiel mit der Thematisierung des Erzählens ein-

31 Lockes erste Frage nach dem Eintreffen im Hotel de la Gloria, die er an seine Begleiterin richtet, heisst «What can you see?». Sie wirkt wie eine Einführung oder Vorankündigung des hier Thematisierten.

lässt, wächst die Spannung fast ins Unerträgliche, denn wir sind uns bewusst, dass sich etwas Dramatisches ereignet und wir uns, im Gegensatz zum klassisch erzählten Film, nicht an der «richtigen» Stelle befinden: die Narration des Films verweigert uns den optimalen Standort.

Vor unseren Augen erhalten wir die «Bauteile» der Geschichte präsentiert, noch im Rohzustand, in dem zum Beispiel das Mittel der Montage außer Acht gelassen wird, zugleich aber mit einer Verkettung versehen, die einen dramatischen Ablauf erahnen lässt. Das Fehlen des Zentrums macht auf den Bauplan aufmerksam, auf den Umstand, wie dieses Zentrum konstruiert wird. Ähnlich wie die Endsequenz von *Blow-Up*, welche die Komponenten Bild und Ton isoliert, gegeneinander ausspielt und die entstehende Irritation ausnutzt, um durch den Regelbruch auf die Regeln aufmerksam zu machen, besitzt auch das Ende von *Professione: reporter* eine «didaktische» Komponente. Francis Vanoye (1993, S. 113) verweist in seiner detaillierten Analyse besonders auf den Erlebnischarakter, wenn er schreibt:

> Les deux derniers plans de *The Passenger* convient le spectateur à vivre une expérience singulière. Leur durée, leur contenu «inessentiel» (par rapport à l,action) le situent, avec l,opérateur, en tant que regard posé sur l,environnement, en tant que conscience percevante. «Regarde. Que vois-tu?», semble dire à son tour le film au spectateur. Que peut-il arriver?

Noch stärker ist dieser Bezug auf die Entwicklungs- und Vergrößerungssequenz von *Blow-Up*, denn hier nehmen wir ebenfalls an der Entstehung einer Geschichte teil und werden zugleich über den Prozess der Konstruktion ins Bild gesetzt. Einzelne Storyelemente werden aus einer Vielzahl von Möglichkeiten aussortiert, zusammenmontiert, verändert, umgestellt, bis eine «sinnvolle» Anordnung entsteht.

In *Professione: reporter* wirkt dieses Teilnehmen an der Entstehung des Films zwar weniger in einen Kriminalstory-Subtext eingebunden und deshalb weniger «veredelt» oder maskiert, als demonstrativ, aber auch, da es in einer einzigen Einstellung realisiert ist, organischer. Die Realisation war denn auch eine aufwändige und schwer durchführbare Arbeit, weshalb es gerechtfertigt erscheint, zum Abschluss auf die wichtigsten technischen Aspekte einzugehen, die diese einzigartige Bewegung, dieses Schweben, dieses Abstreifen von Materialität und Körperlichkeit ermöglichte.

Das Hauptproblem bestand darin, dass die Kamera nicht nur vom Innenraum nach außen wechselt, sondern am Ende, wie bereits erläutert, auf ihre «Herkunft» blickt. Deshalb stellte weniger das Durchstoßen des Fensters die kritische Phase dar, sondern das ellipsenförmige «Umhergleiten» auf dem Platz vor der Arena bis zurück zum Fenster des Hotelzimmers. Um diese Flexibilität zu erreichen, musste die Kamera an einen riesigen Pneukran gehängt werden, der hinter dem Hotel plaziert und zudem mit einer Vorrichtung versehen war, wie sie für Aufnahmen aus Helikoptern Verwendung findet, um die Vibrationen und Schwingungen zu neutralisieren. Da wegen der Lichtverhältnisse nur nachmittags zwischen 15.30 und 17 Uhr gedreht werden konnte, benötigte das Team elf Tage, um die Einstellung zufriedenstellend zu realisieren.[32]

3.4.10 *Identificazione di una donna:* Das Ende des Films als Beginn (von etwas Neuem)

Die zweiteilige Struktur des Endes wiederholt sich im letzten Film von Antonioni, den wir in unsere Untersuchung einbeziehen. Allerdings ist das Verhältnis zwischen der zweitletzten und der letzten Sequenz ein anderes als in *Professione: reporter*. In der vorletzten Sequenz kehrt der Regisseur Niccolò in seine Wohnung zurück. Damit wiederholt sich der Anfang. Sogar die anfängliche Irritation mit der Orientierung, die ein Kameraschwenk auflöst, ist die gleiche. Was äußerlich diese beiden Teile eines Rahmens unterscheidet, ist die Tageszeit.

Am Anfang findet die Rückkehr in der Nacht statt. Es herrscht ein abweisendes, ja bedrohliches Klima, was durch das Auslösen der Alarmanlage und den anschließenden Besuch des Nachbarn mit der Pistole ausgedrückt wird. Am Schluss des Films scheint die Sonne, es ist das Ende eines Tages, die Stimmung ist aufgeräumt, verspielt. Niccolò setzt sich ans Fenster, blickt gegen die untergehende Sonne. Auf der Tonspur ertönt seine Stimme, die einen Science-Fiction-Film zu erzählen beginnt. Der Regisseur kommt damit der Aufforderung seines Neffen Lucio nach, der die Frage gestellt hatte, weshalb er nicht einmal einen Science-Fiction-Film drehe. Während die Tonspur diese Dialogsituation simuliert, blendet das Bild langsam in eine mögliche Umsetzung über und zeigt das in einen Asteroiden gepackte Raumschiff, das zur Sonne fliegt. Es ist der Beginn eines neuen Films. Doch wir erfahren nur die Exposition. Denn mit Lucios Frage «E dopo?» endet diese Geschichte.

Identificazione di una donna erscheint in vielen Belangen wie die Summe verschiedener in früheren Filmen aufgenommenen Themen und Motive. Dies spiegelt sich auch in der Ausgestaltung der Endsequenz. Sie wird stark vom reflexiven, selbstthematisierenden Strang dominiert.

32 Die genauen technischen Details dieser «penultima inquadratura» beschreibt Antonioni selbst in Antonioni (1975, ohne Seitenangabe).

Es geht im Film nur vordergründig um die Suche nach der Hauptdarstellerin, sondern vielmehr nach dem Filmstoff selbst, was allerdings in der Sicht des Regisseurs Niccolò auf dasselbe hinausläuft. Die Endsequenz beendet diese Suche auf abrupte und überraschende Weise, indem der fiktionale Regisseur den Rat seines Neffen annimmt und einen Science-Fiction-Film erfindet. Dies wirkt insofern überraschend, als in den zugegebenermaßen noch vagen Ideen eigentlich die Geschichte einer Frau im Zentrum stand. Plötzlich wird das Genre gewechselt, ein Thema aufgegriffen, in dem Technik und Maschinen den Mittelpunkt bilden.

Somit wäre das zweite Endmotiv genannt: das Verschwinden der Protagonisten. In *Identificazione di una donna* geht wie in *L,avventura* eine Frau «verloren». Sie verschwindet plötzlich und scheinbar grundlos aus dem Leben von Niccolò. Mit Hilfe einer anderen Frau geht er auf die Suche, uns Zuschauern wird die Auflösung gegeben, die der Regisseur lediglich ahnt. Mavi hat kein Interesse mehr an ihm, sie lebt mit einer anderen Frau zusammen; doch auch Ida wird wahrscheinlich aus dem Leben des Regisseurs verschwinden. In der vorletzten Sequenz in Venedig erklärt sie ihm, dass sie von einem anderen Mann schwanger sei. Daraufhin kehrt Niccolò in seine Wohnung zurück, jene Szene, die den Anfang dupliziert. Doch die Stimmung ist alles andere als gedrückt. Übermütig steigt er die Treppe hinauf, vollzieht mit dem Schlüsselbund ein Kunststückchen, pirscht sich dann verspielt ins sonnendurchflutete Zimmer. Das alte Thema, der alte Filmstoff ist, so zeigt die Fortsetzung, begraben.

Das Ende von *Identificazione di una donna* ist zugleich eine Art Tabula rasa – in doppelter Hinsicht. Die Metakonstruktion ermöglicht es, die Binnengeschichte, die nie sehr klare Strukturen angenommen hatte, fallenzulassen. Was in einem Film ohne diese selbstreflexive Struktur einen starken Bruch hervorrufen würde, erscheint hier als Möglichkeit, aus der Sackgasse zu gelangen. Doch der Film bringt letztlich auch die Hauptfigur zum Verschwinden, indem er das neue Filmprojekt in Bilder umsetzt. Nicht nur das Personal des Binnenfilms wird «entlassen», sondern auch dasjenige des eigentlichen. Am Ende von *Identificazione di una donna* beginnt ein neuer Film.

Diese Konstellation ist in ihrer Radikalität neuartig im Werk Antonionis. Zwar erscheint die Endsequenz wie eine Summe der vorangehenden Filme, doch die letzte Entwicklungsstufe wirkt kühn. Sie besitzt die Wildheit eines Alterswerks, die sich auch in der Novellensammlung *Quel bowling sul Tevere* verfolgen lässt. Wir haben als Merkmal für das Ende einiger Filme von Antonioni zwar die Möglichkeit der Autonomie, die der Schlussteil anstrebt, diskutiert. Doch in den untersuchten Fällen (*L'eclisse, Zabriskie Point, Professione: reporter*) entwickelte sich der autonome Teil stets aus dem übrigen Kontext, und die Autonomie bestand aus der Weigerung, den Hauptstrang des Plots weiterzuführen, oder im Wechsel des «formalen Systems» (narrativ zu nonnarrativ). In *Identificazione di una donna* weist die Autonomie des Schlussteils einen derart hohen Grad auf, dass von einer neuen Art von Schlussfigur gesprochen werden kann – das Ende besteht darin, dass etwas Neues beginnt.

Diese Art von Endsetzung wirkt einerseits wie der Notausstieg aus einem diffusen Stoff, als Substitution bietet sich ein unriskanterer, einfacherer Stoff an, unverbindlich angesiedelt in einer Zeit, die es noch nicht gibt. Doch Antonioni ist weit davon entfernt, diesen Bruch unkommentiert und unreflektiert zu lassen. Die Geschichte einer Erkundungsmission zur Sonne wird in einigen wenigen Sätze skizziert, dazu sehen wir Bilder, die aus einem billigen Science-Fiction-Film oder aus einem wissenschaftlichen Animationsfilm stammen könnten: ein silberfarbener, fliegender Gesteinsbrocken zunächst vor grünem, dann vor orangerotem Hintergrund, der schließlich verschwindet. Die Bilder besitzen kaum eine Aussagekraft, die über diese Beschreibung hinausgeht. Die Erzählerstimme, die Niccolò gehört, entwickelt eine Ausgangssituation, die Neugier zu erwecken vermag, zumindest kindliche. Doch die Frage von Lucio nach der Fortsetzung der Exposition, «E dopo?», bleibt unbeantwortet.

3.5 Das Verhältnis des Endes zum übrigen Film, besonders zum Anfang

Vom Verhältnis zwischen Ende und übrigem Film, von der Wiederaufnahme von Motiven und Themen, von formalen Figuren durch den Schluss war im Verlaufe des vorangegangenen Unterkapitels mehrfach die Rede. Die Frage, ob das Ende in den Filmen Antonionis einen Bezug zu den übrigen Teilen aufweist, kann deshalb uneingeschränkt bejaht werden. Dabei stehen besonders Anfang und Ende in enger Beziehung. An dieser Stelle soll es darum gehen, die bisherigen Aussagen zu systematisieren und durch zusätzliche Aspekte zu ergänzen.

Die Figur der Rahmung impliziert eine Wiederaufnahme des Anfangs oder eine Rückkehr zur Ausgangssituation. Häufig wird der Bezug durch den identischen Schauplatz hergestellt. Von den elf in die Untersuchung einbezogenen Filmen weisen drei eine eigentliche Rahmung auf: *Il grido, Il deserto rosso* und *Identificazione di una donna*. Die Rahmung wird durch den identischen Schauplatz, eine ähnliche Konstellation erreicht, oder die Endsequenz führt zu Ende, was bereits in der Anfangssequenz angelegt war.[33] Ein weiterer Film, *Blow-Up*, muss in die Nähe dieser Schlussfigur gerückt werden, da das Ende der Schlusssequenz deutlich auf die Titelsequenz mit der Wiederaufnahme des grünen Rasens im Park verweist. Mit der Wiedereinführung der Pantomimen-Gruppe schafft der Film einen deutlichen Bezug zu einer unmittelbar am Anfang stehenden Szene. *Blow-Up* wird insgesamt stark vom Prinzip der Wiederaufnahme, Verdoppelung, Einführung und des Verschwindenlassens strukturiert. Seine Endsequenz ist im wesentlichen eine Negation der vorangehenden Handlung, eine systematische Reduktion, bis buchstäblich nur noch der Rasen übrigbleibt.

Fasst man den Begriff der Rahmung etwas weiter und berücksichtigt vor allem formale Gesichtspunkte, so gehört auch *Zabriskie Point* in diese erweiterte Reihe. Die Analogie von Anfangs- und Schlusssequenz realisiert sich hier einerseits über die Farbgebung[34] – ähnlich wie in *Blow-Up* –, andrerseits durch den allmählichen Wechsel des formalen Systems, drittens durch die Umkehrung des Eingangsverfahrens am Ende. Der Beginn des Films folgt zunächst einem nonnarrativen, kategorialen formalen System, bis sich allmählich die mögliche Hauptfigur herauskristallisiert. Zudem ordnet die Kamera das anfängliche Chaos aus Bildeindrücken und Tonfetzen zu einem nach und nach stringenteren Geschehen. «Allmähliche Fokussierung» könnten wir dieses Verfahren nennen, das so tut, als müsste sich, während der Film bereits begonnen hat, erst entscheiden, was zum Gegenstand der Narration werden soll. Am Ende findet dagegen durch die langgezogene Explosionsszene eine Auflösung statt: Gegenstände verlieren ihre angestammte Form, Funktion, Materialität und werden einander ähnlich. Am Ende löst der Film die Ordnung wieder auf, taucht ab in jenes Chaos, aus dem er entstand.

«Kontraste und gegenläufige Bewegungen» – so lässt sich eine zweite Beschreibungskategorie nennen, mit der die Endsequenzen in Beziehung zu den Anfängen der Filme Antonionis gebracht werden können. Hier handelt es sich um eine gegenteilige Figur zur Rahmung – nicht Ähnlichkeiten werden betont, sondern Verschiedenheiten hervorgehoben, wobei dies durchaus auch innerhalb der Rahmung realisiert

33 Ich denke hier vor allem an *Il grido*, wenn in der Anfangssequenz die Trennung von Aldo und Irma eingeführt und damit Aldos Reise eingeleitet wird. Am Ende findet diese Reise genau an dem Ort ihr Ende, an dem sie ihren Ausgangspunkt genommen hat: beim Turm der Zuckerraffinerie.

34 Die Anfangs- wie Schlussbilder werden von gelben und braunen Farbtönen beherrscht.

werden kann, wie das bereits erläuterte Beispiel *Identificazione di una donna* zeigt. Die Rahmung bildet der identische Schauplatz, die identische Bewegung (Rückkehr), den Kontrast jedoch die Tageszeit – Nacht am Anfang, Tag am Ende – und die assoziierte Stimmung: Bedrohung – Gelöstheit. Antonionis Erstling *Cronaca di un amore*, der ebenfalls eine formale Rahmung im Sinne einer Abfolge Fokussierung – Auflösung besitzt, beginnt bei Tag und endet in dunkelster Nacht. Die gleiche Kontrastierung finden wir in *Le amiche*, wobei die Dunkelheit durch den unterirdischen Bahnhof erreicht wird. Zusätzlich erscheint der Kontrast hier mehrfach thematisiert: durch die Panoramaaufnahmen, die Weitsicht am Anfang und die Verengung, den Blick in die Schwärze des Tunnels, durch die gegenläufige Bewegung der Ankunft am Anfang und jene der Abreise am Ende. Auch *Il grido* besitzt neben der erwähnten Rahmung diese deutliche Gegenläufigkeit der Bewegungsrichtungen an den Endpunkten, verstärkt in der Schlusssequenz durch die gegenläufigen Bewegungen von Aldo und den Dorfbewohnern.

In *La notte* erfährt die Kontrastierung von Anfang und Ende eine Verdoppelung. Inhaltlich oder als Bildmotiv wird der Stadt, der Architektur des Anfangs am Ende die Natur gegenübergestellt. Doch die wirkliche Kontrastierung erhält der Film durch die gegenteiligen dominanten Bewegungen oder Kamerafahrten von Anfang und Ende. Die Anfangssequenz beherrscht eine Vertikalbewegung entlang der Fassade des Mailänder Pirelli-Hochhauses von oben nach unten. Es scheint, als würde der Film damit langsam eintauchen, sich dem Boden nähern, auf dem die Geschichten «wachsen». Das erste Bild, das narrativen Gehalt besitzt, ist ein verstörendes: der sich vor Schmerzen krümmende, mit dem Tode ringende Tommaso, den Lidia und Giovanni in der Klinik besuchen werden. Das Ende haben wir bereits beschrieben. Zu betonen ist, dass nun eine Horizontalbewegung aus dem Film hinausführt. Sie macht die bewusste Abkehr von dem im Sand liegenden Paar besonders deutlich, gerade indem sie die Bewegungsrichtung des Filmanfangs – die Vertikale – nicht wiederholt.

In Zusammenhang mit *Identificazione di una donna* konnte festgestellt werden, dass der Film damit endet, dass ein neuer, anderer, ein Film-im-Film beginnt. Mit dieser Binnenkonstruktion wird zwar ein radikaler Bruch vermieden, denn der «neue» Film ist als Vorstellung des Regisseurs Niccolò zu verstehen, einer Figur des vorangegangenen Films. Dennoch bleibt die Endfigur bemerkenswert, die darin besteht, dass das Ende durch einen Neuanfang erreicht wird. Die partielle Autonomie der Endsequenzen von *L'eclisse* und *Zabriskie Point* weist in ähnliche Richtung, indem durch den Wechsel des formalen Systems signalisiert wird, dass an dieser Stelle etwas Neues oder zumindest Anderes einsetzt.

Die Filme von Antonioni kennen auch die Umkehrung: den Filmanfang als Ende. Besonders *L'eclisse* – ein Schlüsselfilm für eine erzähltheoretische Betrachtung innerhalb des Werkes – und *Professione: reporter* sind in diesem Zusammenhang zu nennen. Der Anfang von *L'eclisse* ist ein Ende, nicht nur als Ende der Beziehung zwischen Vittoria und Riccardo, sondern auch in Bezug auf die Erzählsituation. Wir steigen als Zuschauer an einem Punkt ein, an dem Entscheidendes bereits geschehen ist. Das machen auch andere Filme, insbesondere Krimis, mag eingewendet werden. Richtig – aber im Unterschied zu *L'eclisse* werden diese «fehlenden» Teile nachgeliefert, das heißt es wird lediglich die Ordnung[35] umgestellt, die Chronologie verändert. In *L'eclisse* dagegen erfahren wir nichts mehr von dieser langen Nacht vor dem Morgengrauen, mit dem der Film beginnt.

Auch *Professione: reporter* eröffnet mit einer Endsituation. Der Reporter David Locke scheitert in seinem Bemühen, mit afrikanischen Rebellen in Kontakt zu treten. Sein Steckenbleiben im Wüstensand stellt ein aussagestarkes Bild für diese Sackgasse, für dieses Ohnmachtsgefühl dar. Die «Lösung» aus dieser Situation des Nicht-mehr-Weitergehens ist eine überraschende, zufällige. Sie bietet sich in einem anderen «Ende» an: jenem des Waffenhändlers Robertson, der im gleichen Hotel wie Locke abgestiegen und aus nicht näher bekannten Umständen zu Tode gekommen ist. Die beiden Enden heben sich auf, die Geschichte beginnt neu, als Locke in die Haut des Toten schlüpft.

Selbstreflexivität manifestiert sich in Antonionis Werk vor allem am Ende und kann so als Verfahren gedeutet werden, den Ausstieg aus der Fiktion mittels eines Selbstdiskurses zu begleiten und damit zu erleichtern. Wie lässt sich diese zweite Behauptung verifizieren? Inwiefern helfen selbstreflexive Muster, eine Erzählung zu Ende zu bringen? Wir haben diese Fragestellung im letzten Kapitel bereits ausführlich erörtert: Der Verweis auf sich selbst durchbricht die unmittelbare Beziehung zwischen Zuschauer und filmischem Text. Daraus resultiert eine Irritation, weil die Aufmerksamkeit auf Sachverhalte gelenkt wird, die scheinbar nicht an diesen «Ort» gehören. Die Eröffnung einer zusätzlichen Diskursebene distanziert und führt von der eigentlichen Story weg in ein Feld, das eigentlich außerhalb des Films, jenseits des Endes liegt.

35 Im Sinne von Genette (1994, S. 21ff.) als eines der drei narratologischen Hauptmerkmale der Dimension Zeit.

Selbstreflexivität lässt sich zwar besonders am Ende der Filme Antonionis finden, sie ist aber – mehr oder weniger stark ausgebildet – ein durchgängiges Gestaltungsprinzip des Regisseurs. Interessant ist in diesem Zusammenhang der Vergleich mit dem Filmanfang. In vielen Antonioni-Filmen lässt sich auch für den Anfang eine Form finden, die eine Analogie zum beschriebenen Abschweifen am Ende in Form eines Selbstverweises bildet und damit Ähnliches für den Filmanfang leistet. Es handelt sich um eine eigentliche Verzögerung des Beginns, um das langsame, zunächst noch ungebündelte Hineingleiten in die Fiktion. Als gutes Beispiel kann in diesem Zusammenhang *Cronaca di un amore* genannt werden, der ebenfalls mit den beschriebenen Signalen der Selbstreferenzialität operiert. Die Aussage des Detektivs zu Beginn, dass es sich nicht um eine gewöhnliche Geschichte handle, kann durchaus auf die Art des Erzählens selbst übertragen werden. Die Technik des Hinauszögerns am Filmanfang lässt sich vor allem in den späteren Werken des Regisseurs finden – von *La notte* bis zu *Identificazione di una donna*. Besonders eindrücklich, auch in der Verbindung mit der Technik der Selbstthematisierung, gelingt dies in *L'eclisse*. Das Öffnen des Vorhangs vor der Leinwand zu Beginn einer Filmvorführung wird hier selbst in den Anfang einbezogen, wenn Vittoria in Riccardos Wohnung den Vorhang aufzieht und der Wasserturm wie ein futuristisches Gebilde erscheint.

L'eclisse steckt voller Querverweise und Assoziationen, die ihren Höhepunkt und Abschluss in der bereits beschriebenen Déjà-vu-Konstruktion des Endes finden. Wenn wir uns das Geschehen rückwärts, vom Ende her vergegenwärtigen, so erscheint der erste Teil der letzten Sequenz wie eine Verdichtung und Abstraktion des gesamten Films. Der erwähnte Wasserturm taucht auch in der Schlusssequenz wieder auf, diesmal allerdings nicht mehr fremdartig und befremdend, sondern integriert in eine Gesamtsicht. Der konstatierte Stillstand der Narration, die «Temps mort»-Konstruktion antizipiert ebenfalls das Ende. Bereits am Anfang, in den ersten Einstellungen von *L'eclisse,* tritt dieses Prinzip in Kraft und zieht sich wie ein roter Faden durch den gesamten Film.

Direkt als ikonisches Zeichen fungiert die Kennzeichnung von Anfang und Ende in *Professione: reporter*. Unmittelbar am Beginn, als Reporter Locke versucht, den Kontakt mit den Rebellengruppen aufzunehmen, wird er von einem Jugendlichen in die Wüste geführt. Nach rund vier Minuten erscheint in einer durch die Windschutzscheibe des Landrovers gefilmten Einstellung für kurze Zeit ein Zeichen im Sand. Es sind die Spuren eines anderen Fahrzeugs, die dieses Zeichen formen, das bei genauerer Betrachtung die Form des ersten Buchstabens des griechischen Alphabets α bildet. Die Form des letzten Buchstabens Ω findet sich gleich mehrfach in der zweitletzten Sequenz. Zum einen ist die Stierkampfarena mit einem Tor und weiteren Verzierungen an der Außenwand versehen, die einem Ω gleichen. Andrerseits vollzieht die Kamera in der zweitletzten Einstellung eine Bewegung, die wiederum ungefähr der Form dieses Buchstabens entspricht. Alpha und Omega – damit wird eine Strukturierung erreicht, in der zeichenhaft Anfang und Ende markiert sind.

3.6 Zusammenfassung: Endfiguren bei Antonioni

Vier Endfiguren, aus einer Mikroanalyse entwickelt, sollen unter einer vergleichenden und verallgemeinernden Perspektive noch einmal dargestellt und diskutiert werden. Dies ermöglicht uns, vom Einzelfall zu abstrahieren und zu Aussagen zu gelangen, die nicht nur für einen bestimmten Film, sondern für das Werk allgemein oder auch in einem weiteren filmtheoretischen Feld Gültigkeit besitzen.

Erinnern wir uns, welche Haupttypen der klassischen Narration im Werk Antonionis zu finden sind. Die Klammerung in der folgenden Darstellung bringt zum Ausdruck, dass es sich um einen Nebenaspekt handelt.

1. Ende = Weggehen, Wegfahren:	*Cronaca di un amore*
	Le amiche
	(Zabriskie Point)
2. Ende = Entfernen, Distanzierung:	*La notte*
3. Ende = Tod:	*Il grido*
	Professione: reporter
	(*Le amiche*, Nebenfigur)
	(*La notte*, Nebenfigur)
4. Rahmung (Ende = Anfang):	*Il grido*
	Il deserto rosso
	Identificazione di una donne
	(Blow-Up)
	(*Zabriskie Point*, formale Rahmung)

Drei dieser vier Endfiguren erfuhren bereits im letzten Kapitel eine vertiefte Erläuterung. Allerdings muss noch einmal betont werden, dass ihre Konventionalität bei Antonioni nur eine scheinbare, oberflächliche ist. Das Motiv der nicht eingehaltenen Verabredung oder des Anwesendseins, ohne sich erkennen zu geben, durchkreuzt die Normalität des Verfahrens. Auch die Distanzierung der Protagonisten in *La notte* entspricht nicht der Konvention.

Die vier in der Folge besprochenen Endfiguren gehören nicht dem zu Geschlossenheit tendierenden Erzähltypus mit seiner Ziel- und Charakterorientierung an, sondern können als geradezu typisch für eine offene Struktur betrachtet werden.

3.6.1 Präsenz der Dinge und Verschwinden der Protagonisten

Die Gleichstellung von Protagonisten und Objekten ist ein Verfahren, das sich in allen Filmen Antonionis und an allen Stellen finden lässt. Seit *L'avventura* tritt es häufig in Erscheinung und gewinnt an Bedeutung. An den Endpositionen schlägt die Balance stark zugunsten der Objekte aus und weist deshalb auf eine Weiterentwicklung hin. Die Enden unterscheiden sich von den übrigen Segmenten: Die Objekte sind nicht gleichwertig mit den Charakteren, sie werden wichtiger, sie verdrängen die Protagonisten. Das Verschwinden ist logische Konsequenz eines Erzählmodus, der keine finale Lösung der Hauptprobleme anstrebt. Die Absenz erscheint als effizientes Mittel, dennoch Ende und Abschluss zu erreichen.

Protagonisten stellen die wichtigste Komponente zielgerichteten Erzählens dar, ihre Handlungen treiben die Story vorwärts und bringen sie zu einem Ende. Ihr Ausfall, ihr Verschwinden hat nicht nur zur Folge, dass die Objekte an Bedeutung gewinnen und damit die konventionelle Hierarchie auf den Kopf stellen, sondern bringt auch den Erzählvorgang selbst zum Stillstand. Zwar sind Protagonisten nicht Voraussetzung, um eine Geschichte zu erzählen. Ihr Verschwinden oder ihre Verdrängung wird jedoch zum deutlichen Signal für einen Vorgang des Abschließen, vor allem wenn der Film im vorangehenden Teil mehrheitlich zwar nicht ziel-, aber doch personenorientiert verfuhr und damit eine entsprechende Rezeptionserwartung auslöste.

Somit wird die Absenz der Protagonisten zu einem mehrdimensionalen Ordnungsprinzip und zu einer effizienten Schlussfigur. Snyder (1994, S. 129ff.) bemerkt in diesem Zusammenhang, dass die Bilder ohne Protagonisten bei Antonioni flach, gleichsam zweidimensional wirken. Das Fehlen einer Dimension lässt sich nicht nur als optischer Eindruck, sondern auch unter einem narratologischen Gesichtspunkt verstehen. Verschwinden die Handlungsträger, resultiert eine «Unschärfe», die als Signal für das Ende gedeutet werden kann. Vergleichbar mit der langsamen Abblende, die als untrügliches Merkmal für die Endsituierung (zumindest einer Sequenz) gilt, kann über eine erzählerische Unschärfe – besonders wenn sie länger dauert – der Eindruck erweckt werden, dass die Geschichte zu einem Abschluss gekommen ist, auch wenn dies, vom inhaltlichen Standpunkt aus, noch nicht der Fall wäre.

Handelt es sich um ein Ende ohne (richtiges) Ende oder eher um ein Ende vor dem Ende? Es kommt auf die Perspektive an, unter der man die Fragestellung betrachtet. Sieht der Zuschauer einen Film zum ersten Mal, so mag beispielsweise *L'eclisse* als eine Erzählung ohne Ende erscheinen. Die Verabredung vor dem materiellen Ende erweckt eine Erwartung, die nicht eingelöst wird. Allerdings hört der Film nicht mit dieser getroffenen Verabredung auf, sondern geht noch rund sieben Minuten weiter. Erst dieses Fortsetzen macht uns den Abbruch der Story bewusst. Rückblickend kann das Ende der Geschichte bestimmt werden: Es fällt nicht mit dem Ende des Films zusammen. Durch diese zwei sich scheinbar widersprechenden, in ihrer Richtung konträren Interpretations- und Deutungslinien wirkt diese Endfigur auf der einen Seite sehr subtil, weil sie sich langsam aus dem Bestehenden entwickelt, ihr Sinn sich nicht sofort, sondern erst im Nachhinein erschließt. Andrerseits tritt die Wirkung nach einem solchen Rezeptionsprozess besonders deutlich zutage, weil sie auf einem ungewohnten, nicht voraussehbaren Erlebnis basiert. Die Erfahrung, dass man das eigentliche Ende der Geschichte verpasst hat, markiert das materielle Ende des Films, das Ende der Projektion, besonders auffällig.

3.6.2 Selbstreflexivität

Selbstreflexivität bezeichnet eine narrative Grundkomponente, die im klassischen Film nur wenig ausgeprägt, für das *Art Cinema* dagegen charakteristisch ist. Die Thematisierung des eigenen Wesens, der Prinzipien der eigenen Konstruktion wirkt – wenn sie ausgeprägt vorgenommen wird – stark distanzierend. Die Einheitlichkeit der Diegese ist nicht mehr gewährleistet. In unserem Zusammenhang ist von großer Relevanz, dass nicht nur die Einführung einer weiteren Diskursebene erfolgt, sondern dass diese vom eigentlichen Erzählstrang ablenkt. Selbstreflexivität kann grundsätzlich an allen Stellen eines Films vorkommen – am effektivsten ist sie jedoch an den beiden Extrempunkten Anfang und Ende. Während diese «Lesart» am Filmanfang mit einem hohen Grad an Selbstreflexivität initialisiert wird und somit für den ganzen Film mitgemeint ist, besitzt die Verlagerung des Schwerpunktes an das Ende eine abschließende Funktion. Denn hier kann die Distanzierung und Verlagerung derart stark wirken, weil keine Rückkehr zur einen und hauptsächlichen Diegese mehr erfolgt.

In *Blow-Up* entwickelt sich das Pantomimenspiel zu einem Lehrstück über Imagination, Realität und Fiktion, Bild und Ton. Die Hauptfigur wird dabei in die Rolle des Zuschauers versetzt – wir finden unser Doppel auf der Leinwand. Die lange Kamerafahrt am Ende von *Professione: reporter* verschiebt unsere Aufmerksamkeit von der primären Geschichte zum Erzählvorgang an sich. Demonstriert wird, wie sich das Geschehen auf dieser Leinwand aufbaut, verändert, wie Beziehungen und Bedeutungen sich entwickeln. Zugleich entsteht eine Art Spiegelung, die die Spuren des Produktionsprozesses nicht tilgt. «Watching a film watch us» hat William Arrowsmith (1978, S. 175) seinen Aufsatz über diesen Film betitelt.

In Antonionis *La signora senza camelie* (1953) wird die Verschiebung der Diskursebene am Ende durch die Einführung einer starken Selbstreflexivität besonders deutlich, weil er sich ansonsten eher in konventionelleren Bahnen bewegt. Es ist die Geschichte einer Stoffverkäuferin, die zum Filmsternchen aufsteigt, weil sie ein ausdrucksstarkes Gesicht hat. Als sie aber bestrebt ist, auch als Schauspielerin ernst genommen zu werden, scheitert sie kläglich und ist schließlich gezwungen, wieder in einer drittklassigen Produktion mitzuwirken. Das Ende zeigt, wie ein Publicityfoto arrangiert wird. Carla, die eigentlich weinen möchte, wird aufgefordert zu lächeln. Der Zuschauer nimmt teil an dieser Inszenierung in der Inszenierung. *La signora senza camelie* schließt, indem er eine zusätzliche Diskursebene errichtet, die latent den gesamten Film durchzieht. Hier am Endpunkt jedoch wird die eigentliche Geschichte unwichtig, in den Hintergrund gedrückt. Der rote Faden wird zerschnitten. Durch die Distanzierung, die in diesem Fall wie ein fotografisches Einfrieren wirkt, entsteht eine Lücke, in der die Terminierung möglich wird.

3.6.3 Autonomie und Neubeginn

Das Ende wird zur autonomen Sequenz. Vier Filme sind in diesem Zusammenhang vor allem zu nennen: *L'eclisse*, *Zabriskie Point*, *Professione: reporter* und *Identificazione di una donna*. Im letztgenannten Beispiel wird dabei völlige Autonomie erreicht: Es beginnt ein neuer, ganz anderer Film. Am schwächsten oder labilsten ist die Autonomie dagegen in *Professione: reporter* und *Zabriskie Point*. Im einen Fall wird eine Überlegung zu einer mehrminütigen Szene aufgeblasen, im anderen interessiert sich der Film nur noch bedingt für den primären Handlungsstrang. Eine Zwischenstellung nimmt *L'eclisse* ein. Hier ist die ganze Skala von Autonomie zu beobachten: vom Zitieren[36] früherer Aufnahmen – und damit verbundenen Erinnern – bis zum selbstständigen Neuanfang. Deutlich zeigt sich auch, wie ein Neuanfang erreicht wird: durch den Wechsel des formalen Systems, durch den Genrewechsel oder durch die Weigerung, den bisherigen Modus aufrechtzuerhalten. Das Ausmaß bestimmt den Grad an Terminierungsfähigkeit, wobei Länge und Differenz zu bestimmenden Faktoren werden. Je stärker sich eine solche Szene vom Erzählstrang und vom vorherrschenden formalen System entfernt und je länger ein solcher Vorgang dauert, desto eher ist es möglich, dass ein Grad an Autonomie erreicht wird, der die Erzählung beendet.

3.6.4 Verstummen der Geschichte und Triumph des Visuellen

Ein Ende in Schweigen – das Schweigen als Ende. Viele Filme Antonionis enden mit einer wortlosen, wenn auch nicht tonlosen Passage, die minutenlang dauern kann. Während zu Beginn das Bild bisweilen das Wort zu suchen scheint, kehrt das Ende zum wortlosen Bild zurück. Bilder finden eine Geschichte, am Ende sind sie ganz einfach Bilder. In einem Moment, an dem die Geschichte beendet wird, untergeht, triumphiert das Visuelle. Die Form schlägt den Inhalt in die Flucht. Gleichzeitig zeigt sie sich von ihrer eindrücklichsten Seite. Man mag das Formalismus nennen, doch nicht zu vergessen ist, dass auch in diesem Fall kein Selbstzweck vorliegt, sondern eine klare Funktion gegeben ist – das Beenden des Films.

36 In diesem Fall wäre auch die Behauptung zulässig, dass jede Wiederholung ein potenzieller Endpunkt ist. Die beschriebene Rückkehr an den Anfang wäre als eine besonders erfolgreiche Bündelung repetitiver und zirkulärer Faktoren zu verstehen.

Bibliografie

AFFRON, Mirella Jona: Text and memory in *Eclipse*. In: Literature/Film Quarterly (Salisbury), vol. 9, no. 3, 1981, S. 139–151.

ANTONIONI, Michelangelo: L'avventura. A cura di Tommaso Chiaretti. Bologna: Capelli, 1960. (Dal soggetto al film, 15).

ANTONIONI, Michelangelo: Professione: reporter. A cura di Carlo di Carlo. Bologna: Cappelli, © 1975. (Dal soggetto al film, 52).

ANTONIONI, Michelangelo: Identificazione di una donna. A cura di Aldo Tassone. Torino: Einaudi, © 1983.

ANTONIONI, Michelangelo: Bowling am Tiber: Erzählungen. Berlin: Wagenbach, © 1985 (Quartheft, 142). [Originalausgabe unter dem Titel: Quel bowling sul Tevere. Torino, © 1983].

ANTONIONI, Michelangelo: The architecture of vision: writings and interviews on cinema. Ed. by Carlo di Carlo and Giorgio Tinazzi. New York: Marsilio, © 1996. [Übers. von: Fare un film per me è vivere. Venezia, 1995].

ARMES, Roy: The open plot: *L'avventura*. In: ders.: Action and image: dramatic structure in the cinema. Manchester [etc.]: Manchester University Press, © 1994. S. 77–91.

ARROWSMITH, William: Watching a film watch us: Antonioni's *The passenger*. In: Humanities in Society (Los Angeles, CA), vol. 1, no. 3, Summer 1978, S. 175–202.

ARROWSMITH, William: Antonioni: the poet of images. Ed. with an introduction and notes by Ted Perry. New York [etc.]: Oxford University Press, 1995.

BELLOUR, Raymond: The film stilled. In: Camera Obscura (Baltimore, MD), no. 24, September 1990, S. 99–123. [Ursprünglich unter dem Titel *L'interruption, l'instant* publiziert in: La recherche photographique, 3, Décembre 1987].

BERG, Jan, Hans-Otto Hügel (Hg.): Michelangelo Antonioni. Hildesheim: Institute für Theater und Medienwissenschaft, 1995. (Medien und Theater, Bd. 3).

BERGALA, Alain: Antonioni/années cinquante: une esthétique de l'oubli. In: Cinémathèque (Paris), no. 2, Novembre 1992, S. 25–39.

BOGGS, Joseph M.: The art of watching films. Fourth ed. Mountain View, California [etc.] : Mayfield, © 1996.

BONDANELLA, Peter: Italian cinema: from neorealism to the present. New York: Ungar, 1983.

BORDWELL, David: Happily ever after, part two. In: The Velvet Light Trap, no. 19, 1982, S. 2–7.

BORDWELL, David: Narration in the fiction film. London: Routledge, 1988 (University paperback, 912). [Erstausgabe: 1985].

BORDWELL, David, Janet STAIGER, Kristin THOMPSON: The classical Hollywood cinema: film style & mode of production to 1960. London: Routledge, 1988

BORDWELL, David, Kristin Thompson: Film art: an introduction. Fifth ed. New York: McGraw-Hill, 1997.

BOYD, David: Film and the interpretative process. New York: Lang, © 1989. (Ars interpretandi, vol. 1).

BRANIGAN, Edward: Narrative comprehension and film. London [etc.]: Routledge, 1992. (Sightlines).

BRUNETTE, Peter: The films of Michelangelo Antonioni. Cambridge: Cambridge University Press, 1998. (Cambridge film classics).

BURCH, Noël: Theory of film practice. London: Secker & Warburg, 1973. [Übers. von: Praxis du cinéma. Paris, 1969].

BUSCOMBE, Edward (ed.): The BFI companion to the western. London: Deutsch [etc.], 1988.

CAMERON, Ian & Robin Wood: Antonioni. London: Studio Vista, © 1968.

CARROLL, Noël: Toward a theory of film suspense. In: Persistence of Vision: the Journal of the Film Faculty of the City University of New York, no. 1, Summer 1984, S. 65–89.

CARROLL, Noël: The professional western: south of the border. In: Edward Buscombe and Roberta E. Pearson (eds.): Back in the saddle again: new essays on the western. London: BFI Publishing, 1998. S. 46–62.

CASETTI, Francesco: Antonioni and Hitchcock: two strategies of narrative investment. In: Substance (Madison, WI), 51, vol. 15, no. 3, 1986, S. 69–86.

CHATMAN, Seymour: Antonioni, or, The surface of the world. Berkeley [etc.]: University of California Press, © 1985.

CHATMAN, Seymour: Story and discourse: narrative structure in fiction and film. Ithaca [etc.]: Cornell University Press, 1988.

CHATMAN, Seymour, Guido Fink (eds.): L'avventura – Michelangelo Antonioni, director. New Brunswick [etc.]: Rutgers University Press, © 1989. (Rutgers films in print, vol. 12).

CHERCHI USAI, Paolo: La fine del film. In: Segnocinema (Vicenza), 56, 1992, S. 13–16.

CHRISTEN, Thomas: Geschichten ohne Ende: und dann...: Michelangelo Antonionis offene Texte. In: Filmbulletin (Winterthur), 181, Heft 2/1992, S. 14–29.

CHRISTEN, Thomas: Die Präsenz der Dinge und die Absenz der Protagonisten. In: Cinema (Basel), 40. Jg., 1994, S. 9–19.

CHRISTEN, Thomas: Kein Ende. Nirgends: die Dramaturgie des Fragmentarischen. In: Du: die Zeitschrift der Kultur (Zürich), Heft 11, November 1995, S. 64–65.

COLDWELL, C. Carter: Where is happiness?: a study in film closure. In: Journal of the University of Film Association, vol. 33, 1, Winter 1981, S. 39–48.

CUCCU, Lorenzo (ed.): Michelangelo Antonioni, 1966-1984. Roma: Ente Autonomo di Gestione per il Cinema, 1988. (L'oeuvre de Michelangelo Antonioni, vol. 2).

DANCYGER, Ken, Jeff Rush: Alternative scriptwriting: writing beyond the rules. Boston [etc.]: Focal, © 1991.

DELEUZE, Gilles: Das Bewegungs-Bild. Übers. von Ulrich Christians und Ulrike Bokelmann. Frankfurt am Main: Suhrkamp, 1989. [Übers. von: L'image-mouvement. Paris, © 1983].

DELEUZE, Gilles: Das Zeit-Bild. Übers. von Klaus Englert. Frankfurt am Main: Suhrkamp, 1991. [Übers. von: L'image-temps. Paris, © 1985].

DENBY, David (ed.): The 400 blows: a film by François Truffaut from a filmscript by François Truffaut and Marcel Moussy. New York: Grove Press, 1969.

DENZIN, Norman K.: The cinematic society: the voyeur's gaze. London [etc.]: Sage, 1995. (Theory, culture & society).

DI CARLO, Carlo (ed.): Michelangelo Antonioni, 1942–1965. Roma: Ente Autonomo di Gestione per il Cinema, 1987. (L'oeuvre de Michelangelo Antonioni, vol. 1).

DMYTRYK, Edward: On screen writing. Boston [etc.]: Focal, © 1985.

EBERWEIN, Robert T.: The master text of *Blow-up*. In: Peter Lehman (ed.): Close viewings: an anthology of new film criticism. Tallahassee: Florida State University Press, © 1990, S. 262–281.

ECO, Umberto: Das offene Kunstwerk. 6. Aufl. Frankfurt am Main: Suhrkamp, 1993. (Suhrkamp Taschenbuch Wissenschaft, 222). [Übers. von: Opera apera. Milano, 1967].

EITZEN, Dirk: When is a documentary?: documentary as a mode of reception. In: Cinema Journal, vol. 35, no. 1, Fall 1995, S. 81–102.

ELDER, R. Bruce: Antonioni's tragic vision: style, form and idea in the films of Michelangelo Antonioni, with especial emphasis of his masterpiece *Il deserto rosso*. In: Canadian Journal of Film Studies (Ottawa), vol. 1, no. 2, 1991, S. 1–34.

FIELD, Syd: The screenwriter's workbook. New York: Dell, 1984. Dt. Übers.: Das Handbuch zum Drehbuch: Übungen und Anleitungen zu einem guten Drehbuch. 2. Aufl. Frankfurt am Mai : Zweitausendeins, 1991.

GENETTE, Gérard: Figures III. Paris: Seuil, © 1972.

GENETTE, Gérard: Nouveau discours du récit. Paris: Seuil, © 1983.

GENETTE, Gérard: Die Erzählung. München: Fink, © 1994. [Bestehend aus der Übersetzung von Discours du récit (Teil von Figures III, erschienen 1972) und Nouveau discours du récit, 1983].

GIANNETTI, Louis: Understanding movies. Sixth ed. Englewood Cliffs, New Jersey: Prentice Hall, © 1993.

GODZIC, Wieslaw: Semiotics of film beginnings. In: MovEast (Budapest), 2, 1992, S. 67–77.

GOLDMAN, William: Das Hollywood Geschäft. Bergisch Gladbach: Bastei-Lübbe, 1986. [Übers. von: Adventures in the screen trade. New York, 1983].

GRODAL, Torben: Moving pictures: a new theory of film, genres, feelings, and cognition. Oxford : Clarendon Press, 1997.

GUNNING, Tom: The cinema of attraction: early film, its spectator and the avant-garde. In: Wide Angle, vol. 8, nos. 3-4, 1986, S. 63–70.

HARTMANN, Britta: Anfang, Exposition, Initiation: Perspektiven einer pragmatischen Texttheorie des Filmanfangs. In: Montage/AV – Zeitschrift für Theorie & Geschichte audiovisueller Kommunikation, 4, 2, 1995, S. 101–122.

HASENBERG, Peter: Das Ende als Anfang: Schlusssequenzen in Spielfilmen. In: Film-Dienst, 26/1998, S. 4–7.

HENRIKSEN, Margot A.: Dr. Strangelove's America: society and culture in the atomic age. Berkeley [etc.]: University of California Press, © 1997.

HORTON, Andrew: Writing the character-centered screenplay. Berkeley [etc.]: University of California Press, 1994.

HUSS, Roy (ed.): Focus on *Blow-up*. Englewood Cliffs, N. J.: Prentice-Hall, © 1971. (Film focus).

JACKSON, Kevin: The language of cinema. New York: Routledge, 1998.

JOHNSON, Lincoln F.: Film: space, time, light and sound. New York [etc.]: Holt, Rinehart and Winston, © 1974.

KARNICK, Kristine Brunovska, Henry Jenkins (eds.): Classical Hollywood comedy. New York [etc.]: Routledge, 1995. (AFI film readers).

KAWIN, Bruce F.: How movies work. New York: Macmillan [etc.], 1987.

KOCK, Bernhard: Michelangelo Antonionis Bilderwelt: eine phänomenologische Studie. München: Diskurs Film Verlag, Schaudig & Ledig, 1994. (Diskurs Film Bibliothek, Bd. 8).

KOLKER, Robert Phillip: The altering eye: contemporary international cinema. Oxford [etc.]: Oxford University Press, 1983.

KUNTZEL, Thierry: Le travail du film, 2. In: Communications (Paris), no. 23, 1975, S. 136–189.

LANG, Fritz: Happily ever after. In: Penguin Film Review, 5, 1948, S. 22–29.

LAW, Jonathan [et al.] (eds.): Brewer's cinema: a phrase and fable dictionary. London: Cassell, 1995.

LEPENIES, Wolf: Der Italo-Western – Ästhetik und Gewalt. In: Karsten Witte (Hrsg.): Theorie des Kinos: Ideologiekritik der Traumfabrik. Frankfurt am Main: Suhrkamp, 1972. (Edition Suhrkamp, 557). S. 15–38.

LUHR, William (ed.): The Maltese falcon – John Huston, director. New Brunswick, New Jersey: Rutgers University Press, 1995. (Rutgers films in print, 22).

MAUNIER, Françoise: Antonioni ou la disparition «techniquement douce». In: Vertigo (Paris), no. 11-12, 1994, S. 19–26.

METZ, Christian: Essais sur la signification au cinéma. Paris: Klincksieck, 1968. (Collection d'esthétique, 3).

MOORE, Kevin Z.: Eclipsing the commonplace: the logic of alienation in Antonioni's cinema. In: Film Quarterly (Berkeley, CA), vol. 48, no. 4, Summer 1995, S. 22–34.

MOTTE-HABER, Helga de la, Hans Emons: Filmmusik: eine systematische Beschreibung. München [etc.]: Hanser, 1980.

MOURGUES, Nicole de: Le statut du générique au cinéma. In: Mediascope (Versailles), no. 2, Juillet 1992, S. 18–27.

MOURGUES, Nicole de: Le générique du film. Paris: Meridiens Klincksieck, 1994.

NACACHE, Jacqueline: Le happy end: heureux jusqu'à la fin de leurs jours. In: dies.: Le film hollywoodien classique. Paris: Nathan, 1995, S. 103–113.

NEALE, Steve: Melodrama and tears. In: Screen, vol. 27, no. 6, November/December 1986, S. 6–22.

NEALE, Steve, Frank Krutnik: Popular film and television comedy. London [etc.]: Routledge, 1990. (Popular fictions series).

NEUPERT, Richard: The end: narration and closure in the cinema. Detroit: Wayne State University Press, 1995. (Contemporary film and television series).

NOGUEZ, Dominique: Ce que le cinéma nous donne à désirer: (revoir *La notte* d'Antonioni). In: Les Cahiers du CIRCAV (Roubaix), no. 9, 1997, S. 41–50.

NOWELL-SMITH, Geoffrey: Antonioni: before and after. In: Sight and Sound (London), December 1995, vol. 5, no. 12 (ns), S. 16–21.

NOWELL-SMITH, Geoffrey: L'avventura. London: BFI Publishing, 1997. (BFI film classics).

NÜNNING, Ansgar (Hrsg.): Metzlers Lexikon Literatur- und Kulturtheorie: Ansätze, Personen, Grundbegriffe. Stuttgart [etc.]: Metzler, 1998.

ODIN, Roger: L'entrée du spectateur dans la fiction. In: Jacques Aumont, Jean Louis Leutrat (sous la dir. de): La theorie du film: colloque de Lyon. Paris: Albatros, 1980, S. 198–213.

PEREZ, Gilberto: A man pointing: Antonioni and the film image. In: Yale Review (New Haven, CT), vol. 82, no. 3, July 1994, S. 38–65.

PERRY, Ted, Rene Prieto: Michelangelo Antonioni: a guide to references and resources. Boston, Mass.: Hall, © 1986.

POLAN, Dana: The felicity of ideology: speech-acts and the «happy-ending» in American films of the 1940's. In: Iris, vol. 3, no. 1, 1er semestre 1985, S. 35–45.

PREDAL, Réne: Michelangelo Antonioni ou la vigilance du désir. Paris: Cerf, 1991. (7e art, 91).

PREIS, Eran: Not such a happy ending: the ideology of the open ending. In: Journal of Film and Video, vol. 42, no. 3, Fall 1990, S. 18–23.

PRINCE, Gerald: A dictionary of narratology. Aldershot: Scholar Press, 1988.

REBOUILLON, Laurence (réd. par): L'éclipse – Michelangelo Antonioni. Paris: L'Avant-Scène, 1993. (L'avant-scène. Cinéma, no. 419).

REBOUILLON, Laurence (réd. par): La nuit – Michelangelo Antonioni. Paris: L'Avant-Scène, 1995. (L'avant-scène. Cinéma, no. 446).

RIFF, Bernhard: Die Idee des Kreises: über einige kinematographische Figuren in Antonionis *Professione: reporter.* In: Christa Blümlinger (Hrsg.): Sprung im Spiegel: filmisches Wahrnehmen zwischen Fiktion und Wirklichkeit. Wien: Sonderzahl, © 1990. S. 81–94.

ROHDI, Sam: Antonioni. London: BFI, 1990.

ROTHER, Rainer (Hg.): Sachlexikon Film. Reinbek bei Hamburg: Rowohlt Taschenbuch Verlag, 1997. (Rororo Handbuch, 6515).

RUDMAN, Mark: The night: on Michelangelo Antonioni. In: Raritan (New Brunswick, NJ), vol. 14: 2, Fall 1994, S. 83–108.

RUSSELL, Catherine: Narrative mortality: death, closure, and new wave cinemas. Minneapolis [etc.]: University of Minnesota Press, 1995.

SALJE, Gunther: Antonioni: Regieanalysen – Regiepraxis. Bassum: Media Institut, © 1994. (Reihe Praxisstudium Film/Fernsehen).

SALJE, Gunther: Antonioni II: Regieanalysen – Regiepraxis. Bassum: Media Institut, © 1994. (Reihe Praxisstudium Film/Fernsehen).

SNYDER, Stephen: Antonioni: cubist vision in *The red desert.* In: ders.: The transparent I: self/subject in European cinema. New York [etc.]: Lang, © 1994. (Comparative literary and film studies: Europe, Japan and the Third World, 2). S. 125–137.

STEPHENSON, Ralph, Jean R. Debrix: The cinema as art. [Reprinted]. Harmondsworth: Penguin, 1970.

TASSONE, Aldo: Antonioni. Paris: Flammarion, © 1995. [Originalausgabe: I film di Michelangelo Antonioni. Roma, 1985].

THOMPSON, Kristin: Breaking the glass armor: neoformalist film analysis. Princeton, New Jersey: Princeton University Press, 1988.

TINAZZI, Georgio (ed.): Michelangelo Antonioni – écrits 1936–1985. Roma: Cinecittà International, 1991. (L'oeuvre de Michelangelo Antonioni, vol. 4).

TOMASULO, Frank P.: The rhetoric of anti-closure: Antonioni and the open ending. In: Purdue University Seventh Annual Conference on Film, March 24–26, 1983, West Lafayette, Indiana, S. 133–139.

TOMASULO, Frank P.: The architectonics of alienation: Antonioni's edifice complex. In: Wide Angle, vol. 15, no. 3, July 1993, S. 3–20.

TURIM, Maureen: Flashbacks in film: memory & history. New York [etc.]: Routledge, 1989.

VALE, Eugene: The technique of screen & television writing. New York: Simon & Schuster, 1982 [ursprünglich: New York, 1944]. Dt. Übers.: Die Technik des Drehbuchschreibens für Film und Fernsehen. 2. Aufl. München: TR-Verlagsunion, 1988. (Film, Funk, Fernsehen – praktisch, Bd. 1).

VANOYE, Francis: Profession: reporter – Michelangelo Antonioni. Paris: Nathan, © 1993. (Synopsis, 15).

WRIGHT, Will: Sixguns and society: a structural study of the western. Berkeley [etc.]: University of California Press, 1977. [Erstausgabe: 1975].

WULFF, Hans J.: Konflikte, Konflikthorizonte, Konfliktdynamiken: zur seriellen Dramaturgie von TV-Movies. In: ders.: TV-Movies «Made in Germany»: Struktur, Gesellschaftsbild und Kinder-/Jugendschutz. 1. Teil: historische, inhaltsnalytische und theoretische Studien. Kiel: Unabhängige Landesanstalt für das Rundfunkwesen (ULR), 2000. (Themen, Thesen, Theorien, 16). S. 214–235.

WUSS, Peter: Die Tiefenstruktur des Filmkunstwerks: zur Analyse von Spielfilmen mit offener Komposition. Berlin: Henschelverlag Kunst und Gesellschaft, 1990.

WUSS, Peter: Filmanalyse und Psychologie: Strukturen des Films im Wahrnehmungsprozess. Berlin: Sigma, 1993. (Sigma Medienwissenschaft, Bd. 15).

WUSS, Peter: Narrative tension in Antonioni. In: Peter Vorderer, Hans J. Wulff, Mike Friedrichsen (eds.): Suspense: conceptualization, theoretical analyses, and empirical explorations. Mahwah, New Jersey: Lawrence Erlbaum Associates, 1996. (LEA's communication series). S. 51–70.

ZOBRIST, Olivier: Der Filmanfang in der Tradition de la qualité und der Nouvelle vague: Lizentiatsarbeit der Philosophischen Fakultät der Universität Zürich. Zürich, 2000.

Register

Filmtitel

S

T

V

W

Z

Namen

Fotogramme: Endsequenzen bei Antonioni

Cronaca di un amore (1950)

1

2a

2b

2c

2d

2e

3

4a

4b

4c

4d

5a

5b

6

7

8

9

10a

10b

Referenzen: Beginn und erste Begenung

Le amiche (1955)

1a

1b

1c

1d

1e

2a

2b

2c

2d

3

4

5

6

7a

7b

7c

7d

7e

Referenz: Beginn

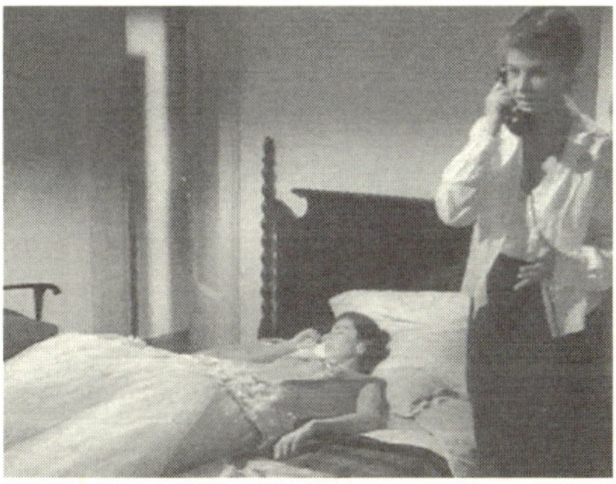

Il grido (1957)

1a

1b

2

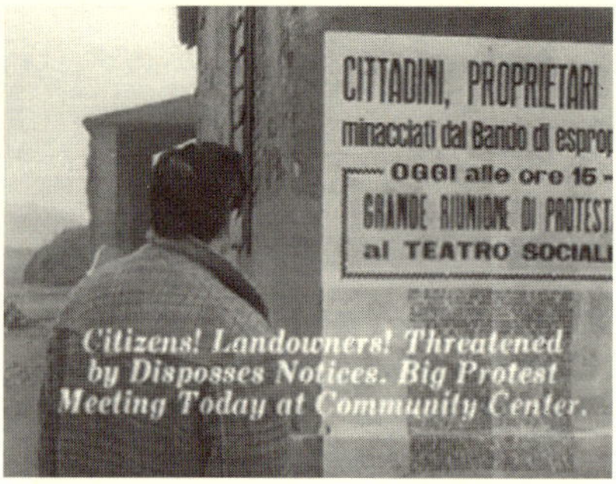

3

4

5

6a

6b

7

8

9a

9b

10a

10b

11

12

13

14

15

16

17a

17b

18a

18b

19

20

21

22a

22b

23

24

25

26

27a

27b

27c

28

29

30

31

32

33

34a

34b

35a

35b

35c

L'avventura (1960)

1

2

3a

3b

3c

4a

4b

5

6

7

8

9

10

11

12

13

14

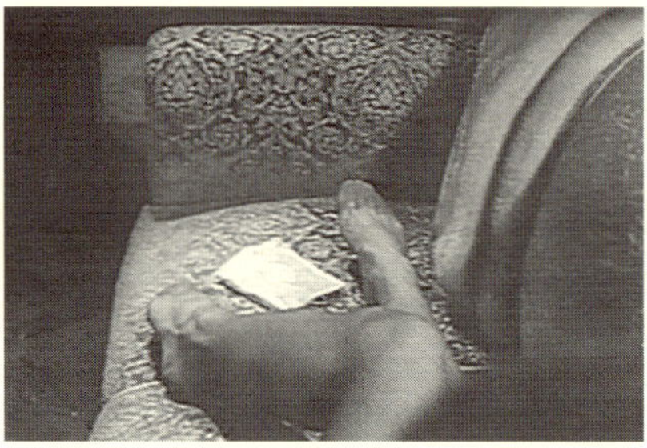

15

16

17

18

19

20

21

22

23a

23b

24

25

26

27

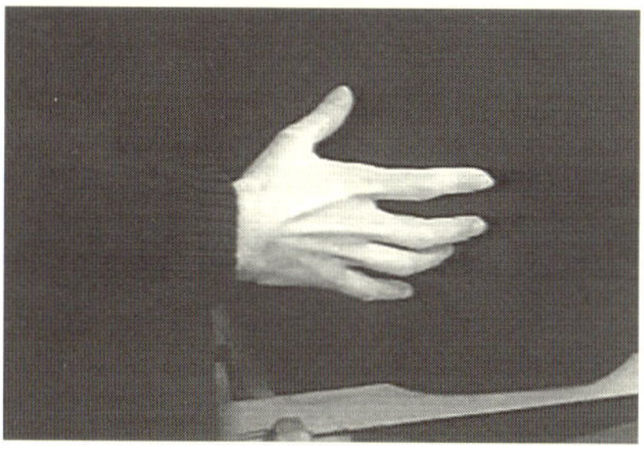

28

29

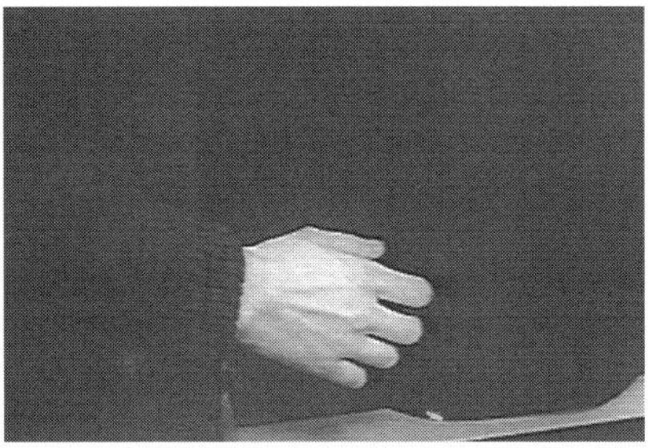

30a

30b

31

32

La notte (1961)

Übergang

1

2

3

4a

4b

4c

5a

5b

6

7a

7b

8

9

10

11a

11b

11c

12

13

14

15

16

17

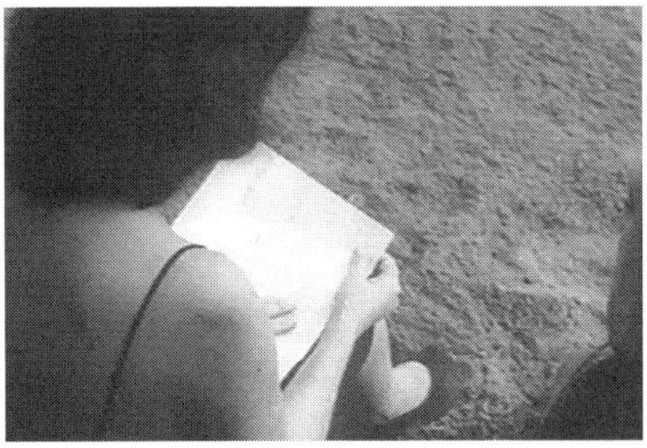

18

19

20

21

22

23

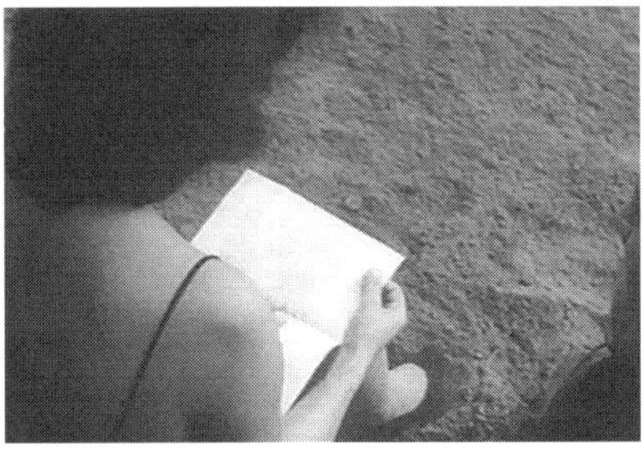

24

25

26

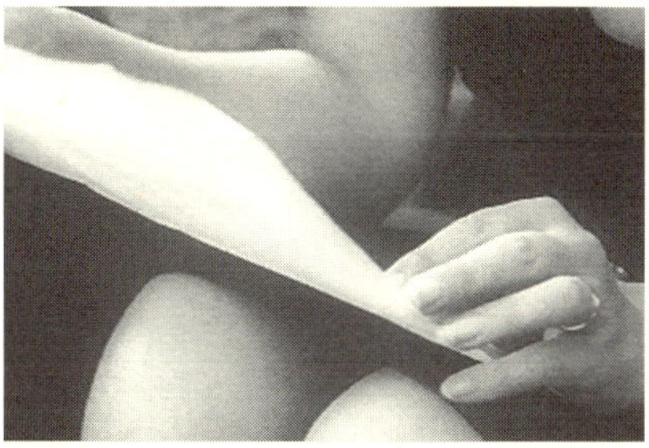
27

28

29

30

31

32

33

34

35a

35b

35c

36

37a

37b

37c

L'eclisse (1962)

1a

1b

2

3

4a

4b

5

6

7a

7b

8a

8b

9

10

11a

11b

12

13

14

15

16

17

18

19a

19b

20a

20b

21

22

23

24

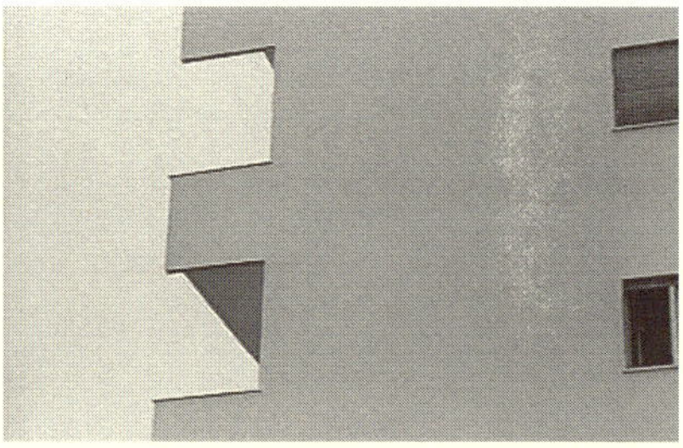

25

26

27

28

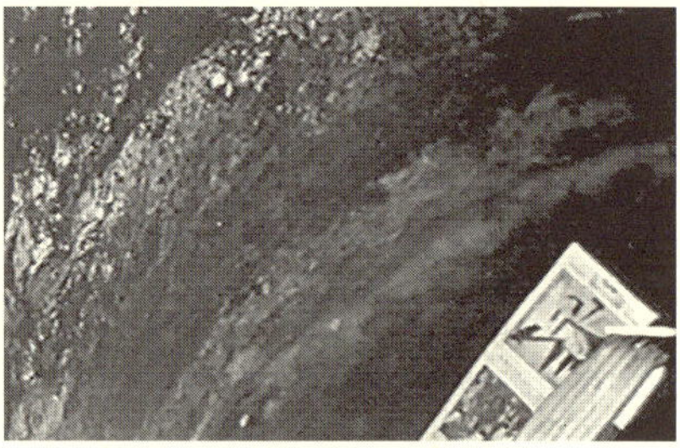

29

30

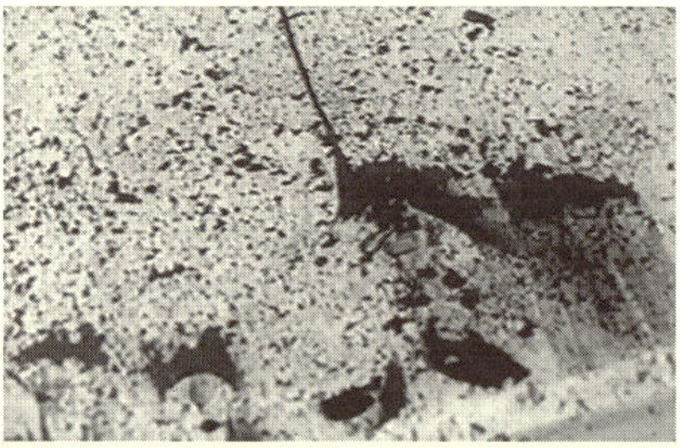

31

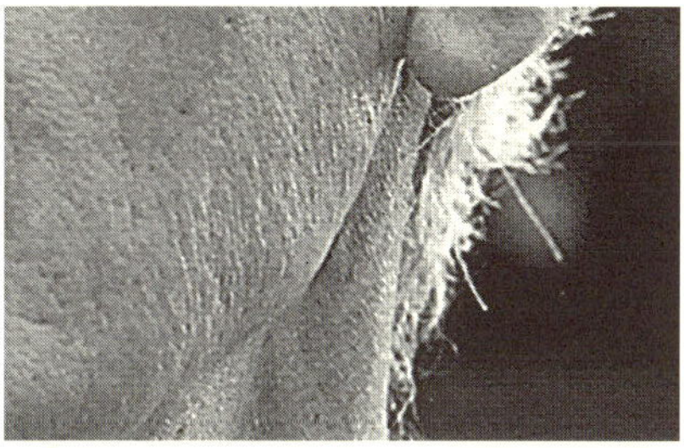

32

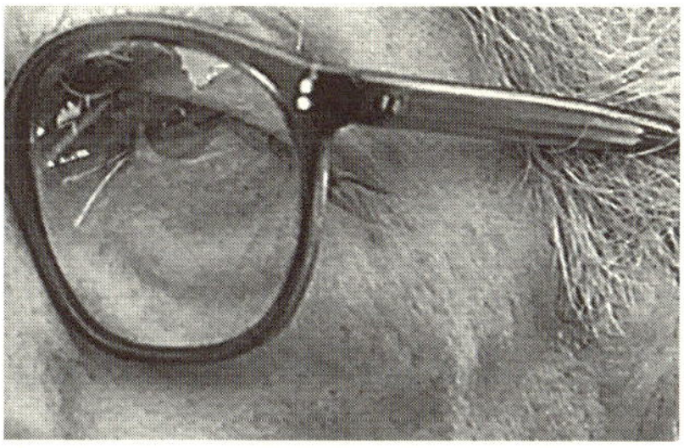

33

34

35a

35b

36

37

38a

38b

39

40

41

42

43a

43b

44a

44b

44c

44d

Referenz:

Piazza Sequenz I

1a

1b

2

3a

3b

4a

4b

4c

5

6a

6b

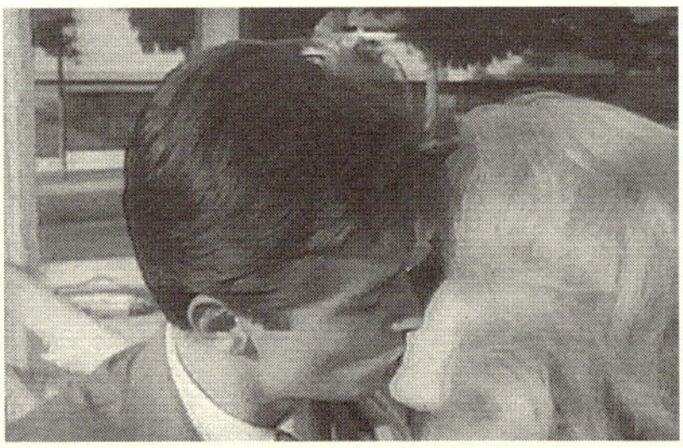
7

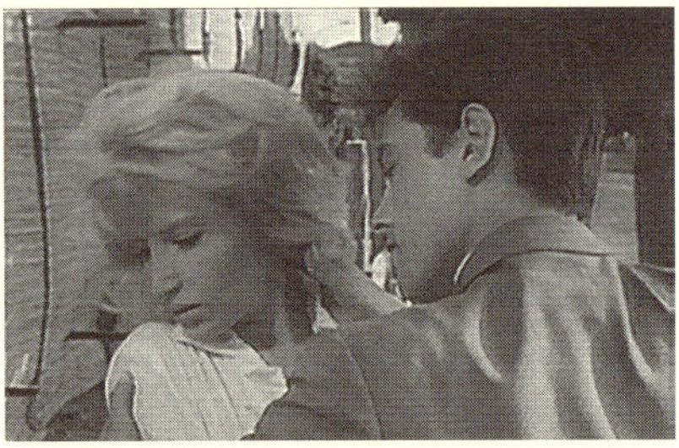
8

9a

9b

10

11a

11b

12a

12b

13a

13b

Referenz:

Piazza-Sequenz II

1a

1b

2

3

4

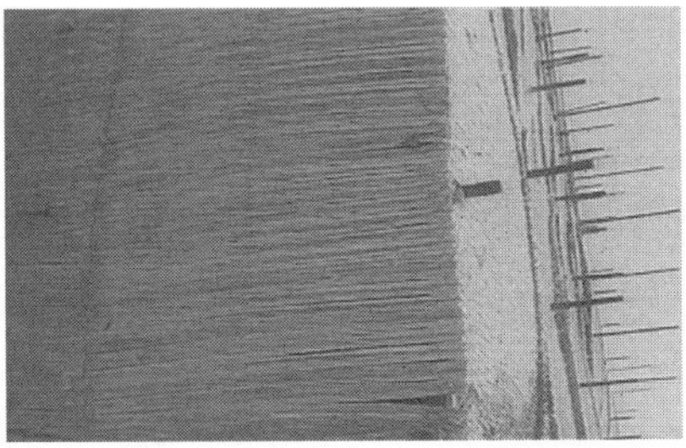
5

6a

6b

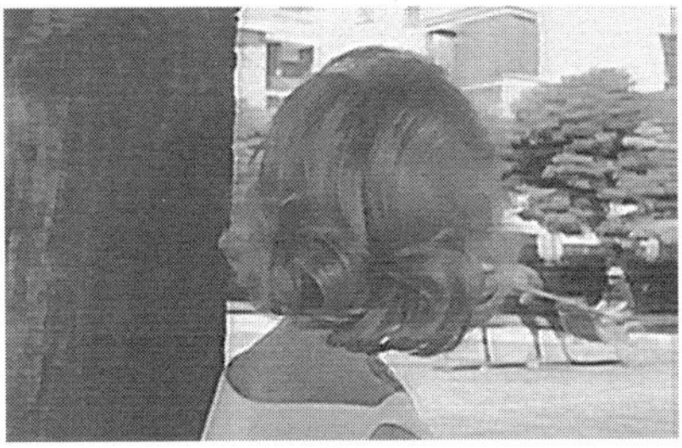
7a

7b

8a

8b

9

10

11

12

13

14

15a

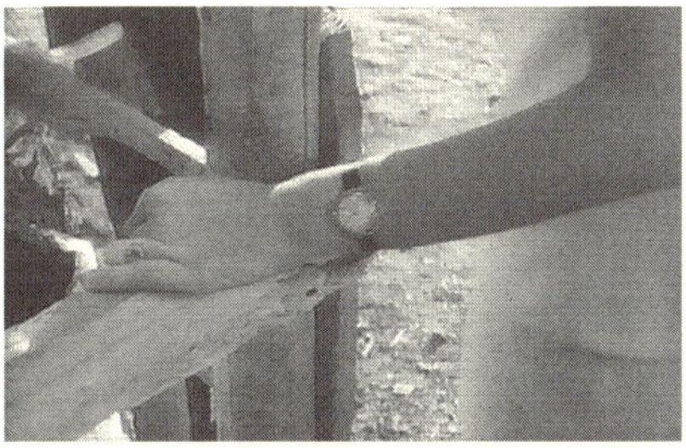
15b

15c

15d

16

17

18

19a

19b

19c

Il deserto rosso (1964)

1a

1b

2

3a

3b

3c

4

5

6

7

8

9a

9b

10a

10b

11a

11b

12a

12b

12c

Referenz:

Anfang

Blow-Up (1966)

1

2

3

4

5a

5b

6

7

8

9a

9b

9c

10

11a

11b

12

13a

13b

14

15

16

17

18

19

20

21

22

23a

23b

24

25

26

27

28

29

30

31

32

33

34

35

36a

36b

37

38a

38b

38c

38d

38e

39

40

41

42

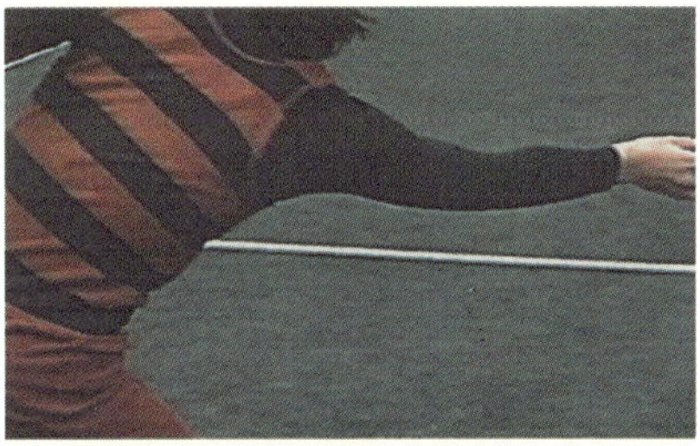

43

44

45

46

47

48

49

50

51a

51b

51c

51d

52a

52b

52c

Referenzen

Zabriskie Point (1970)

1a

1b

2

3

4a

4b

5

6a

6b

7

8

9

10

11

12a

12b

13

14

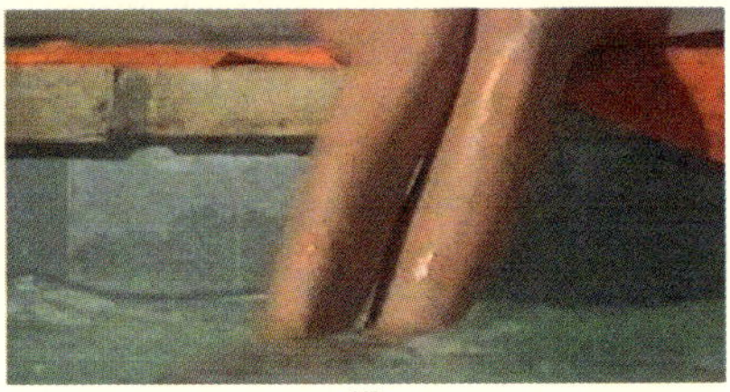
15

15a

15b

17

18

19

20

21

22

23

24a

24b

25

26

27a

27b

28

29

30

31a

31b

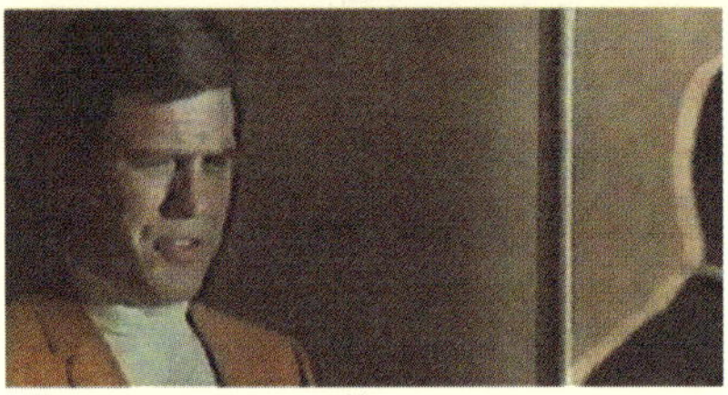
31c

31d

31e

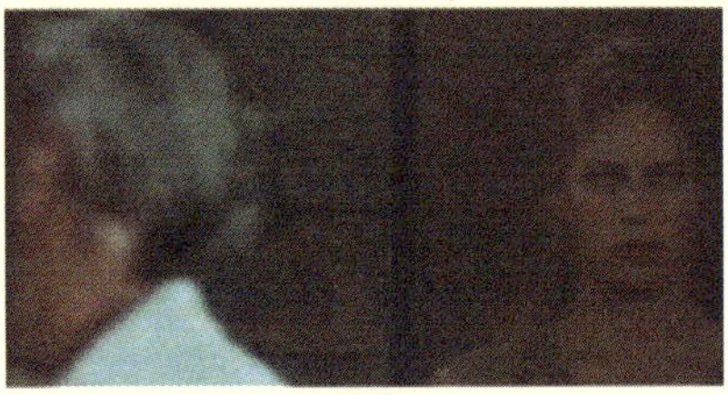
31f

32

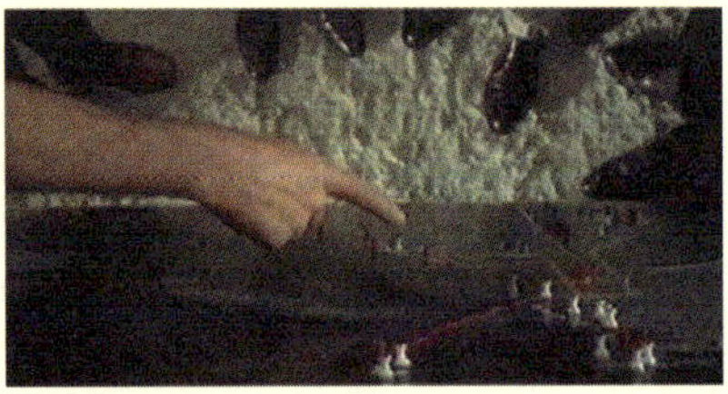
33

34

35

36

37

38

39

40

41a

41b

42a

42b

43

44a

44b

45a

45b

45c

46a

46b

46c

47a

47b

48a

48b

49

50

51

52

53a

53b

54a

54b

55

56

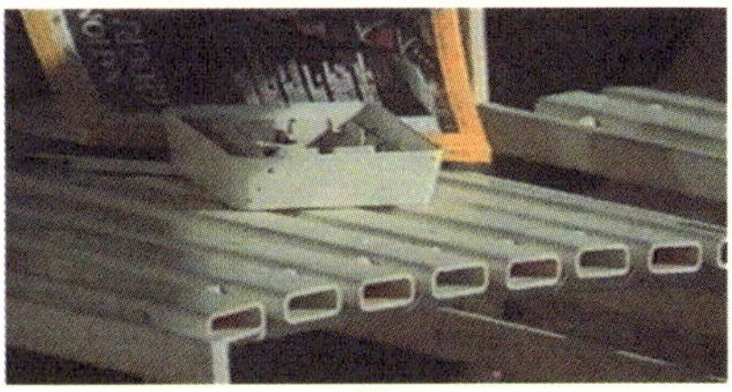
57

58

59

60

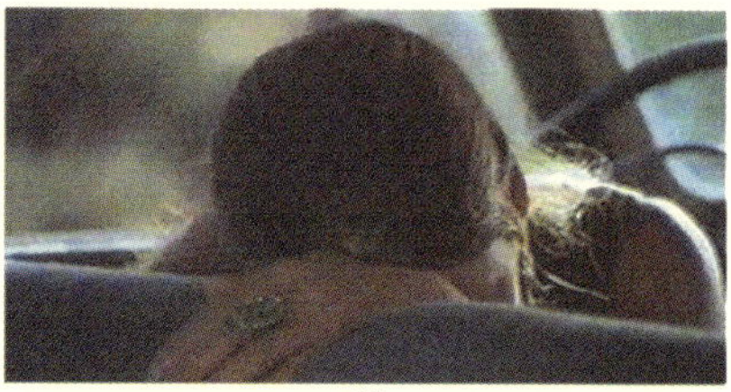
61

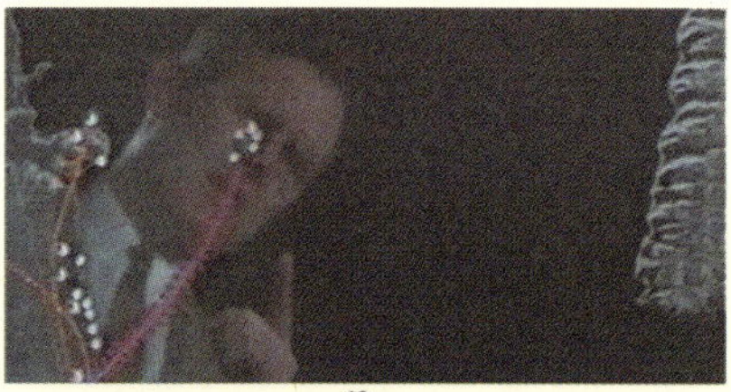
62a

62b

63

64

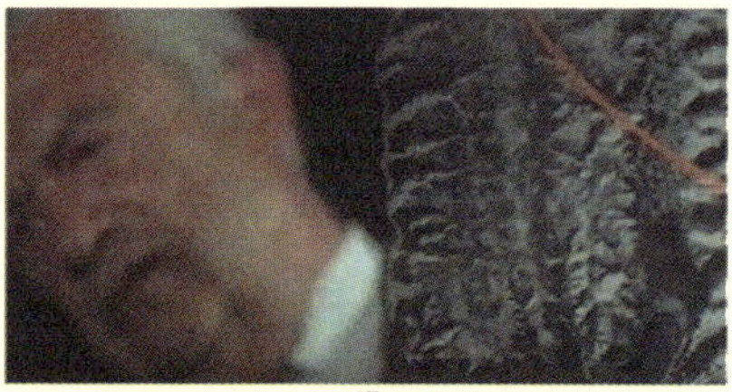
65

66

67

68

69a

69b

70

71

72

73a

73b

74a

74b

75

76

77

78

79

80

81

82a

82b

83

84

85

86

87

88

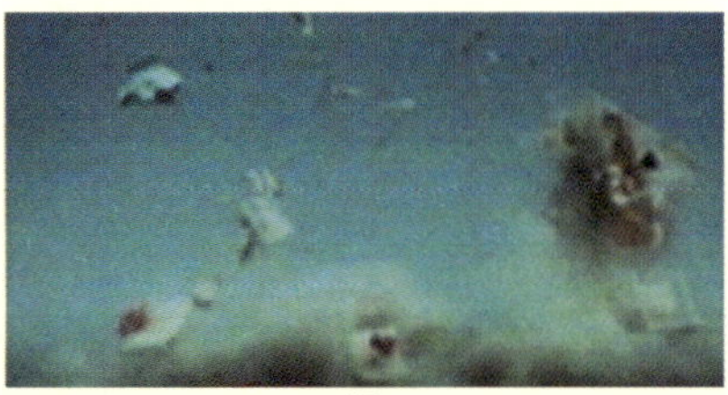
89

90

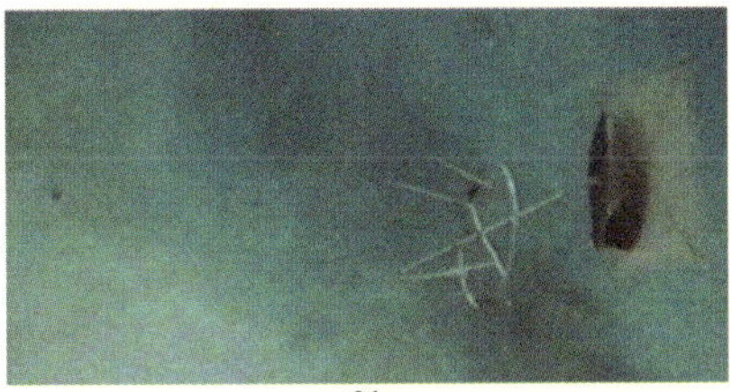

91

92

93

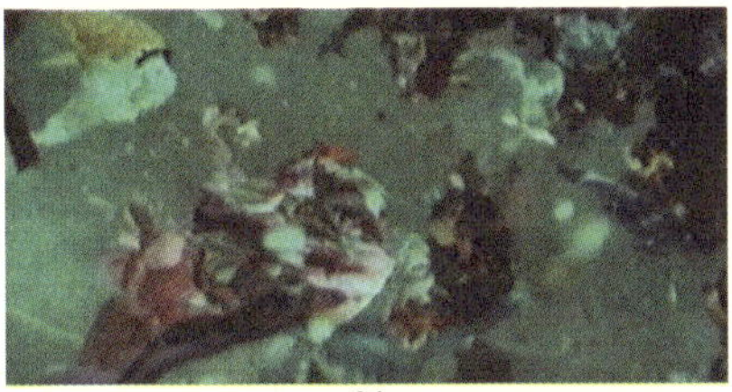

94

95a

95b

96

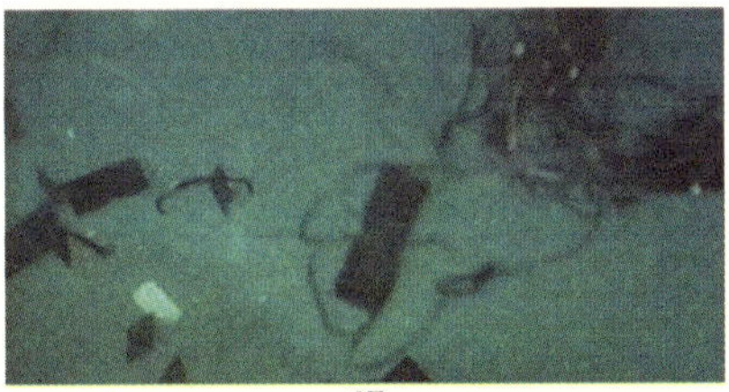

97

98

99

100

101

102

103

104

105

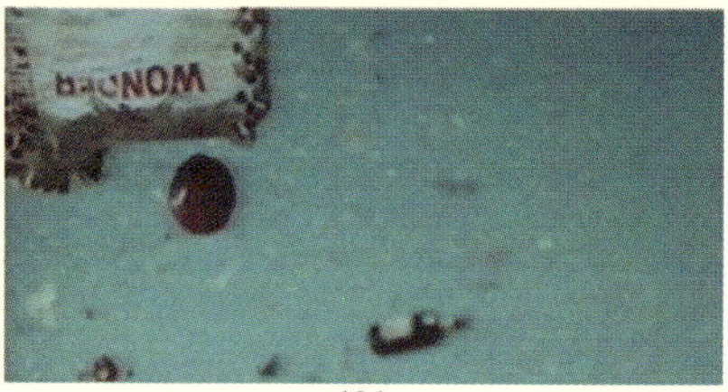

106

107

108

109

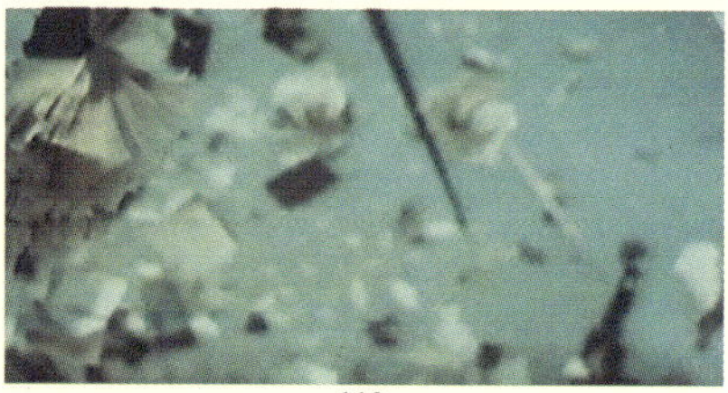

110

111

112

113a

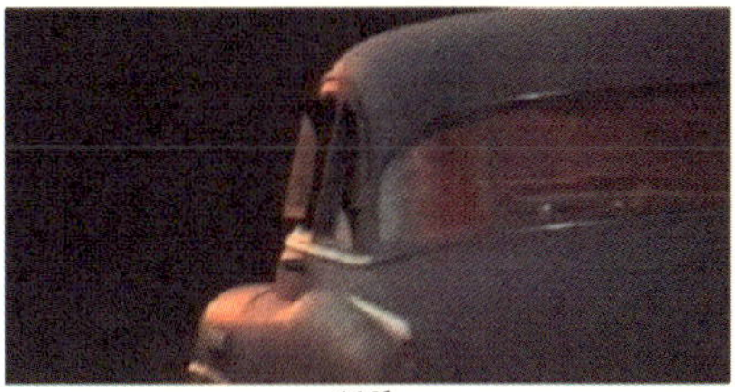
113b

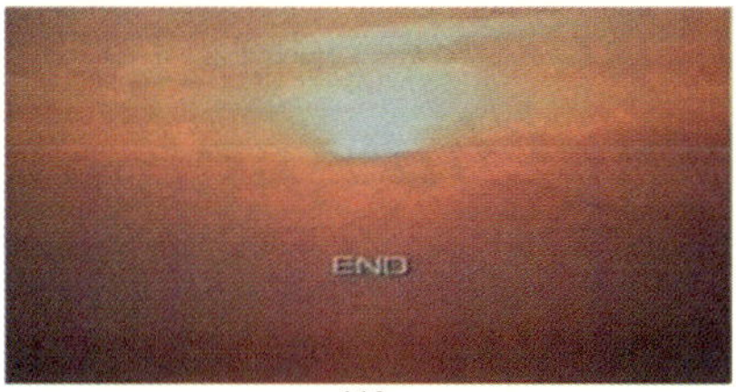

113c

Referenz: Anfang

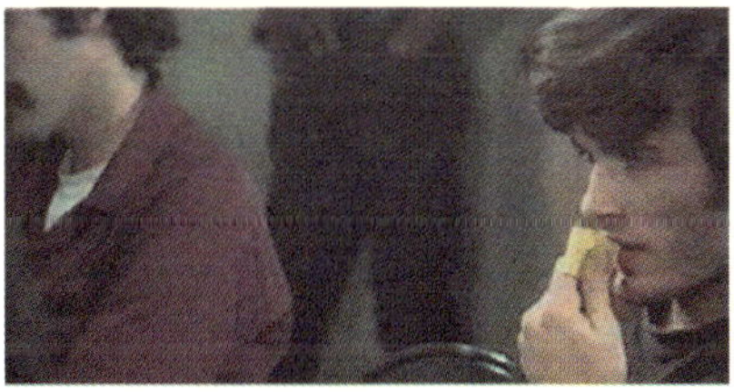

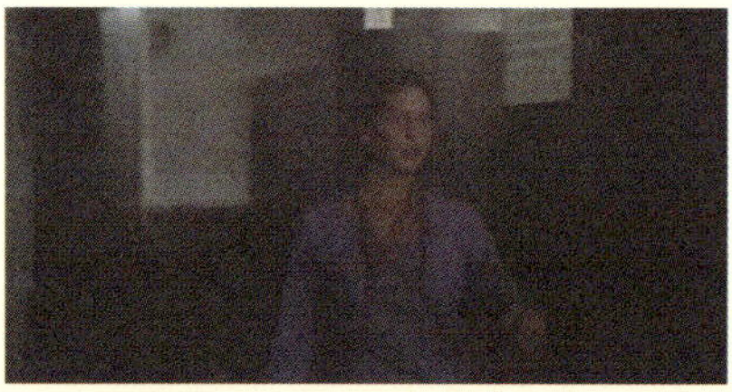

Referenz: Begegnung und Love-In

Professione: reporter (1975)

1a

1b

2

3

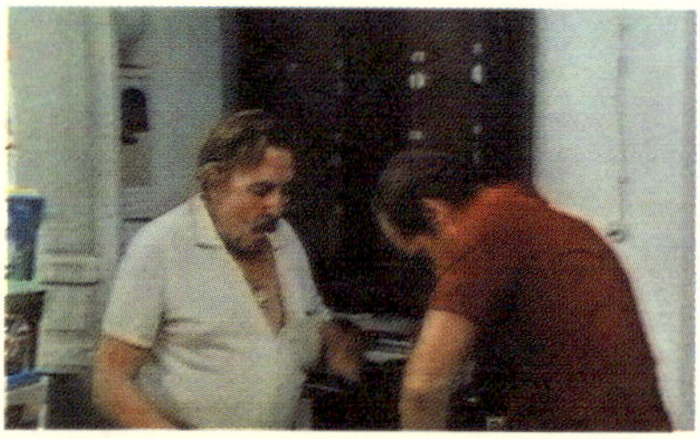

4a

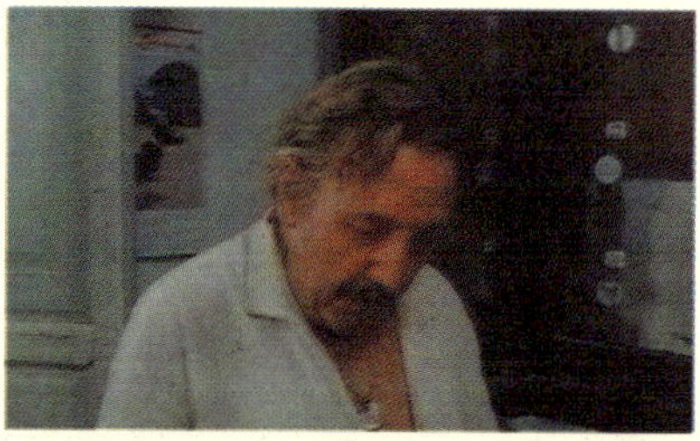

4b

5

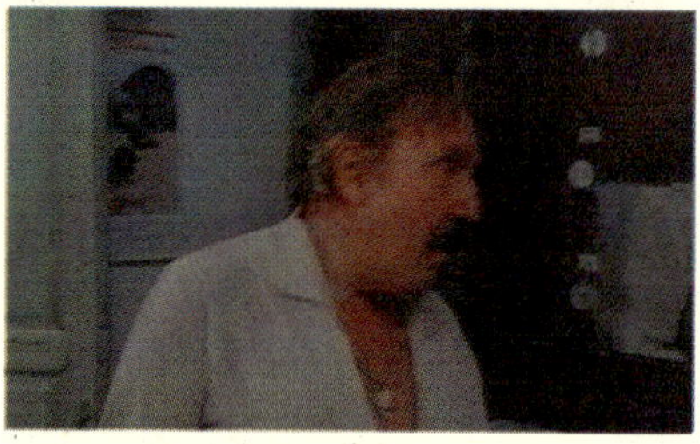

6

7

8

9a

9b

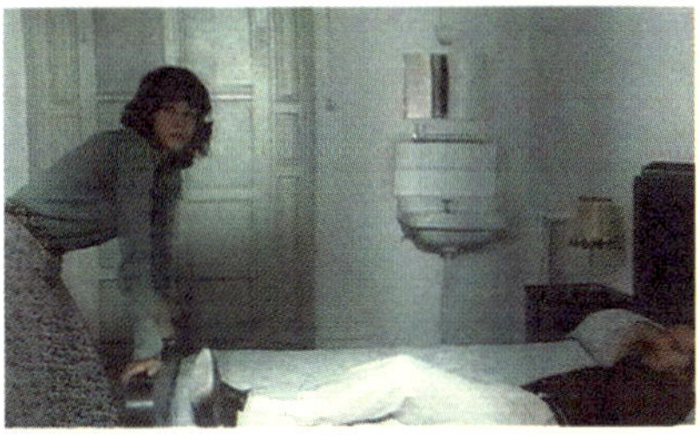
10

11a

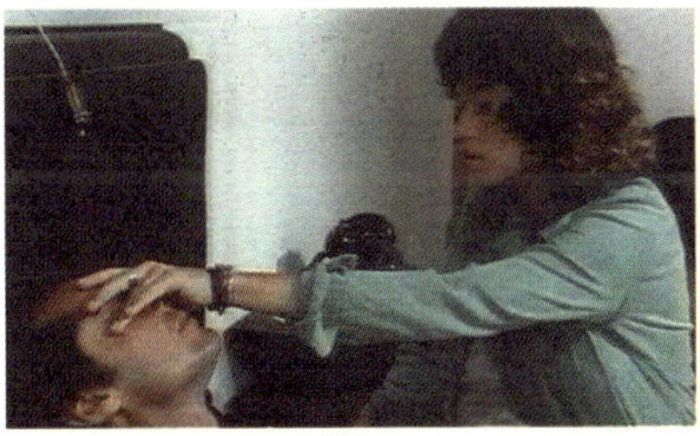
11b

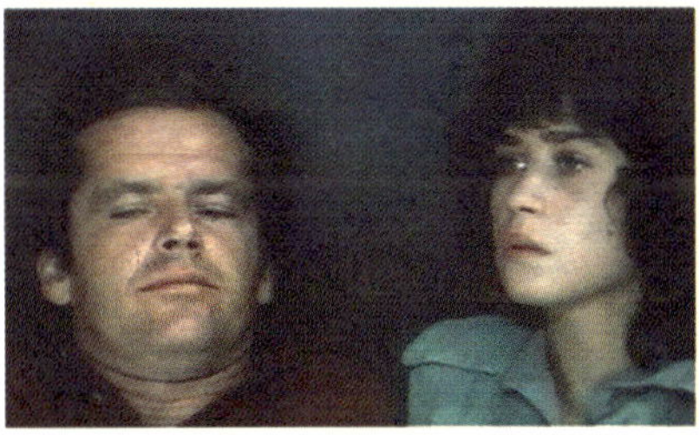
12

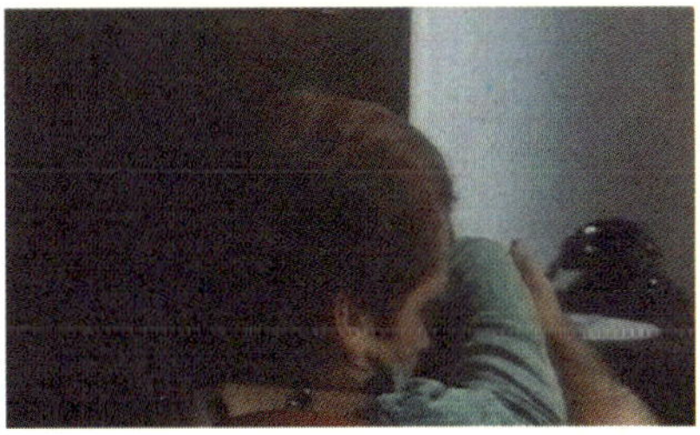
13a

13b

13c

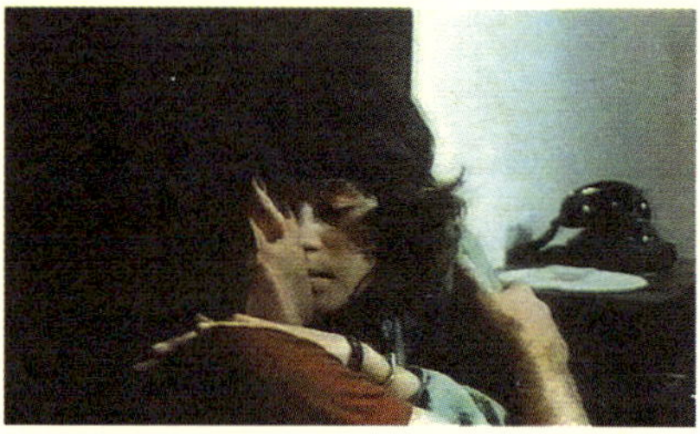
14a

14b

15

16a

16b

16c

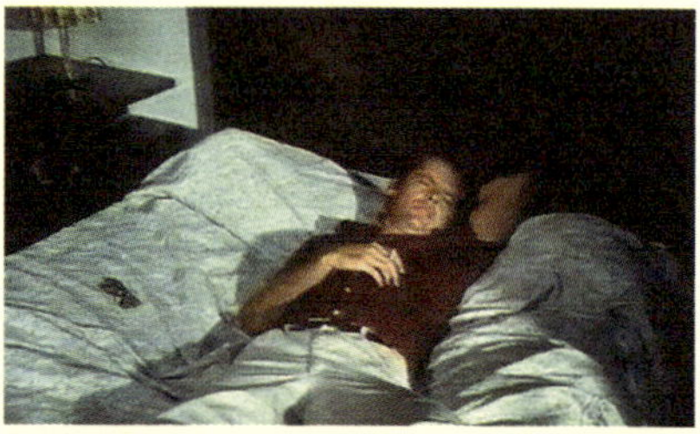
16d

17a

17b

17c

17d

17e

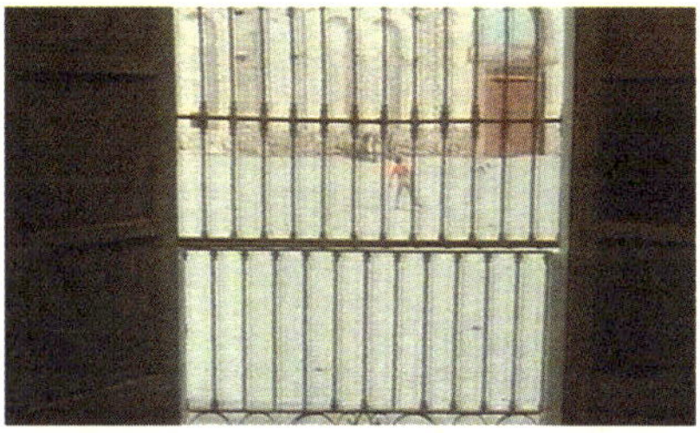
17f

17g

17h

17i

17k

17l

17m

17n

17o

17p

17q

17r

17s

17t

17u

17v

17w

17x

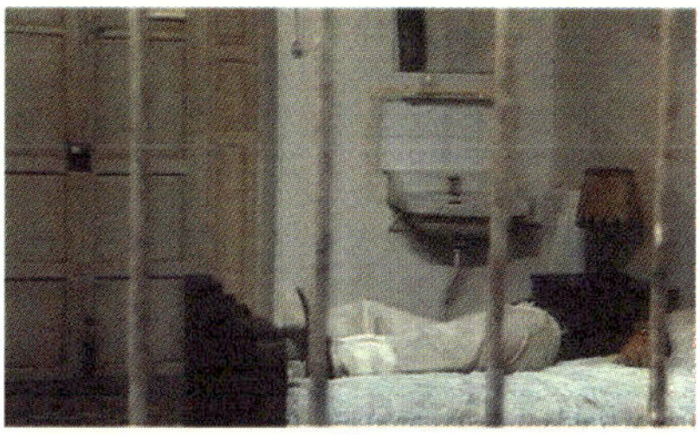

17y

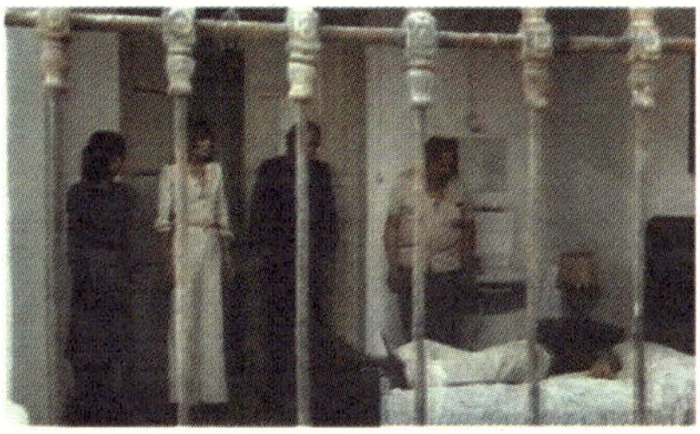

17z

18a

18b

18c

18d

18e

Referenz:

Anfang und Autonomie der Kamera

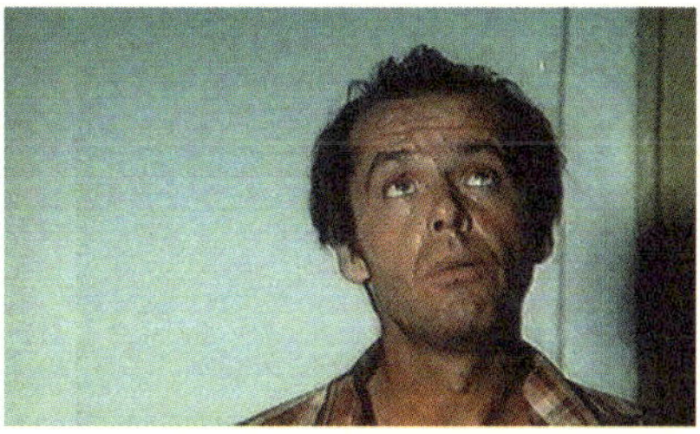

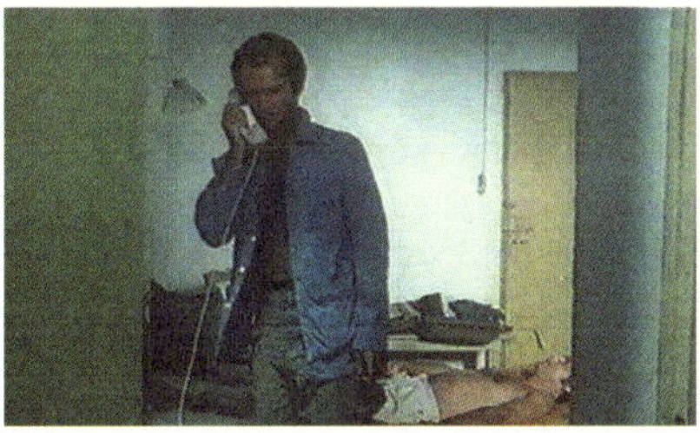

Identificazione di una donna (1982)

1a

1b

2a

2b

3a

3b

4

5a

5b

5c

5d

5e

5f

5g

6

7a

7b

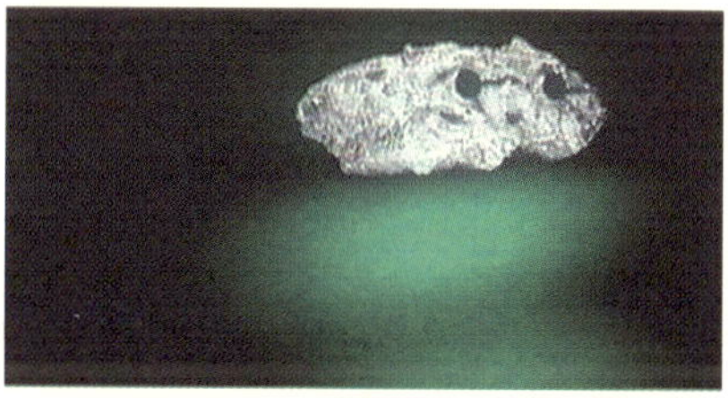
8

9

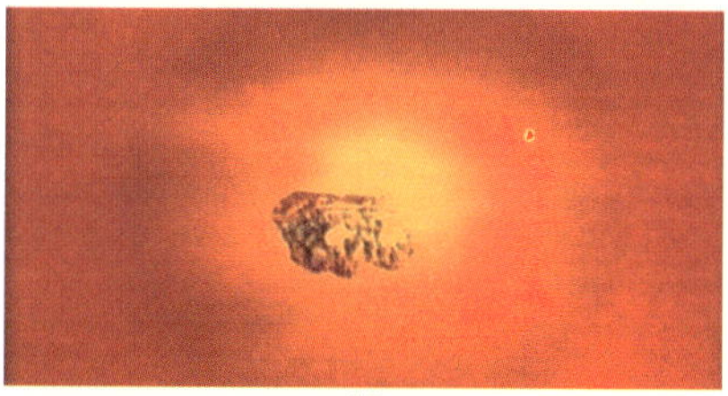
10a

10b

10c

Referenz:

Beginn